KB051704

최고존엄

정민섭 저

최고존엄

초판 1쇄   2017년 3월 13일

글   정민섭
펴 낸 곳   늘품플러스
펴 낸 이   전미정
책임편집   남명임
디 자 인   박지은
출판등록   2008년 1월 18일 제2-4350호
주   소   서울 중구 퇴계로 182 가락회관 6층
전   화   02-2275-5326
팩   스   02-2275-5327
이 메 일   go5326@naver.com
홈페이지   www.npplus.co.kr

ISBN   979-11-88024-01-8 03340
정가   15,000원

최고존엄

목차

서문

    필자는 이 책을 통해 북한이 김일성과 김정일에 대한 우상화 정책을 어떠한 방식으로 전개시켜왔고, 이러한 우상화 정책이 북한 내부에 어떠한 영향을 미쳤는지 규명해 보고자 하였다. 북한에서 최고지도자에 대한 우상화는 3대 세습정권과 북한 체제를 존속 가능하게 한 중요한 요인 중에 하나라는 점에서 북한사회를 이해하는 중요한 열쇠이다.

    북한의 우상화 정책은 최고지도자가 원하는 바대로 북한 주민들을 움직이게 하는 정치권력을 확보하고 유지하는 주요한 수단이다. 북한의 김일성과 김정일은 지배의 정당성을 확보하고 정치권력을 유지하며 권력세습의 정당화를 위한 통치 전략으로서 우상화 정책을 단계적으로 사용하였다. 권력구축 초기 단계에 지도자로서의 카리스마 권위를 조작하여 독재권력 구축 여건 조성과 최고지도자로서 지배에 대한 정당성을 확보하였고, 지배의 정당성이 존속되면서 최고 권력자로서 정치권력이 작동될 수 있도록 다양한 기구를 조직하여 지도자가 내세우는 사상을 체계화하고 우상화를 제도화하였다. 이어 주민들에게 우상화를 이념화시키고 규범적 가치관이 형성되도록 하기 위해 우상화를 세뇌시켰다.

    이처럼 북한은 우상화 정책이 주민들이 정치권력을 합리적이든, 비합리적이든지 정당한 것으로 받아들이고 복종하게 하는 가장 효과적인 수단으로 판단하고 인간의 감성과 이성이라는 특성에 주지하여 우상화 정책을 전개하였다. 메리암의 정치권력 이론인 '미란다'와

'크레덴다' 측면에서 보면 미란다는 인간의 본성을 감성의 존재로 보고 기념일, 노래, 춤, 상징조작, 역사 조작 등을 통해 정치권력을 획득하는 것이며, 크레덴다는 인간의 존재를 이성적 존재로 보고 존경과 복종, 희생, 합법성의 독점 등을 통해 피지배자들을 이성적으로 납득시켜 정치권력을 정당화하는 것이 해당된다.

김일성과 김정일은 미란다나 크레덴다 어느 한 가지 정책만을 사용하는 것이 아닌 국내외적 상황과 지배자의 정치권력 수준 내지 지도력을 감안하여 미란다와 크레덴다 우상화 정책을 같이 사용하여 시너지 효과를 달성하였다. 그러나 김일성의 경우, 집권 초기에는 미란다 위주 우상화 정책에 무게를 두었으며, 집권 중반 이후에는 크레덴다 위주로 전환한 반면에 김정일은 집권 초기부터 크레덴다에 무게를 두었다가 집권 중기 이후 미란다 위주로 정책을 전환하였다.

이러한 북한의 우상화 정책은 체제 및 정치권력 유지에 있어 충성심을 고양시킴으로써 권력유지에 크게 기여하고, 내부위협을 제거함으로써 외부위협에 효과적인 대처가 가능하며, 권력 승계와 정치지도자 보호에 기여하였다는 순기능적 측면이 있다. 김일성과 김정일에 이어 현재 김정은까지 세습정권이 장기간 존속될 수 있었던 요인은 단순히 물리적 강제력이나 통제력뿐만 아니라 능동적이든 수동적이든 간에 우상화의 효과가 인민의 동의 속에 작동하고 있기 때문이라고 할 수 있다.

I

북한의 우상화 정책

1. 북한 정치권력의 현재

필자는 지금부터 북한이 정권 및 체제를 유지하기 위해 최고지도자에 대한 우상화 정책을 어떠한 방식으로 전개시켜왔고, 이는 북한 내부에 어떠한 영향으로 나타났는지 고찰해보고자 한다. 북한 최고지도자에 대한 우상화는 김일성-김정일-김정은의 3대에 걸친 세습정권 유지와 북한 체제를 존속하게 한 요인 가운데 하나라는 점에서 북한사회를 이해하는 중요한 열쇠이다. 이러한 관점에서 김일성과 김정일이 정치권력 확보와 유지, 권력승계 과정에서 지도자 우상화 정책을 어떻게 활용하였는지를 비교하고, 실제로 북한 주민들은 우상화 정책을 어떻게 인식하고 있으며, 우상화 정책이 북한 사회 전반에 어떠한 영향을 미치고 있는지에 대해 살펴보고자 한다.

북한 내 주민들은 북한 지도자 또는 정권에 대해 강한 충성심을 보이는데, 2003년 대구 유니버시아드 대회 당시 북한 여성 응원단은 김정일 현수막이 비를 맞는다고 통곡한 일이 있었다. 김정일 사진이 비를 맞는 것을 보자마자 사이비 종교에 빠진 광신자들처럼 돌변한 북한 응원단은 한국 언론에 집중 관심을 받았고 한국 국민들에게 일종의 충격을 주었다. 이뿐만 아니라 북한에서는 가정집에 화재가 나면 불을 끄는 것이 아니라 목숨을 걸고 불 속에 들어가 김일성과 김정일의 초상화를 구한다는 사람들이 많이 존재한다고 알려져 있다. 이렇듯 '북한 미녀 응원단의 현수막 사건'과 '북한 주민들의 김일성과 김정일 초상화 구하기'는 북한의 우상화 정책의 일면을 보여주는 대표적 사례로 꼽을 수 있다.

그렇다면 북한 주민들은 왜 자신의 목숨보다도 최고지도자 김일성과 김정일을 위해 충성을 다하고 있는 것일까.

김정은은 2013년 6월, 39년 만에 최고 통치 규범인 '당의 유일사상 체계 확립의 10대원칙'을 '당의 유일적 영도체계 확립의 10대원칙'으로 바꾸고, 10조 65개항을 10조 60개항으로 축소·통합하였다. 북한에서 유일사상 10대원칙은 헌법이나 노동당 규약보다 주민의 생활과 더 밀접한 관계를 가지고 있다. 개정안 주요내용은 '금수산태양궁전을 영원한 성지로 꾸리고 결사보위해야한다.' (제2조), '백두산 위인들의 초상화, 동상, 영상을 담은 작품 등은 정중히 모시고 철저히 보위하여야 한다.'(제3조) 등으로 우상화 작업을 적극 추진할 것을 강조하였는데, 이는 김일성과 김정일에 대한 우상화가 김정은 정권을 정당화 하고 유지시키는 기제일 뿐 아니라 북한 사회 특히 주민 생활 전반에 가장 큰 영향을 미치고 있는 것이다.

과거 구소련은 스탈린에 대한 우상화를 펼쳤고, 중국은 모택동에 대한 우상화를 펼쳤지만 지도자 사망 이후에는 우상화가 단절되고 후계자에게도 이어지지 못했다. 구소련은 1929년 12월 스탈린의 50회 생일에 스탈린 찬양 보도를 시작으로 스탈린을 대중적으로 선전하며 숭배를 가시화하였고, 호수, 광장 등 주요시설에 스탈린의 초상과 찬양문구가 설치하는 등 우상화가 최고조에 이르렀다. 그러나 1953년 스탈린 사망 이후인 제20차 당대회부터 스탈린 비하 운동이 전개되었다.

중국은 모택동이 1945년 10월 당주석이 된 이후 대중노선을 강조하면서 천안문 광장에 초대형 초상화 설치와 위안화 지폐에 모택동의 초상을 넣는 등 우상화를 진행하였으나 이 역시 모택동 사망이후 더 이상 진행되지 않았다.

많은 학자들은 김일성 사망 이후 북한 내부에서 체제 반발이 야기되고 국제적 고립이 심화돼 결국 북한은 붕괴할 것이라고 평가했지만, 김정일은 확고하게 정권을 잡았으며 그의 아들 김정은으로 이어지는 3대 세습까지 성공하였다. 그렇기 때문에 우상화 정책의 개념과 수단, 체계와 방법 등 변화 발전과정을 분석하지 않고서는 북한 사회에 대한 실제적인 이해는 가능하지 않다.

김정은이 권력을 잡은 지난 3년을 돌이켜 보면, 김일성의 이미지를 재현하는 듯한 복장과 말투, '청년대장', '포병술의 대가', '희세의 전략가' 등 위대성을 선전하는 우상화 호칭 사용, 김정은 찬양 문학서적 창간, 김정은 혁명역사 과목 교육 등 우상화 작업에 심혈을 기울여왔다.

이렇게 김정은이 집권 초기부터 자신의 업적과 자질을 부각시키기 위해 우상화에 많은 노력을 기울인 이유는 무엇인가. 북한의 체제 특성상 수령의 혁명위업을 계승 발전해야 한다는 '혁명계승론' 차원에서 김정은은 선대 지도자들이 사용한 우상화 정책을 정치권력 유지에 최고의 수단으로 계승 발전시키고자 노력하는 것은 아닌가라고 문제제기를 할 수 있다. 향후 북한체제의 흐름과 김정은의 우상화 정책의 방향을 전망하기 위해서는 할아버지 김일성과 아버지 김정일의 우상화 정책을 체계적으로 분석해 볼 필요가 있다.

한편 김일성과 김정일의 우상화 정책이 북한체제 유지에 많은 영향을 주고 있음에도 불구하고, 지금까지 북한의 우상화 정책에 대한 체계적인 연구는 많이 부족한 실정이었다. 기존 북한의 우상화 정책 연구는 대부분이 문학·예술적 측면에서 수령형상 연구, 남북분단 상황 속에서 반공 이데올로기적 비판적인 시각의 연구, 『로동신문』이나 『근로자』 등 북한 문헌에 실린 우상화 관련 보도횟수 등 단순분석의 연구이다. 또한 2011년부터 현재까지 김정일 사망 시점이 오래되지 않아 김일성과 김정일의 통치 전 기간에 대한 비교 연구가 없는 실정이며, 특히 정치권력이나 권력승계 등 통치방식과 그 상관관계를 분석한 연구가 없다.

북한의 우상화 정책은 지배자를 숭배화·신격화하기 위해 피지배자의 이성과 감성을 자극시킴으로써 정치권력을 유지(확보, 강화, 승계를 포함)하는 통치하는 방식이다. 북한의 정치지도자인 김일성과 김정일은 지배의 정당성을 확보하고, 정치권력을 유지하며, 권력세습의 정당화를 위한 통치 전략으로서 우상화 정책을 사용하였다. 즉, 북한은 우상화 정책이 주민들이 정치권력을 합리적이든, 비합리적이든지 정당한 것으로 받아들이고 복종하게 하는 가장 효과적인 수단으로 판단하고, 인간의 존재가 이성적이고 감성적이라는 특성에 주지하여, 생존을 위한 필수불가결한 요소로 인식하였다.

이러한 우상화 정책을 구사하기 위한 개인숭배체제 구축은 피지배자뿐만 아니라 지도층의 모든 사람들의 인식과 생각의 근본적인 변환을 요구하기 때문에 많은 시간이 소요되며, 특히, 개인숭배체제를 위한 우상화 건조물 등 물리적 기반을 다지고 사상체제 정비를 위한 고급인력 동원, 노동력 전용 등에 막대한 국가자원이 투입된다. 또한, 개인숭배체제가 지속되기 위해서는 사회의 폐쇄가 필수적이다. 외부정보 유입이 되면 지도자에 대한 믿음과 신념이 변하게 되며, 주민들의 행동패턴에 변화가 오기 때문이다.

이러한 우상화 정책의 효과는 첫째, 충성심을 고양시킴으로써 권력유지에 크게 기여할 수 있고, 둘째, 적대세력 제거를 통한 내부위협을 제거함으로써 외부위협에 효과적으로 대처가 가능하며, 셋째, 권력 승계와 정치지도자 보호에 기여할 수 있다.

김일성과 김정일의 우상화 정책을 살펴보면, 김일성은 집권 초기 지배 정당성을 확보하고자 한국전쟁과 항일무장투쟁에 대한 업적을 대대적으로 선전하는 형태의 우상화 정책을 사용하였다. 집권 중기 중·소 갈등과 스탈린 사망 이후 격하운동이 벌어지자 외부위협의 차단을 위해 수령론과 유일사상 10대원칙, 사회정치적 생명체론 등을 제정하여 주민들의 사상교양을 강화함으로써 김일성을 신격화·숭배화하는 형태로 우상화 정책을 사용하였다.

2세대 지도자 김정일의 우상화 정책은 집권 초기 정치권력 세습의 정당성을 확보하고자 우리식사회주의, 붉은기 사상, 인덕·광폭정치 등 다양한 형태의 정치이념을 만들어 주민들에게 사상학습을 강요하였다. 집권 중반 핵무기와 미사일 개발 등 권력을 장악한 이후에는 『김정일 선집』등 노작 및 문학작품, 초상화, 동상, 혁명사적지 등 상징조작을 통해 김정일을 숭배하도록 하는 우상화 정책을 전개하였다.

김일성과 김정일의 우상화 정책의 전개방식과 수단, 체계와 방법 등 변화 발전과정을 체계적으로 알아보기 위해 다음과 같은 질문을 제기하고자 한다.

첫째, 항일무장투쟁과 혁명을 통해 정권을 직접 창출한 북한의 1세대 지도자 김일성은 우상화 정책을 어떻게 구사하였는가?

둘째, 정권을 직접 창출하지 못하고 권력을 승계 받은 2세대 지도자 김정일은 우상화 정책을 어떻게 구사하였는가?

셋째, 북한의 1세대 지도자와 2세대 지도자의 우상화 정책의 공통점과 차이점은 무엇이며, 정치권력 획득, 강화, 승계에 우상화 정책이 어떠한 영향을 미치는가?

넷째, 3세대 지도자 김정은은 우상화 정책을 정치 권력유지에 어떻게 사용할 것인가?

북한 연구가 북한에서 일어나고 있는 여러 가지 현상을 체계적으로 분석하여 설명하고 이를 바탕으로 그 현상의 향후 전개 방향을 전망하는데 있는 만큼, 본 연구의 목적은 북한의 정치지도자 김일성과 김정일의 우상화 정책을 비교분석함으로써 공통점과 차이점을 발견하고, 차이점이 있다면 그 원인을 찾아 김정은의 우상화 정책을 전망하는 것이다.

이를 위해 김일성과 김정일의 통치 전 기간인 1945년부터 2011년까지를 분석하되, 김일성과 김정일의 권력 획득 시기, 권력 강화 시기, 권력 승계 시기로 구분하여 우상화 정책을 비교하며, 북한이탈주민 280명의 설문결과를 토대로 우상화 정책이 정치권력에 미친 영향을 분석하겠다.

2. 어떻게 바라볼 것인가

과거 냉전시기의 북한에 대한 연구는 남북분단이라는 특수성과 사회주의체제 특유의 폐쇄적인 특성 때문에 쉽게 접근하기 어려웠으며, 자료에 대한 접근도 제한되어 연구가 쉽지 않았다. 그러나 탈냉전기가 지나고 2000년대를 지나오면서 북한연구가 활발해지고 북한이탈주민의 증가로 인해 북한에 대한 정보의 홍수 시대에 살게 되었다.

이에 김일성이 이끄는 북한에서 1945년 이후 정치권력을 획득하고 유지하기 위해 우상화 정책을 어떻게 펼쳐왔는지, 그의 후계자 김정일은 아버지로부터 물려받은 정치권력을 유지하기 위해 우상화 정책을 어떻게 활용했는지에 대해 연구가 시작되었다. 그러나 북한의 우상화 정책은 학문적으로 연구되지 못했다. 다만, 수령 형상화, 신격화 형태의 맹목적이며 비판주의적 시각의 연구로써 외재적 연구가 대다수였으며, 북한의 우상화 정책 연구는 아니지만 통치형태의 우상화 측면에서 카리스마, 리더십 등 서양적 시각의 연구가 대다수를 차지해 북한의 이론과 주장을 그대로 다루는 내재적 연구가 부족한 게 현실이었다.

먼저, 북한의 우상화와 관련한 대표적인 연구는 폴란드 출신 킨가 드굴스카의 연구가 있는데, 그는 바르샤바대학에서 한국학 석사를 마치고 경희대에서 한국문학과 남북한 관계 연구로 박사학위를 받았다.

킨가 드굴스카Kinga Dygulska[1]는 박사학위 논문 "북한문학에 나타난 김정일 우상화 현상 연구:『불멸의 력사』와『불멸의 향도』를 중심으로"를 통해 김정일의 우상화 형상 문학에 대해 정리했다. 외국인인 킨가 드굴스카는 북한문학 속에 나타난 김정일 우상화의 특성을 밝히기 위해 김정일을 신화화한『불멸의 향도』총서와『불멸의 력사』총서를 통해 북한 문학이 정치사의 굴곡과 어떤 상관관계를 갖고 있는지 그 해답을 얻고자 하였다. 시는 1970년대 중반부터, 소설은 1970년대 말엽부터 우상화정책에 활용되었고, 그 이후 1980년대에 엄청난 작품들이 창작되었으며 1988년부터 김정일의 활동 역사를 하나의 체계 속에 형상화한 이른바『불멸의 향도』가 나오기 시작했다고 분석하였다. 특히 김정일의 우상화를 정치적 목적을 위하여 만든 프로파간다(선전선동)의 과정으로 보고『불멸의 향도』중 '푸른하늘, 동해천리, 역사의 대하, 강예정신, 총대',『불멸의 력사』중 '영생'을 분석하여 북한 독재자에 대한 '전기, 사생활, 외모, 철학, 미국과의 관계'가 문학작품 속에서 어떻게 형상화 되고 있는지를 연구하였다.

이들 총서에서 김정일을 우상화하는 과정은 매우 중요한 요소이다. 북한문학의 김정일 형상화는 김정일 후계체제의 정통성 확립 및 유지 강화에 적지 않은 영향을 미친 것으로 평가된다. 문학작품에서의 김정일 형상화를 통해 북한은 김일성과 차별화되면서도 또한 동일한 인민적 수령의 이미지를 만들어내 김정일 후계체제가

---

[1]_ 킨가 드굴스카(Kinga Dygulska), "북한문학에 나타난 김정일 우상화 현상 연구:『불멸의 력사』와『불멸의 향도』를 중심으로," 경희대 문학박사학위논문(2006).

주체혈통의 계승자로서의 정통성을 확립토록 하였으며, 나아가 후계체제의 유지 강화를 도모하고 있다고 분석하고 있다. 외국인의 시각에서 북한 김정일의 우상화 정책을 문학서적 속에서 체계적이고 세부적으로 분석한 점은 연구의 큰 성과라고 할 수 있다. 반면에, 연구대상이 문학서적만으로 한정되어 우상화 정책이 정치권력과 주민통치에 얼마나 영향을 미쳤는지에 대한 연구가 없는 점이 아쉬운 부분이다.

다음은 국내학자들에 의한 북한의 우상화 정책 연구들이다. 대표적 학자들은 서재진, 이상민, 이헌경, 조용관, 정영철 등이 있다.

먼저, 외재적 시각에서 북한의 우상화 정책을 비판적으로 분석한 학자들은 서재진과 이상민, 이헌경, 조용관 등이다.

김일성의 우상화 정책에 관해 연구한 서재진[2]은 김일성의 항일 빨치산 투쟁을 통한 형상화연구를 통해 김일성이 어떻게 역사를 왜곡하였고, 피지배자들을 복종하도록 하였는지에 대한 연구를 하였다. 그는 김일성 항일무장투쟁에 대한 북한의 왜곡 실태를 연구하기 위해 한국 학계의 연구, 중국 문헌자료, 중국에 거주하는 항일무장투쟁 참여자들의 증언, 일본의 관헌자료, 소련의 자료 등을 토대로 항일무장투쟁에 대한 북한의 주장과 역사기술이 너무 많이 왜곡되었다는 사실을 밝혔는데, 왜곡의 유형을 4가지로 분류하였다.

첫째, 중국공산당 주도의 동북항일연군의 활동에 대해 김일성이 창설한 조선인민혁명군의 활동으로 기술하였다. 둘째, 실제 조선인민혁명군은 존재하지 않았음에도 실재한 것으로 조작하였다. 셋째, 김일성은 북한의 실재한 역사를 실재하지 않은 역사로 은폐하였다. 예를 들면 김일성이 1940년까지는 중국공산당과 연결되어 활동한

2– 서재진, 『김일성 항일무장투쟁의 신화화 연구』(서울: 창작과비평사, 1992).

점과 1941년 이후 소련 홍군 88여단에 가담한 사실을 부인하고 있다. 넷째, 사실을 미화하거나 과장하였다. 보천보 전투에 대한 과장된 평가나 김정일의 백두산 출생 등은 사실을 과장하거나 미화하기 위한 왜곡들이다. 이렇듯 서재진은 북한 김일성의 신화화에 대한 항일무장투쟁 왜곡의 유형을 정확히 분석함으로써 우상화에 미친 영향을 시사했다.

하지만 서재진 연구의 대부분이 1945년 이전의 내용으로 김일성이 우상화를 본격적으로 진행한 정권 창출 이후에 대한 내용은 포함되지 않아 우상화에 대한 포괄적인 연구는 제한된다.

이상민[3]은 『로동신문』에 나타난 김일성 우상화 정책을 연구하였는데, 북한의 김일성 우상화 정책의 전개과정과 1975년부터 1987년 기간에 한해 김일성과 김정일 우상화 실태를 조사 및 분석하여 김일성과 김정일의 우상화 정책이 갖는 허구성과 실제성, 특이성을 분석하고, 김정일의 향방과 성패 여부를 전망하였다.

특히 그는 분석대상을 노동신문 내용으로 하고 부수적으로 북한의 몇 가지 사전과 중국의 『인민일보』, 『홍기』 등을 분석하였다. 분석단위는 김일성, 수령, 김정일, 당중앙이란 단어의 등재회수, 김일성, 김정일 등과 김일성 가계에 대한 우상화적 수식사례, 한정된 일정시기의 모택동 등재회수 및 그에 대한 우상 숭배적 수식실례 등을 표본조사 후 분석하였다. 이는 기존 연구에서 추구했던 문학서적에 나타난 형상화나 역사왜곡 등과는 연구자료 및 방식을 달리한 김일성과 김정일의 우상화 정책 연구이다.

이 연구는 김일성 우상화정책의 전개과정을 북한의 전체 정치과정의 한 부분으로 인식하고 역사-문화적 접근을 해야 하나, 연구

3_ 이상민, "북한의 정치과정에서의 개인우상화 정책: 노동신문 등의 내용분석을 중심으로,"『한국과 국제정치』, 제9호(1989.6).

접근방법이 부분적이고 제한적인 이유로 우상화 정책 내지 우상화 실태를 그대로 연구하고 내용분석 방법에 의존해 평가하였다는 한계가 있다. 다시 말해 분석기간이 1973년부터 1987년까지로 한정이 되어있고, 『로동신문』의 연간 내용 전체를 표본으로 한 것이 아니라 김일성 생일과 김정일 생일, 당창건일 등 주요행사가 있는 특정일을 표본으로 선정하였기 때문에 김일성 우상화 연구의 연속성이 결여되어 있고, 북한과 중국의 대표적 기관지나 잡지에 나오는 수식어 및 보도 횟수 위주로 비교하다 보니 정치권력과 통치력에 대한 연구가 없는 점이 아쉽다.

이헌경[4]은 '김일성과 김정일 부자 우상화를 위한 유교적 정치 사회화'를 연구하였다. 유교는 인간세계를 지배해 온 다른 어떤 종교사상이나 이념체계보다 정치에 깊은 관심을 두면서 인간관계와 정치질서를 바로 세우는데 그 목적을 두고 있다고 전제하고, 북한은 유교가 주민통치에 있어 인민의 사상 정치생활과 윤리도덕을 해치는 면이 있기 때문에 신봉을 금지했지만, 실제로는 유교를 정권강화와 체제 유지차원에서 최대한 활용하고 있다면서 김일성과 김정일 부자가 우상화를 위한 정치사회화를 분석하였다.

이헌경은 김일성이 유교를 우상화 정책에 사용한 3가지 측면을 분석하였는데, 첫째는 국가 가부장제의 적용이다. 주인이 신하에게 온정과 은혜를 주기 때문에 신하는 그 보답으로 충성을 해야 한다. 수령은 통치자이며 절대군주인 반면, 인민대중은 피통치자이며 종속자이므로 절대충성과 복종은 평생 강요된다.

둘째, 계층관리에 의한 접근인데, 김정일에게 권력이 세습되고 지배엘리트를 일반주민과 차별을 두어 관리하였다. 조선시대 신

4– 이헌경, "김일성과 김정일 부자 우상화를 위한 유교적 사회정치화," 『세계지역연구논총』, 제18집(2002).

분의 차별화와 신분의 귀속을 통해 인간관계를 상하수직적 관계로 만들고 출신을 근거로 양반, 상놈을 구분한 것처럼 북한은 핵심계층과 적대계층의 이분화 구조를 형성하고, 그 중간적 성격의 동요계층으로 성분분류를 하고 충성과 복종 여부에 따라 신분이 변화될 수 있도록 주민들을 통제하였다.

마지막으로 교육에 의한 접근으로 우상화 교육은 김일성의 주체사상으로 무장하여 당과 수령에 무조건적으로 복종하는 인간으로 만든다.

이헌경은 김일성과 김정일의 비교연구가 아닌 김일성 위주의 유교적 우상화 통치행태만을 제시함으로써 김정일에 대한 연구가 부족하고 김일성과 김정일 간 비교가 어렵다는 한계가 있으며, 유교사상을 배척하고 있는 북한사회에 유교적 정치 사회화를 적용한 측면은 다소 아쉬움이 남는다.

조용관[5]은 '북한체제 특이성의 역사 문화적 가능조건에 관한 연구'를 통해서 이데올로기 교조화, 우상화, 세습화에 대해 분석하였는데, 북한체제가 다른 사회주의 체제에서 찾아보기 어려운 특수성, 즉 교조화·절대화된 주체사상과 김부자의 우상화·세습화가 가능했던 이유를 주로 역사 문화적으로 측면에서 접근하였다. 이는 반공 이데올로기적 비판 시각이 강한 외재적 접근의 대표적 연구라 볼 수 있다.

그는 북한체제 특성중의 하나인 김일성주체사상의 교조화·절대화는 북한정권 형성과정에서 기인하는 요인도 없지 않으나 대부분은 조선시대의 유교적 전통문화의 특성과 한국 민족이 가지는 문화적 특성, 즉 영토의 협소성, 단일민족, 문화수용의 자세 등에 더 큰 영향을 받았기 때문으로 보았다. 김일성과 김정일의 우상화와 세습

5- 조용관, "북한체제 특이성의 역사 문화적 가능조건에 관한 연구," 『북한연구학회』, 제6권 2호(2002).

화도 전통 유교정치 문화와 가정문화, 혈통문화, 김일성의 성장배경 등에 큰 영향을 받은 것으로 분석하였다.

북한이 말하고 있는 인덕정치는 유교에서 군주가 먼저 자기 수양을 거쳐 백성을 사랑하는 마음으로 다스리는 군주의 통치방식과는 달리, 오로지 자신과 자신의 가계를 우상화·신격화하고 그것도 모자라 공산주의 역사상 전례가 없는 권력의 부자세습을 하면서 수백만의 주민들을 굶어 죽게 하고서도 전혀 책임을 지지 않는 잘못된 통치로 북한주민들이 비이성적·비합리적 통치에서 벗어나 인간답게 살 수 있는 체제로 전환해야 한다는 비판을 받고 있다.

조용관은 이러한 시각에서 북한의 통치 형태가 교조주의적 성격이 강하며 사이비적 국가로서 비합리적이고 진실을 왜곡하여 지배한다는 측면에서 무조건적 비판을 하고 있다. 하지만 북한은 실패한 사회주의 국가임에도 붕괴되지 않고 약 70여 년이라는 장기간 지배하고 있으며 심지어 김일성에서 김정일, 그리고 김정은으로까지 3대 세습을 이뤘는데, 그 이유나 통치기제에 대한 북한식 이론 또는 체계에 대한 분석 없이 무조건적으로 북한에 대한 부정적·비판적 시각에서 연구가 이뤄진 것이 맹점이다.

다음은 김일성과 김정일의 우상화 정책을 비교 분석한 대표적 연구로 정영철[6]을 꼽을 수 있다. 정영철은 "김일성과 김정일의 리더십 비교: 수령체계의 구조적 분석과 전망"이라는 논문에서 리더십과 권력승계의 시각으로 김일성과 김정일 리더십이 서로 다른 경로를 통해서 '수령의 리더십에 이르렀다'고 주장한다. 김일성의 경우, 항일무장투쟁이라는 역사적 경험을 통해 인격적 리더십을 구축하고 이에 기반을 두어 제도적 리더십을 확립하였으며, 제도적 리더

6_ 정영철, "김일성과 김정일의 리더십 비교: 수령체계의 구조적 분석과 전망," 『경제와 사회』, 제55호(2002).

십을 확립한 후 김일성의 역사적 사실의 신화화를 통해 인격적 리더십을 제도화 하도록 하였다.

반면, 김정일은 제도 권력의 확립을 통해 인격적 리더십을 창출하였다. 김정일은 제도 권력의 중심에 서서 김일성의 혁명전통을 신화화하였고, 이 과정을 통해 자신의 인격적 리더십도 창출해 나갔다. 후계자로서 김정일은 혁명전통의 신화화를 통해 정당성과 자신의 자질을 검증해나갔던 것이다. 결국, 북한의 수령체계는 인격적 지배의 절대화라기보다 인격적 리더십의 제도화이자, 제도적 리더십과의 결합물이라고 주장하고 있다.

정영철은 김일성과 김정일의 리더십 차이를 혁명 1세대의 리더십과 혁명 2세대의 리더십은 출발이 다를 수밖에 없는 측면에서 보고, 김일성이 끊임없이 아래로부터의 지도를 중요시했다면, 김정일은 위로부터 지도를 보다 더 중시하고 있다고 설명한다. 이 논문은 북한의 지도자 김일성과 김정일의 리더십을 시대상황과 환경에 맞게 제도적 리더십과 인격적 리더십 측면에서 수령의 리더십으로 도달하는 과정에 대한 깊이 있는 연구로 우상화 정책 연구에도 큰 도움이 되고 있다.

반면에 정영철의 논문은 두 가지 측면에서 아쉬운 점이 있다. 첫 번째는 독재체제인 북한의 정치지도자들에게 서양의 지배(통치) 형태인 리더십을 적용하는 것이 타당한가이다. 북한 체제의 특성은 독재국가이기 때문에 리더십의 분류적 시각으로 봤을 때 인격적 권력과 지위에 근거한 권력을 공식 지도자, 비공식 지도자, 관료 엘리트, 비엘리트로 구분할 수 없다. 김정일 사례를 보더라도 김정일은 김일성의 후계자로 지명된 뒤 노동당 내 핵심 보직을 맡고 초고속으로 승진하였는데, 이를 제도적 리더십으로 적용하기에는 다소 무리가 있다. 두 번째는 북한의 수령체계가 김정일 이후에 심각한 위기를 맞고 인격적 리더십 창출이 어려워졌기 때문에 수령 없는 수령체계가 될 것이며, 전문가들의 예측과 달리 김정일은 비교적 안정적으로 체제를 유지해 왔고, 3대 세습자인 김정은이 아직도 북한 정권을 유지하고 있는 현상에 대해서는 설명이 부족하다.

다시 정리하면, 김일성과 김정일의 우상화 정책에 대한 선행연구들의 공통점과 특징은 크게 4가지로 요약된다.

첫째, 김일성의 우상화 정책이나 김정일의 우상화 정책의 개별적 연구는 있으나, 김일성과 김정일 통치기간 전반에 대한 우상화 정책 비교연구가 없다는 것이다. 그 이유는 김정일이 사망한지 얼마 되지 않았기 때문이다. 김정일이 생존했을 당시에는 우상화정책이 진행되고 있기 때문에 연구가 제한되었고, 사망 이후부터 현재까지 몇 년 되지 않아 김정일의 일대기에 대한 연구가 많지 않다. 김일성 시대의 우상화 정책의 경우 다수가 항일무장투쟁에 대한 우상화였으며, 김정일 시대의 우상화 정책은 통치 전체기간이 아닌 일부기간에 한정되어 있다는 한계가 있다.

둘째, 대다수 우상화 연구의 경우에는 항일무장 투쟁 신격화 연구나 북한의 문학 속에 나오는 형상화 연구가 대부분을 차지하고 있다. 북한의 우상화 정책이 정치권력과 통치형태 등 정치적 분야와 관련된 구체적인 연구가 없다.

셋째, 현재까지의 우상화 연구는 대부분이 서양의 정치리더십 관점에서 접근한 연구가 대다수이며 사회주의 시각이나 북한의 내재적 접근의 연구가 부족하다.

넷째, 김일성과 김정일의 우상화 정책은 북한연구 학자들의 관점에서만 연구되었으며, 특히 지배자의 관점에서 권력의 통치수단과 방법적 측면의 일방적인 분석이며 우상화 정책에 대한 북한 주민들의 반응과 인식에 대한 연구가 없었다. 그렇기 때문에 북한의 지도자가 우상화 정책을 통치방식에 사용한 결과에 대한 분석도 부족한 현실이다.

이에 본 연구는 북한의 우상화 정책 선행연구에서 나타난 문제점을 극복하고, 김일성과 김정일의 생애 전체를 대상으로 우상화 정책을 비교한다. 기존 방식인 문학이나 『로동신문』, 『천리마』 등에 나타난 단순 찬양 위주 연구에서 벗어나 김일성과 김정일의 우상화 정책을 메리암의 미란다와 크레덴다 측면에서 분석한다. 이와 함께 우상화 정책이 북한주민들 통치에 어느 정도 영향을 미쳤는가에 대한 현장검증 차원에서 분석하고자 북한이탈주민 280명의 설문을 통해 북한 주민들의 우상화 정책 인식실태를 진단하며, 마지막으로 향후 김정은의 우상화 정책에 대한 전망해 보고자 한다.

김일성과 김정일의 우상화 정책비교를 위해 1945년부터 2011년 통치 전 기간을 연구기간으로 설정하되, 김정일이 최고사령관이 되어 실질적 정권을 이양 받은 1991년을 기준으로 김일성 시대와 김정일 시대로 구분하였다.

김일성의 항일운동 관련 사례는 문헌이나 논문자료에 나와 있는 내용을 포함한다. 북한의 우상화 정책이 통치자의 정치권력 유지를 위한 지배수단으로 활용되었기 때문에, 북한의 역사적 특수성을 구성하는 당시의 상황적 요인들을 고려하는 역사적 접근방법을 통해 고찰하고, 북한의 주장과 이론을 수용하는 내재적 시각에서 분석할 것이다.

북한에 대한 1차 자료는 북한에서 발행한 공식 간행물들이다. 대표적인 간행물은 신문 및 정기간행물인 『로동신문』, 『평양신문』, 『로동청년』, 『평양 타임지』, 『조선 사람』, 『근로자』, 『민주조선』, 『력사과학』, 『력사연구』, 『사회과학』, 『철학연구』, 『국제생활』, 『조선사회민주당』, 『남조선 문제』, 『천리마』, 『경제 연구』 등이 있다.

사전류로는『경제사전』1, 2,『대중정치용어사전』,『정치사전』, 『정치용어사전』,『철학사전』,『력사사전』,『조선문화어사전』등이 있다. 그리고 김일성과 김정일의 각종 연설이나 인터뷰 내용을 편집한『김일성 선집』,『김일성 저작선집』,『김일성 저작집』,『김정일 선집』,『김정일 동지문헌집』등이 있다. 이밖에도 조선노동당 출판사나 사회과학 출판사, 인민출판사 등에서 발행한 1차 자료도 상당수가 있다.

또한 내재적 연구시각의 단점을 보완하고자 남북이 분단된 상황에서 현장검증을 대리할 수 있는 국내 입국 거주중인 북한이탈주민 2만 5천 명에 대한 샘플을 활용 및 설문조사 한다.[7] 이를 통해 김일성과 김정일의 정치권력 유지에 우상화 정책이 미친 영향을 비교분석할 것이다.

연구의 이론적 틀은 미국의 정치학자 찰스 에드워드 메리엄의 정치권력 이론인 미란다와 크레덴다를 접목시킨다. 이론적 틀은 북한연구에서 가장 중요한 부분으로 그동안 북한의 우상화 연구가 학술적이기 보다는 북한체제 비판적 측면과 사실적 수준에서 다뤄졌는데, 미란다와 크레덴다 이론을 통해 이러한 취약점을 보완하

7- 북한이탈주민 설문방법은 아래와 같다.

구분		내용
설문 목적		북한의 우상화 정책에 대한 북한주민의 인식실태 분석 * 논문의 논리보강 및 현장검증 차원의 보조적 수단
설문 대상		20~60대, 서울거주 탈북자 280명
설문 준비		탈북출신 북한학 석·박사 인원들과 내용구성 후 대상 선정
표본의 일반적 특성	고향	평양 40명, 함경도 190명, 평안도 30명, 강원도 5명, 기타 15명
	연령	20대 20명, 30대 65명, 40대 80명, 50대 85명, 60대 이상 30명
	성별	남자 85명, 여자 195명
	탈북 배경	굶주림 80명, 불평등 출세 제한 75명, 가혹한 통제 105명, 기타 20명
설문 한계		당원이나 고학력자 등 엘리트 부족으로 교차분석 제한
설문 활용		김부자 우상화 정책에 해당하는 설문 문항만 본문에 첨부 * 전체 설문내용은 별첨으로 활용

면서 북한의 우상화 정책을 보다 학문적으로 다루고자 한다. 또한 북한이탈주민의 설문결과를 토대로 김일성 우상화 정책의 특징과 기능에 대해 분석한다. 정치권력 획득 과정과 정치권력 강화 시기, 정치권력 승계 시기별로 미란다와 크레덴다의 통치방식이 어떻게 구현되었으며, 공통점과 차이점은 무엇인지를 비교 분석할 것이다. 그리고 김정일의 우상화 정책을 평가하면서 향후 북한의 우상화 정책을 전망해 본다.

II

정치권력과 우상화 정책

1. 권력과 정책의 상관관계

권력은 개인 및 집단이 다른 개인 및 다른 집단의 행동을 자기의 뜻대로 하게 만드는 방법으로 '지배하는 능력'이라고 정의할 수 있다. 권력은 집단의 단결력을 조장하고, 집단의 이익과 효용을 위한 산물이며, 사람들의 사회적인 관계에서 필요한 기능을 수행한다. 지배자는 피지배자들이 합리적이든 비합리적이든 정치권력을 정당한 것으로 받아들어야 한다. 즉 권력이란 피지배자로 하여금 지배자가 원하는 바대로 움직이게 하는 힘을 말한다.

맑스 베버는 지배란 일정한 명령에 대해 어느 집단이 복종할 수 있는 가능성이며, 권위라는 의미[8]로 개념 정의하면서 지배가 존속하려면 정당성이 가장 중요하며, 정당한 지배에는 전통적 지배, 카리스마적 지배, 합법적 지배 등 3가지 유형이 있다고 주장하였다. 먼저, '전통적 지배'는 지배자의 능력이나 민중의 지지가 아닌 예전부터 내려오던 전통적 믿음이나 규율에 의해 정통성이 보장될 때 지배가 가능하다. '카리스마적 지배'는 지배자의 초인간적, 천부적 자질이나 능력 등 개인적 특징으로 지배의 정당성을 인정받게 되며, '합리적 지배'는 선거 등의 합법적 절차를 거쳐서 지배의 정당성을 확보하게 된다.

이 같은 세 가지 지배 유형들은 일반적으로 현실 정치에서 혼합되어 나타나며, 민주국가들은 선거에 의한 합법적 지배유형을 따르지만 국민들은 지도자에게 카리스마적 능력을 기대하는 경우도 많이 있다.

마키아벨리는 개인의 자기 방어 때문에 권력이 발생한다고 보았다. 스스로 자기를 방어하기 위해 강하고 용감한 사람을 선택하여

---

[8]_ 맑스 베버, 박성환 옮김, 『경제와 사회 1』(서울: 문학과 지성사, 1997), p. 408.

우두머리로 삼고 복종하게 됨으로써 인간사회에서 지배와 복종의 관계가 발생하며 통치권을 확립한 지배자는 자신을 따르는 인간을 보호하기 위해 물리적 힘을 행사하고 물리적 힘이 곧 정의가 된다.[9] 마키아벨리는 권력의 종류에 대해 극단적 형태의 물리적 폭력에서부터 완화된 형태의 폭력, 신의 징조와 자연의 힘, 권위, 제도화된 기구를 통한 명령, 공포 등 실제로 인간관계에서 서로 영향을 줄 수 있는 모든 개념을 권력이라고 간주하였다.

마키아벨리는 권력 장악과 유지를 위해 지도자가 갖추어야 할 능력을 다음과 같이 제시하였다.[10]

첫째, 지도자는 비루투(남성다움)를 소유해야 한다. 지도자는 역경이나 재난을 맞아 새로운 정치질서를 수립하고 과감하게 결정하고 행동해야 할 때 용기가 최고의 덕목이 된다.

둘째, 지도자는 필요시 악덕도 행사 할 수 있어야 한다. 인간은 사소한 침해는 복수하려 하나 중대한 침해는 복수를 생각하지 않는 특성을 갖고 있어 말보다는 무력이 잘 통하기 때문이다.

셋째, 지도자는 지지 세력과 좋은 참모를 확보해야 한다. 지지 세력 확보는 지도자의 권력 장악에 필수 요소로 자기를 좋지 않게 생각하는 사람의 감정을 잘 살피고 법과 제도를 잘 만들어서 지지 세력을 확보하고, 측근 참모에게 명예와 부를 주어 충성심을 확보하고 배신하지 못하도록 하며, 조언을 잘 들어 결심한 것은 반드시 실행하도록 해야 한다.

마지막으로 지도자는 희망을 제시해야 한다. 국민을 조종하기 위해서는 어느 특정 정파가 아닌 국민 전체를 위한다는 인상을 주어

9_ 이수석, "마키아벨리의 정치사상에 나타난 리더십," 홍성민 엮음, 『정치사상, 정치리더십, 한국정치』(서울: 한울, 2004), p. 18.
10_ 위의 책, pp. 24-33.

야 하는데, 이를 위해 모든 덕성을 갖춘 것처럼 행동해 권력 장악과 유지에 유용하게 활용하고 개혁적인 입장을 취해 국가발전을 위해 노력하고 있다는 의지를 국민들에게 보여 주어야 한다.

메리암은 정치권력이 폭력이나 남을 지배하고자 하는 의도적 의지에서 발생한다며 권력이 나타날 수 있는 상황을 3가지로 제시하였는데, 첫째, 정치활동을 야기할 사회집단 내 긴장, 둘째, 사회생활에 순응하는 인성의 유형, 셋째, 집단 내 문제 발생 시 조정하는 권력에 굶주린 지도자이다. 또한 지도자는 정치적 상징을 잘 사용하여 지도층에 관심을 끌게 하고 피지배자들을 융합시켜야하며 다음과 같은 정치적 자질이 필요하다고 주장하였다.[11]

첫째, 지도자는 높은 사회 감수성을 지녀야 한다. 즉, 정치 지도자는 정치적·사회적인 권력의 분야에서 국가적 사안과 현상들이 현재 어떻게 진행되는지 감지할 수 있어야 한다. 미국의 맥킨리 대통령은 항상 언동에 주의하여 상응하는 행동을 했고, 히틀러는 "나는 당신의 통치능력을 가지고 있지 못할지 모르지만, 당신에게 적어도 대중들의 마음을 조작하는 방법을 일러줄 수 있다."고 언급한 것처럼 세상의 분위기와 흐름을 알고 움직임과 가능성을 대변할 수 있을 정도의 높은 감수성이 있어야 한다.

둘째, 지도자는 개인 접촉 능력이 있어야 한다. 피지배자들과 의견이 맞지 않아도 지도자가 다가가서 애착을 느끼도록 하여 지도자의 활동에 매료시킴으로써 추구하는 목표에 피지배자들이 도달 할 수 있도록 해야 한다.

셋째, 지도자는 집단 통솔력을 가지고 있어야 한다. 비록 이익단체들이 각자의 목적을 달성하기 위해 다툰다 할지라도 호의적인

11- Charles E. Merriam, *Political Power*, 신복룡 역, 『정치권력론』(서울: 선인, 2006), pp. 44-88.

태도를 보이고 배려하며 다루는 능력을 갖춰야 갈등을 중재하고 성공적인 유대관계를 맺을 수 있기 때문이다.

넷째, 지도자는 극적 표현 능력을 가지고 있어야 한다. 일반 사람들은 권력을 소유한 지도자의 전기를 읽으면서 자신이 갖지 못한 욕망과 꿈을 지도자의 생애에서 찾기 때문에 지도자는 웅변가의 목소리나 저술가의 글솜씨, 커다랗고 모험적인 동작 등에서 극적 행동을 할 수 있어야 한다.

다섯째, 지도자는 창의력이 있어야 한다. 권력행사시 발생하는 정책, 이데올로기 등 여러 상황에 대해 지도자는 손쉽게 대응할 수 있는 창의력을 발휘해야 한다. 지도자가 직접 법을 만들거나 동맹이나 새로운 표어를 창안하지 않았어도 측근 엘리트의 업적은 지도자의 업적이 되기 때문이다. 나폴레옹도 자신이 서명한 법전을 실제 만들지 않았고, 제퍼슨도 독립선언서를 창안하지 않고 제안을 듣고 승인하여 실행에 옮겼을 뿐이다.

끝으로 지도자는 용기와 열정을 가져야 한다. 지도자는 때로 투쟁하고 불확실한 싸움에서 모험을 걸 수 있는 용기가 있어야 지위, 보상, 권위 등을 누릴 수 있다. 지도자의 열정은 기존에 지닌 지도자의 명성을 위인, 위대한 웅변가, 훌륭한 지도자로 한층 높일 수 있다.

터커는 권력 중심적 연구가 정치의 많은 부분을 권력현상으로 협애화하고 지도자의 기능을 권력의 공고화 혹은 권력 그 자체로 귀결시킨다고 한다. 이에 정치의 많은 부분이 축소되고 대부분의 사람들이 정치지도자의 권력 행사에 대한 이해가 부족하기 때문에 지도자들과 지도받는 사람들 간의 상호관계를 분석할 수 있어야 한다고 강조하였다.[12]

12_ Robert C. Tucker, *Politics as Leadership*, 안성시·손봉숙 공역, 『리더십과 정치』(서울: 까치, 1983), pp. 18-23.

우상화는 "진실이 어떠한 장애물로 인해 실상을 올바르게 파악할 수 없으며, 인간을 지나치게 과장하여 신의 위치까지 올려놓은 상태"를 말하며, 극단적 형태가 '신격화'이다.[13] 국가 지배 체제는 그 정당성을 국민들이 자발적으로 인정하고 수용할 때 이뤄지는데, 지배자의 일정한 명령에 대해 인간 집단이 복종할 수 있는 가능성이 있다는 점에서 지도자에 대한 우상화 정책은 효과적인 지배수단이 된다. 지도자가 가지고 있는 능력을 초인간적으로 높게 평가하고 신격화, 숭배화함으로써 피지배자들을 복종시키고 충성을 요구하며, 지배자를 위해 피지배자를 희생시켜 권위를 획득한다는 통치 방식의 차원에서 볼 때, 지도자들은 정치권력 유지와 확보, 계승측면에서 우상화 정책을 전략적으로 구사하게 된다.

오늘날 북한처럼 정치 지도자를 우상화, 개인숭배 하는 나라를 찾아보기는 쉽지 않다. 일부 전문가들은 북한의 우상화와 권력세습이 체제 내부 반발을 야기하고 국제적 고립을 심화시켜 결국 체제 붕괴로 이어질 것이라는 견해를 주장했지만, 북한은 우상화 정책을 정치권력 체계의 중심으로 활용하고 지도자의 신격화를 정권의 핵심전략으로 만든 희귀한 국가이다.[14]

구소련은 스탈린을, 중국은 모택동을 우상화 했으나 사망 이후에는 우상화가 중단되고 후계자에게도 이어지지 못했다. 스탈린의 경우, 1929년 12월 50회 생일을 시작으로 스탈린 찬양 보도와 인사메시지, 초상화 등이 대중적으로 선전되면서 숭배가 가시화되었으며, 1933년 '혁명의 전사 스탈린', '용맹스러운 적군병사 스탈린'이라는 존칭 표

13_ 조용관, "북한체제 특이성의 역사 문화적 가능조건에 관한 연구," 『북한연구학회보』, 제6권 2호(2002), p. 153.
14_ 이종헌, "북한의 정책선택 패턴: 생존성과의 상관관계," 『통일정책연구』, 제16권 제1호(2007), pp. 145-146.

현이 사용되면서, 마르크스, 엥겔스 등 사회주의 이념 창시자와 동일시되었고, 산, 호수, 광장 등 주요시설에 스탈린의 초상과 찬양문구가 설치[15]되는 등 우상화가 최고조에 이르렀으나, 1953년 사망이후 1953년 제20차 당대회 이후부터 스탈린 비하운동이 전개되면서 심지어는 붉은 광장에 묻혀있던 유해와 동상까지도 철거되었다.

모택동의 경우, 1945년 10월 중화인민공화국을 세우고 국가주석, 군사위 구축으로 당주석이 된 이후 대중노선을 강조하면서 혁명을 지속 추진하면서 자신의 위대성 선전을 위해 천안문 광장에 6×4.6m 크기의 초대형 초상화를 설치하고, 1위안부터 100위안까지 6개 지폐에 모택동의 초상을 넣게 하였으며, 혁명성공을 다룬 영화를 제작하는 등 다양한 우상화를 진행하였으나, 사망 이후 우상화는 더 이상 진행되지 않았다.

북한의 김일성과 김정일은 지배의 정당성을 확보하고 정치권력을 유지하며 권력세습의 정당화를 위한 통치 전략으로서 우상화 정책을 사용하였다. 즉, 북한은 우상화 정책이 주민들이 정치권력을 합리적이든, 비합리적이든지 정당한 것으로 받아들이고 복종하게 하는 가장 효과적인 수단으로 판단하고, 인간의 존재가 이성적이고 감성적이라는 특성에 주지하여, 생존을 위한 필수불가결한 요소임을 인식, 국방투자, 사회간접투자처럼 우상화 정책에 엄청난 재원을 투자하였다. 최고지도자에 대한 찬양과 가계의 혁명화를 위해 정치적 대형 건조물 건축과 교육과 문화에 자원을 쏟아 부었고, 정치선전물을 건조나 정치행사 등 우상화 사업에 최우선적으로 예산을 투자해 왔다.[16] 김정일은 김일성이 사망한 후 주석궁에 사체를 안치

15_ 황동화, "소비에트 정치포스터에 나타난 스탈린 개인숭배의 정치문화사,"『이화역학연구』, 제32호(2005), pp. 241-246.
16_ 이종석, 『새로 쓴 현대북한의 이해』(서울: 역사비평사, 2013), p. 348.

시키고 무덤을 조성하기 위해 8억 9천만 달러를 투자하였으며,[17] 김정은은 김정일이 사망하고 영생탑 건립, 벽화 설치, 동상건립 등 2년간 우상화 사업에 투자한 자금이 2억 달러 이상이었다.[18]

즉, 북한은 우상화 정책이 주민들이 정치권력을 합리적이든, 비합리적이든지 정당한 것으로 받아들이고 복종하게 하는 가장 효과적인 수단으로 판단하고 인간의 감성과 이성이라는 특성에 주지하여 우상화 정책을 전개하였다.

우상화 정책을 구사하기 위해서는 3가지 조건이 필요하다.[19] 첫째, 정치적 비용의 투자이다. 절대 권력을 구축하기 위해서는 자기 세력 구축과 반대세력 제거에 정치적 자본을 투자해야 하며, 정치권력이 구축된 이후에도 추가비용을 지속적으로 지불해야 한다.

〈그림 2-1〉 북한 우상화의 조건과 효과

투입	세부 항목		효과
I. 정치비용 투자	·자기세력 구축 강화 ·반대세력(잠재적 포함) 제거		충성심 고양
II. 시간·비용 투자	·피지배자·지도층 인식전환 ·사상체제 정비를 위한 인력 동원 ·사상교육을 위한 노동력 전용 ·우상화 관련 상징물 제작	IN / OUT	외부위협 효과적 대처
III. 외부정보 유입차단	·주민 행동변화 패턴 유지		권력 승계

둘째, 많은 시간과 재원이 소요된다. 개인숭배체제 구축은 피지배자뿐만 아니라 지도층의 모든 사람들의 인식과 생각의 근본적인

17- 황장엽, 『북한의 진실과 허위』(서울: 통일정책연구소, 1999), p. 16.
18- "北, 김일성-김정일 우상화 기금 확보에 안간힘," 『동아일보』, 2014년 2월 14일.
19- 이종헌, "북한의 정책선택 패턴: 생존성과의 상관관계," pp. 146-147.

변환을 요구하기 때문에 많은 시간이 소요되며 특히, 개인숭배체제를 위한 우상화 건조물 등 물리적 기반을 다지고 사상체제 정비를 위한 고급인력 동원, 노동력 전용 등에 막대한 국가자원이 투입된다.

셋째, 개인숭배체제가 지속되기 위해서는 사회의 폐쇄가 필수적이다. 외부정보 유입이 되면 지도자에 대한 믿음과 신념이 변하게 되며, 주민들의 행동패턴에 변화가 오기 때문이다.

이러한 우상화 정책은 체제 및 정치권력 유지에 순기능적 측면이 있다. 첫째, 충성심을 고양시킴으로써 권력유지에 크게 기여할 수 있으며, 둘째, 적대세력 제거를 통한 내부위협을 제거함으로써 외부위협에 효과적으로 대처가 가능하며, 셋째, 권력 승계와 정치지도자를 보호에 기여할 수 있다.[20]

북한의 우상화 정책은 정치권력 유지를 위해 매우 치밀하게 짜여 추진해 온 고도의 정치 전략으로 3가지 방식으로 전개되었다.

첫째, 권력구축 초기 단계에서 지도자로서의 카리스마 권위를 조작하여 독재권력 구축 여건 조성과 최고지도자로서 지배에 대한 정당성을 확보하였다. 북한에서 김일성과 김정일은 비범성 혹은 초인간적 우월성을 가지는 절대적 존재로 신격화되어 주민들의 개인숭배를 받고 있다. 사회주의 헌법상 국가가 인민대중을 위한 공화국이라고 명시되었음에도 "김일성을 시조로 모시고 김일성주의를 최고 법으로 삼아 대를 이어 계승하라"고 강조함으로써 김일성을 신격화하였다.

둘째, 지배의 정당성이 존속되면서 최고 권력자로서 정치권력이 작동될 수 있도록 다양한 기구를 조직하여 지도자가 내세우는 사상을 체계화하고 우상화를 제도화하였다. 당 선전선동부에서 우상화

---

[20] 위의 글, pp. 148-149.

사업을 전개하고, 수령론, 사회정치적 생명체론, 유일사상 10대원칙 등 통치이념을 만들어 생활 속에서 체계적으로 실천하도록 통제하고 있다.

셋째, 주민들에게 우상화를 이념화시키고 규범적 가치관이 형성되도록 하기 위해 우상화를 세뇌시켰다.[21] 북한은 권위의 정점에 수령이 존재하며 북한 주민들의 일상생활은 수령과 함께하도록 교육한다. '수령의 교시', '지도자의 말씀'을 최고가치로 여기며, 매사 초상휘장에서부터 가정, 직장, 사회 등 수령과 같이하는 수령중심의 생활을 통해 충실성을 기르고 있다.

결국, 북한의 우상화 정책은 인간의 이성과 감성이라는 구조적 특성을 활용하여 북한 주민들이 진실을 정확히 파악하지 못하도록 우민화시켜 수령의 지시에 맹목적으로 순종하는 신민형 인간으로 만들어 놓았다.[22] 즉, 북한의 우상화 정책은 김일성과 김정일이 원하는 바대로 북한 주민들을 움직이게 하는 정치권력을 유지한 수단으로 정의할 수 있다.

2. 메리암의 유지 이론

미국의 정치학자 찰스 에드워드 메리암은 권력이 오직 폭력에만 의존한다면 오래 지탱할 수 없는데, 그 이유가 힘은 경쟁심과 불만족으로 인해 일어나는 사건에 대항하여 자신을 지탱할 만큼 강하지 않기 때문이라고 언급하였다.[23]

21_ 이윤규, "북한 김정은 독재체제에서의 우상화: 김정일·김정은 우상화 비교분석을 중심으로,"『전략연구』, 제21권 3호(2014), pp. 177-178.
22_ 서재진,『또 하나의 북한사회』(서울: 나남출판사, 1995), p. 125.
23_ Merriam, *Political Power*, 신복룡 역,『정치권력론』, p. 159.

메리암은 물리적 강제력 없이도 권위를 결여한 권력이 그대로 유효하게 작용할 수 있는 이유에 대해 연구하였는데, 바로 '상징조작'을 통해서 대중들에게 물리적 강제력을 사용하지 않고 자신의 권력을 과시할 수 있다. '상징조작'이란 간단명료한 상징물들을 통해서 대중들의 심리에 영향을 미치는 상태, 심리조작을 말하며, 상징물로 이용되는 것들은 의식, 노래, 표어, 모형, 마크 슬로건 등이 있다.

메리암은 정치권력 유지를 위해서는 무엇보다도 피지배자가 합리적이든 비합리적이든지 지배의 정당성을 받아들여야 한다고 설명한다. 메리암은 정치권력 획득 방법을 두 가지로 나눠 설명하는데, 남으로부터 찬미를 받을 수 있는 '미란다'와 남으로부터 신뢰를 받을 수 있는 '크레덴다'이다.

먼저, 미란다는 권력이 타인으로부터의 신뢰와 칭송으로서 유지된다는 전제하에 정의를 실현하는 힘이란 정의로운 힘과는 분명한 차이가 있다. 이 힘은 감정에 깊이 뿌리를 내리고 있거나, 느낌과 열망, 도덕, 지혜로운 격언, 그리고 더 높은 수준의 문화집단 사이에서 합리화된 형태여야 한다. 만약 온 정성을 기울인 존경과 충성이 유지된다면 그 힘은 분명, 눈과 귀를 비롯한 미적 감각을 매혹시키고 지지를 받을 것이다.[24]

지도자는 소속 집단에서 인간의 느낌, 열망, 격언 등 감성을 자극시키게 되면, 지도자가 요구하는 사항을 자발적으로 지지하게 되는 미란다의 특성을 정치권력에 이용한다. 이러한 미란다의 통치유형은 기념일과 기념기간, 공공광장, 음악과 노래, 상징조작, 일화 및 역사조작, 의전과 시위행진[25] 등의 방법을 동원함으로써 피지배자

---

[24] 위의 책.
[25] 위의 책, p. 163.

들의 감성적·비합리적 측면을 자극시켜 정치적 지배가 가능하도록 하는 형태이다.

구체적으로 미란다의 첫 번째 형태는 기념일과 기념기간, 공공광장과 기념관이다. 정치집단은 어떤 다른 집단보다도 달력의 날짜를 많이 사용하고, 정부의 공적인 사용을 위해 영토적인 공간을 인수하고, 거리나 길, 공공장소를 권력집단의 이름으로 명명했으며, 권력을 기념하기 위해 광고를 붙이기도 한다. 공공건물은 다른 집단의 건물보다 더욱 인상적이다.

두 번째는 음악과 노래이다. 음악과 노래는 인간이 고안한 것 중에 음악과 노래는 가장 주목할 만한 리듬으로 권력을 찬미한 수단이다. 프랑스의 '라 마르세예즈', 독일의 '위대한 독일', 소련의 '인터내셔널', 영국의 '신이여 왕을 구하소서' 등과 같은 국가(國歌)는 가장 대표적인 권력을 찬미한 노래이다. 또한 원시시대의 춤은 정치적 목적을 위해 추기 시작하였으며, 이후의 시위행진간 율동은 참가자와 관람자 모두에게 깊은 인상을 주었다.

세 번째는 문양과 의전이다. 예로부터 색깔, 형태, 동작 등 문양은 권위의 후광을 비춰주고, 꽃과 같은 정원은 장식으로 이용되었다. 정치생활에서 의전은 효과적인 상징성을 가지고 있어 요람에서 무덤까지 존재한다. 문양과 의전은 정치에 대한 찬미에 크게 기여하였다. 의전은 의식을 거행하면서 불합리하더라도 소중하며 충성의 의무가 있는 사람은 소중하게 권력의 목적과 미적인 감각은 매우 미묘한 방식으로 혼합되어 만족감을 느낄 수 있다. 특히 웅대한 의식은 권력의 심리에서 숭배의 요소를 강조하는 것으로 준수와 복종의 생각을 불러일으킨다.

네 번째는 일화와 역사 제작이다. 권력집단에 속해 있는 사람과 권력상황 그 자체를 찬미해 주는 수단이다. 일화는 초기단계에 유용하고, 역사는 후기단계에 유용하다. 왜냐하면 지도자의 유년기나 성년기에 관한 일화는 완전히 이해하지 못할 때에도 귀를 기울이기 때문에 권력에 대한 간접적인 찬사의 효과적인 수단이다. 영웅의 자질과 업적은 저항을 받을 위험 없이 전승되고 회자될 수 있다. 역사는 새로운 체제가 들어서면 가장 먼저 해야 할 임무로 낡은 것에 다른 해석을 내림으로써 전복에 앞장설 수 있다. 또한 역사는 국가의 목적과 부합하도록 수정되며, 국가를 찬미하는 특권이다.

다음으로 크레덴다는 피지배자에게 정치권력의 존재를 이성적으로 납득시켜 권력의 존속에 동의하게 함으로써 권력을 정당화, 합리화하는 방법이다. 크레덴다의 통치유형에는 '정부에 대한 존경', '복종', '희생', '합법성의 독점'이 해당된다.[26]

크레덴다의 첫 번째 형태는 통치체제에 대한 존경(경의를 표하는 태도)이다. 존경은 정부의 모든 체계가 기초하고 있는 주요한 원칙이다. 권위는 개인적인 자격과 관계없이 통치제도에 대한 경의와 존경에서 발생한다. 정부가 가부장적이든, 우애적이든, 중앙집권적이든, 지방분권적이든 기본적인 태도는 똑같다. 군대가 경례의 형태로써 밖으로 존경을 표시하는 표준 형태를 발전시켰듯이 눈에 보이는 권위의 존재를 끊임없이 생각나게 하는 제도화된 경의이다. 차렷도 경의의 자세이다. 규정된 복종, 절, 무릎 꿇기, 기립, 부복, 아첨, 환호 등도 여기에 해당된다.

두 번째는 복종이다. 복종은 권위가 어떤 방법으로 세워졌는가 하는 문제와 별개로 기존 권위에 복종하는 규범이다. 사회구성원들은 권력의 처사를 준수한다는 가정 하에 모든 통치가 이뤄지며, 복종이란 의무이고 계약의 결과이며, 복종은 편의를 주고 심지어 즐거운 것이며, 폭력에 대한 두려움의 결과로 나타나는 것이다. 사람

---

[26]_ 위의 책, p. 186.

들이 복종하는 이유는 두렵거나 편의하기 때문이며, 더 높은 권력에 자신을 포기하는 과정을 즐기는 감정이 있기 때문이다.

세 번째는 희생이다. 집단은 일반적인 이익을 위해 자신을 기꺼이 희생한다는 것이다. 시민은 재산과 자유와 생명의 손실이 있더라도 기꺼이 복종해야 하며 특별한 명령이 없더라도 공익을 위한 경계심과 권력집단의 이익을 돌보겠다는 의지를 가지고 있어야 한다. 전쟁에서는 전투원과 비전투원 모두에게 무한한 희생을 요구하고, 평화 시에는 '공공 정신', '공공 의지', '애국심' 등을 통해 참을 수 없는 상황을 타개하는 수단으로 희생을 활용한다.

네 번째는 합법성의 독점이다. 정부는 '정치적인 것'이라는 사회적인 권위의 유형에 대해 독점적 권리를 누리는 집단으로 정부의 독점을 침해하는 단체는 처벌될 것이라는 교의가 따른다. 정부는 권위의 행사로 그 결과가 의도대로 나오지 않거나 위기상황에서 권위를 휘두를 수 있으며, 군인이나 지도자 등 전략적 지위에 있는 사람과 같이 소수의 태도를 결정지을 수 있다. 예를 들어 영국의 의회제도, 독일의 군주제, 프랑스의 공화제가 최적 상태의 행복과 문화를 가져온다면 국민들은 국가의 제도에 대해 비판하지 않는다.

'미란다'와 '크레덴다'는 철저한 시민 교육의 체계에서 발전되고 있으며, 어떤 국가나 정치적인 집단이든지 간에 국가 또는 집단이 원하는 완벽한 시민을 양성하기 위해 유년기부터 교육과정을 확대해가고 있다.[27]

미란다와 크레덴다는 권력 상황의 초석이라고 결론지을 수 있다. 권력은 자신에게 위신을 투사하고 위신은 다시 권력을 뒷받침하는 것으로 변한다. 이데올로기와 상징주의와 완력은 밀접한 관계이며,

---

27- 위의 책, pp. 193-194.

여러 가지 방법을 동원하여 서로 보강한다. 숙달된 권위는 신비한 방법으로 자신의 경이로움을 성취해 나간다.[28]

이와 같이 권력은 아름다운 조건인 동시에 의무이다. 결국, 미란다와 크레덴다는 인간이 가지는 감성과 이성이라는 요소에 노래, 제복, 역사조작, 교육, 희생강요 등 여러 가지 방식을 동원하여 피지배자들을 반복적으로 자극시킴으로써 사고나 행동에 동일한 반응을 얻으려는 심리조작을 통해서 인간을 내면으로부터 복종시키는 고차원적이고 문명적인 통치방식이다.[29]

권력을 가진 정치지도자들은 인간의 본성을 상황에 따라 미란다와 크레덴다라는 통치유형을 적절히 배분하여 정치권력을 유지해 나간다. <표 2-1>은 미란다와 크레덴다를 비교분석한 내용으로 인간의 존재를 감성과 이성으로 구분하여 그에 대한 특징을 토대로 통치유형을 다르게 적용하여 정치권력에 활용하는 것을 비교하였다.

〈표 2-1〉 미란다와 크레덴다 비교분석

구분	미란다	크레덴다
인간의 존재	감성적 존재	이성적 존재
인간의 특징	고독에 대한 공포를 느끼고 다른 사람들과 정서적인 공감의 유대를 추구하는 경향	혼돈으로부터 벗어나 어떤 질서에 대하여 귀속하려는 경향
통치 유형	①기념일과 기념기간 ②공공광장과 기념관 ③음악과 노래 ④문향과 의전 ⑤일화와 역사	①존경 ②복종 ③희생 ④합법성의 독점
비고	비합리적, 비이성적	이성적, 합리적

* 출처: Charles E. Merriam, Political Power, 신복룡 역, 『정치권력론』(서울: 선인, 2006), pp. 159-196 참고로 재구성.

28_ 위의 책, pp. 195-196.
29_ 이극찬, 『정치학』(서울: 법문사, 1999), pp. 211-213.

정리하면 권력 주체는 정치권력 유지를 위해 인간의 본성을 이해하고 적절하게 활용해야 하며, 이런 맥락에서 '미란다'와 '크레덴다' 개념은 정치권력 유지의 측면을 설명하는 이론이다. 먼저, 미란다는 인간의 존재를 감성의 존재로 보고 감성과 통일, 비합리적 측면을 이용하여 정치권력을 획득해야하므로 정치권력을 유지하기 위해서는 지배자가 합리적이든 비합리적이든 피지배자들은 정당한 것으로 받아들여야 한다. 미란다 통치방식에는 기념일과 기념기간, 노래와 춤, 상징조작, 일화와 역사 조작 등과 같은 것들이 해당된다.

다음으로 크레덴다는 인간의 존재를 이성적 존재로 보고 피지배자들을 이성적으로 납득시켜 정치권력을 정당화한다. 그렇기 때문에 권력의 정당성을 피지배자에게 이해시키기 위해서는 보다 많은 연구와 방법이 필요하며, 이 통치방식에는 정부에 대한 존경과 복종, 희생, 합법성의 독점 등이 해당된다.

메리암의 미란다와 크레덴다가 북한에 우상화 정책 연구에 적실성이 있는지 살펴보면, 미란다 측면에서의 대표적인 우상화 정책은 지도자에 대한 생일 기념행사, 찬양 노래와 춤, 동상이나 초상화, 배지 등 상징물 제작 배포, 혁명사적지 참배, 신격화를 위한 역사와 일화 조작, 각종 찬양 서적 및 문화예술 작품의 체계적인 발간이며, 주민들에게 이를 숭배하도록 하고 있다.

다음으로 크레덴다 측면의 대표적인 우상화 정책은 각종 정치사상이념을 만들어 생활 속에서 실천하도록 하며, 지도자가 현지지도를 통해 주민들의 애환을 함께 나누는 분위기를 만들고, 각종 영웅을 만들어 지도자에게 목숨 바쳐 충성과 희생을 보이도록 강요하고 있으며, 유치원생으로부터 노인에 이르기까지 각종 학교나 근로단체에서 우상화 교육을 통해 충성을 맹세하게 한다. 이러한 의미에서 북한은 미란다와 크레덴다 측면의 우상화 통치방식을 가장 잘 적용하는 국가에 해당된다.

3. 미란다와 크레덴다

김일성과 김정일의 우상화 정책 비교를 위해 본 책에서는 메리암의 미란다와 크레덴다 이론을 활용하였다. 앞 장에서 논의했듯이 정치권력의 유지는 인간의 감성을 자극시켜 지배의 정당성을 확보하는 미란다의 측면에서 기념일과 기념관, 상징조작, 역사와 일화 제작 등의 형태로 구현되었고, 인간의 이성을 설득하는 크레덴다의 측면에서 존경과 복종, 희생, 합법적 독점 등의 형태로 구현된다.

이러한 메리암의 이론이 사회주의 국가인 북한의 우상화 정책에 적용 가능한가에 대한 해석이 필요하다. 정치권력의 특성이 지배자가 피지배자를 원하는 대로 움직이게 하는 측면에서 보면, 북한의 우상화 정책은 인간의 감성과 이성에 호소하여 통치 지도자에게 충성하고 복종하게 함으로써 정치권력을 유지하기 때문에 미란다와 크레덴다 이론은 적용이 가능하다.

미란다 측면에서 첫째, 권력의 찬미는 가부장적 왕위 세습제도 안에서 수백 년간 발전해왔고, 왕가나 명문가 사람들의 행실은 꾸준히 존경받아왔으며, 가끔 발생하는 혈통의 단절 사태나 개인 실수에도 불구하고 그들의 권위는 흔들리지 않았다. 둘째, 세습집단에서는 실제로 상징이 요람에서 무덤까지 이어진다. 도로, 건물 등 도시 공간 내 곳곳에는 온통 상징으로 포장되어 있다. 민주주의나 공산주의 체제에서도 과거 귀족 집단을 대신해 인민이나 계급, 영웅을 통해 똑같은 상징적인 효과를 얻어낼 수 있다. 셋째, 웅대한 의식은 본질적으로 권력의 심리 중에서 숭배의 요소로 강조된다. 복잡한 의식이 계속 반복되다 보면, 준수와 복종이 자연스럽게 나타난다.[30] 이러한 의미에서 사회주의 국가에서도 미란다는 적용될 수 있다.

크레덴다 차원에서는 첫째, 왕들은 자신들의 권력이 기본적으로 특별한 세습을 통해 전달되어 왔다고 주장했다. 신권, 가부장권, 그리고 토지에 대한 소유권 등은 군중들에게 복종을 요구할 수 있게 하는 중요한 요소이다. 둘째, 엘리트의 지배 아래에서는 선거라는 제도적 장치를 통해 대중에게 호소하지 않고 영도력을 지속할 수 있으며, 수령은 자신의 후계자를 자신의 뜻대로 선정하여 자신의 영도력을 돋보이게 할 가능성이 크다.

메리암이 피지배자를 원하는 대로 움직이기 위해 세습 왕조국가에서 권력의 찬미, 주민영웅 만들기, 옹대한 의식과 상징, 숭배요소, 복종과 후계자 선정 등의 미란다와 크레덴다를 활용한다고 했듯이, 북한에서 미란다와 크레덴다의 적용은 북한은 김일성이 권력을 잡고, 김정일·김정은에게까지 권력을 세습한 왕조국가이며, 우상화 상징과 의식, 주민영웅 등 숭배요소가 강한 국가이며, 복종과 후계자에게 권력승계 등은 세계적으로도 가장 적용이 잘되는 국가에 해당된다.

메리암의 미란다와 크레덴다 이론을 적용한 분석틀을 도표화하면 <그림 2-2>와 같다.

---

[30]_ Merriam, *Political Power*, 신복룡 역, 『정치권력론』, pp. 161-173.

〈그림 2-2〉 북한 정치지도자의 우상화 정책 분석 틀: 미란다와 크레덴다 적용

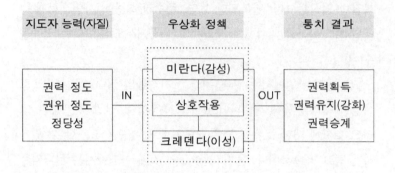

앞서 언급하였듯이 북한의 우상화 정책은 인간의 이성과 감성이라는 구조적 특성을 활용하여 북한 주민들이 진실을 정확하게 파악하지 못하도록 하였고, 우민화된 주민들을 수령의 지시에 맹목적으로 순종하게 해 정치권력을 유지하는 통치수단이다.

특히 김일성과 김정일은 인격적 자질 및 지배의 정당성, 권위 정도 등 자신의 정치적 능력과 내·외부적 상황과 주민들의 충성, 복종, 자발적 동원 등의 수준을 고려하여 우상화 정책을 구사하였다.

정치권력이 강하고 역사적 사실 등 지배의 정당성을 갖춘 지도자는 굳이 피지배자들에게 호소하지 않아도 자발적인 참여와 동원이 가능하기 때문에 감성을 이용한 미란다 형태의 우상화 정책을 구사할 것이다. 그렇다면 정치권력이 강한 지도자가 계속하여 미란다 측면에서만 우상화 정책을 사용할 것인가에 대한 질문이 생긴다. 지도자가 권위에 도전을 받거나 국내·외적 상황이 악화되어 피지배자로부터의 존경과 신뢰가 약해지면 우상화 정책에 변화를 줘야 할 것이다.

반대로 정치권력이 미약하고 통치의 정당성이 없는 지도자, 특히 권력을 물려받은 차세대 지도자의 경우에는 피지배자들로부터 존

경을 받거나 복종을 강요할 수 없는 구조적 한계가 있다. 이에 집권 초기에 피지배자들을 설득하고 납득시킬 수 있는 논리 개발에 집중하면서 인간의 이성에 호소하는 크레덴다 형태의 우상화 정책을 전개할 것이다. 또한 아무리 통치력이 부족하고 정당성과 역사적 기반이 빈약한 지도자라 하더라도 정권의 안정화가 이루어지면 그에 맞게 우상화 정책의 변화를 구사할 것이다.

지금까지 살펴본 바에 따르면 북한의 정치지도자들은 상황과 여건을 고려하면서 미란다와 크레덴다를 혼합하여 사용함으로써 상승효과를 누리고 정치적 상황에 부합된 형태의 우상화 정책을 구사한 것으로 판단된다. 특히, 유일적 정치체계의 사회주의 국가에서 지도자의 역할과 영향력은 지대하다. 이에 정치적 행위 주체인 지도자는 체제의 제도 및 환경에 제약을 받으며, 동시에 영향을 미치기도 한다. 다음 장부터는 이에 대해 상세히 고찰해 보고자하며, 북한의 우상화 정책이 메리암의 미란다와 크레덴다 이론에 접목시켜 설명이 된다면 좋은 연구 사례가 될 것이다.

III

김일성의 우상화 정책

1. 미란다 측면의 우상화

가. 기념일과 기념행사, 기념관

북한만큼 기념일이 많은 나라는 존재하지 않는다. 북한은 10대 기념일을 정해놓고 모든 국민에게 김일성의 업적을 선전하며 존경하도록 찬양하는 행사를 진행하고 있다. 중앙보고대회와 단체별 경축모임 등 기념행사를 통해 김일성의 우상화를 선전한다. 또한 기념행사로 기념건축물을 방문하거나 참배를 통해 김일성에게 충성을 표하는데, 이러한 행위를 통해 우상화는 북한 주민들에게 체화되고 있다.

김일성은 대표적인 기념일이나 노동당 대표자회, 최고인민회의 등 정치행사를 통해 당원이나 군장성 등의 진급과 보직을 발표하여 충성을 맹세하도록 한다. 결국 이러한 기념행사는 북한 주민들의 출세로 가는 길이 되기도 한다.

앞 장에서 살펴보았듯이 메리암은 정치집단의 경우 달력의 많은 날짜를 기념일로 정하는 경우가 많다고 설명한다. 북한의 기념일과 기념행사는 어느 정치집단보다 체계적이며, 지도자를 찬양하기 위해 의도적이고 치밀하게 형성된 우상화 정책은 전 세계적으로도 발견하기 힘든 사례라 볼 수 있다.

김일성 생일(태양절)

김일성 생일은 1974년 북한의 최대 명절 가운데 하나로 지정되었고, 이후 휴무일로 지정되어 다채로운 행사가 열린다. 중앙보고대회, 군사, 대내·외적으로 당·정·군을 막론하고 국가급 행사를 비롯해 소규모 단체의 행사에 이르기까지 김일성 생일행사를 진행한다. 북한에서 김일성 생일은 기념일 중 가장 큰 명절로 인민이 소원을 바라는 경사의 날에 해당한다.

김정일은 "위대한 수령님께서 탄생하신 날은 가장 경사스럽게 기념하는 것이 우리나라 전체 인민들의 한결 없는 소원입니다. 이것은 수령님의 크나큰 은덕으로 세상에 티 없는 영광과 행복을 누리고 있는 인민들에서 우러나오는 수령님에 대한 불타는 충성심을 표현합니다. 우리가 위대한 수령님의 탄생일을 민족 최대의 명절로 맞이하는 것은 너무나 응당한 일입니다."[31]라며 태양절의 중요성을 강조하였다.

북한은 김일성 생일 하루만을 기념하는 것이 아니라 4월 전체를 우상화의 달로 지정하여 김일성에 충성하도록 하는 다채로운 행사를 진행하고 있다. 북한 협동농장의 경우, 4월 15일을 기념하기 위해 생산완수를 목표로 하는 충성심 발휘 노동운동을 전개한다. 산업, 교육, 직종별로도 충성의 노래모임, 문답식 학습경연대회, 체육경기대회, 각종 정치행사, 학습경연회 등 다양한 행사 개최로 축제분위기를 연출하고, 김일성 생일 당일에는 평소 지급하지 않던 선물과 특식을 제공하여 주민들의 충성심을 제고시킨다. 특히 군에서는 김일성 생일에 장군진급 발표와 충성맹세 예식, 군 열병식 등을 개최한다.[32]

'4월의 봄 친선예술축전'은 김일성 생일 행사의 하나로 1982년 4월 15일 김일성 70회 생일부터 시작되었다. 참가대상은 북한의 문화예술인과 외국에서 초청되는 예술 공연 단체이다. 일반적으로

31- 김정일, "전당과 온 사회에 유일사상체계를 더욱 튼튼히 세우자: 중앙당 및 국가, 경제기관, 근로단체, 인민무력, 사회안전, 과학, 교육, 문화예술 출판보도문 일군들 앞에서 한 연설(1974년 4월 14일)," 『주체혁명 위업의 완성을 위하여 3』 (평양: 조선로동당출판사, 1987), pp. 91-92.

32- 김정민, "북한 노동당창건 50돌과 우상화 기념비들," 『북한』, 1995년 10월호, p. 105.

4월 7일부터 18일까지 평양 등 주요도시에서 단독공연, 합동공연, 연환공연, 명배우 공연 등이 있으며, 김일성 장군의 노래 등 김일성을 찬양하는 노래와 춤이 주류를 이루고 있다. 축전을 위한 준비위원회는 대개 매년 3월 중순경 구성되며, 위원장은 부총리가 그리고 그 아래 조직위원장은 문화예술부장이 맡고 있다. 외국의 예술 공연 단체가 초청되어 방송을 통해 주민들에게 대대적인 선전도 한다. 외국인들이 김일성을 참배하거나 충성을 맹세하는 장면을 보도한다. 축전의 상훈은 단체에게 수여되는 '4월의 봄 친선예술축전대회상 컵과 상장', 개인에게는 '4월의 봄 친선예술축제 상장과 상금'을 부여함으로써 최선을 다해 공연에 참석하도록 동기부여 한다.

'배움의 천리길 행사'는 가장 대표적인 김일성 찬양교육의 하나로 청소년들을 대상으로 1974년부터 매월 3월 31일 답사가 시작되었다. 배움의 천리길은 1923년 3월 김일성이 12세 때 조국을 알아야한다는 김형직의 뜻에 따라 중국의 팔도구에서 고향인 평양 만경대까지 17일간 걸어왔다는 도보코스이다. 각급 학교와 조직별로 청소년 및 학생 행군대를 조직하여 배움의 천리길 답사행군을 실시하는데, 행군경로는 양강도 김형직군 포평에서 시작하여 화평, 흑수, 강계, 성간, 전천, 고인, 청운, 희천, 향산, 구장, 개천, 만경대 순이다.

북한 주민들은 김일성 생일시 평양 만경대 구역에 위치한 '김일성 출생지'를 방문한다. 만경대는 1947년에 사적지로 지정되었으며, 김일성 생가, 만경대 정각, 혁명사적관으로 조성되었고, 특히 청년동맹, 근로청년 학생 등 청소년들은 생일맞이 만경대 답사훈련을 실시하는데, 만경대에서 충성구호를 외치고 평양시내 거리를 지날 때 주민들이 나와서 꽃다발을 흔들고 환영해준다.

'충성의 편지 이어달리기' 행사는 김일성을 찬양하는 대표적인 충성행사로 각 지역의 군중집회에서 채택된 김일성 충성의 편지를 여러 지역을 계주형식으로 경유해 많은 주민들이 참여하게 하는 형태로 진행되고 있으며, 전 주민들의 김일성에 대한 충성심 고취의 확산을 목적으로 하고 있다. 김일성 생일 1개월 전에 각 지역 군중집회에서 선택된 충성의 편지를 주석단에 바치는데, 출발지는 백두산 밀영, 회령, 삼일포 등 북한의 외곽지역 21곳이다. 1992년 김일성 생일에는 21개 지역에서 이 행사가 시작되었는데, 대표적인 코스는 백두산 밀영, 삼지연군, 대홍단군, 연사군, 무산군, 회령군, 청진시, 경성군, 명천군, 화대군, 길주군, 김책시, 단천시, 이원군, 북천군, 신포시, 홍원군, 낙원군, 함흥시, 함주군, 정평군, 금야군, 고원군, 신평군, 곡산군, 수안군, 연산군, 평양 순이다.

'광복의 천리길' 행사는 김일성이 14세 때인 1925년 2월 5일 "조국이 독립하지 않으면 돌아오지 않으리라"고 맹세하고 또 다시 도보로 만경대를 떠나 만주의 팔도구로 돌아갔다는 경로를 말한다. 코스는 '배움의 천리길' 경로를 거꾸로 거슬러 올라가는 길이다. 북한은 이를 1975년 2월 6일부터 청소년 학생들의 답사행군 코스로 지정하여 실행하고 있다. 북한은 배움의 천리길과 광복의 천리길의 시발점이자 종착지인 포평에 1964년 4월 15일 52회 생일기념으로 연건축면적 1,000평 규모의 포평혁명사적지를 건설하고 1975년에는 혁명사적탑도 건립하여 김일성에게 주민들이 충성을 맹세할 수 있도록 체계화하였다. 북한에서는 학생들과 직장인들은 물론, 군인들까지도 매년 2월부터 4월까지 김일성 우상화 기념행사에 참여하게 함으로써 자연스럽게 충성을 맹세하도록 하고 있다.

인민군창건일과 조국해방전쟁승리기념일, 정권창건일

북한에서는 매년 4월 25일 '인민군 창건일'에 금수산 기념궁전 참배와 중앙보고대회, 군장령 진급 및 열병식, 열사릉 참배, 연회 및 야회를 진행하고 각지에 있는 김일성 동상에 화환을 진정하며 청년학생들의 무도회를 여는 등 찬양일색의 행사가 이루어지고 있다. 특히 인민군 창건일에는 대대적인 고위급 군인의 진급 발표를 통해 김일성을 따르는 인원들을 주요직에 보직시킴으로써 군이 김일성을 배반하지 않고 지속적인 절대충성의 집단으로 운용될 수 있도록 체계화하였다.

인민군대는 수령과 당, 제도와 조국을 위해 목숨을 바쳐야 한다면서 충성을 강요한다. 김정일 역시 군 창건 50주년 기념대회에서 "인민군대는 자기 대렬을 정치 사상적으로 군사 기술적으로 더욱 튼튼히 꾸리고 당과 수령을 견결히 옹호 보위하며 당이 맡겨주는 모든 과업을 수행해야 합니다. 인민군대는 수령의 군대로서 자기의 목숨을 조국으로 사수하며 우리당과 인민군대의 통일단결은 대를 이어 수호하고 반석같이 다져야 합니다."[33]라고 강조하였다.

매년 7월 27일 '조국해방 전쟁승리 기념일'에는 중앙보고대회, 군 결의대회, 김일성동상 참배, 혁명열사릉 참배와 더불어 전쟁노병 초청행사, 기념 축포야회, 모란봉 악단 기념공연 등을 개최하여 김일성 우상화 정책을 전개하고 있다. 북한은 4월 우상화의 달 이외에도 중간에 김일성 찬양 기념일을 제정하여 지속적이고 반복적으로 충성을 강요하고 있는 것이다.

북한은 10월 10일 정권창건일에 중앙보고대회, 열병식, 집단체조

---

[33]_ 김정일, "인민군대는 자기의 수령과 당, 자기의 제도와 조국을 위해 목숨을 바쳐야 한다: 조선인민군 창건 52돐 경축대회에서 한 연설(1984년 4월 25일)," 『김정일 선집 8』(평양: 조선로동당출판사: 2006), pp. 47-48.

아리랑 공연, 각종 연회, 청년학생 야회, 경축공연, 축하단 방북, 열사릉 참배와 여맹원 무도회 등 축제분위기를 만들고 김일성의 업적과 당의 수령중심의 빙향에 대해 당·정·군별 다채로운 행사를 진행한다.

건축물

메리암은 정치집단이 공공건물을 이용한 선전선동의 중요성을 언급했듯이 북한은 가장 많은 영토를 국가소유로 지정하고, 권력집단과 지도자의 이름을 인용하여 도로와 거리, 지명을 만들며 대대적인 선전을 하고 있다.

북한의 우상화 건축물은 전부 공공건물이며 체제선전과 김일성 찬양의 수단으로 활용되고 있다. 우상화 건축물의 대표적인 주석궁과 혁명열사릉, 4.25문화회관, 주체사상탑과 개선문, 국제친선관람관과 조선혁명박물관, 김일성혁명사상연구실 등이다.[34]

김일성의 관저인 '주석궁'은 1973년 건물공사에 착공하여 1977년 4월 15일 김일성 생일 65회에 맞춰 준공되었다. 총부지 면적은 3백 50만 ㎡이며, 지상 건축면적은 3만 4천 9백 10㎡, 건물형태는 유럽식 궁전을 본 딴 4~5층 복합석조건물이다. 지하 2백 m 깊이에는 평양 지하철과 연결된 전용 지하철이 건설되어 있다. 북한을 방문한 외국 고위층 간부들은 김일성과 면담 후 이곳을 방문해 사진을 찍고, 각종 국가 기념일에는 국민들이 기념궁전에 방문하고 있다.

'혁명열사릉'은 대성산 주작봉 마루에 위치하고 있는 북한의 국립묘지이다. 1975년 10월 13일에 문을 열었고, 면적 35만 ㎡에 입구

---

[34]_ 이승현, "김일성·김정일의 상징정치: 구호와 상징조형물을 중심으로," 『한국과 국제정치』, 제28권 2호(2012), pp. 92-98.

는 둥근 기둥 위에 합각지붕으로 만들어 놓았다. 묘역에는 김일성의 항일혁명투쟁노선을 함께한 항일유격대원들과 그를 돕던 노동자, 농민을 새긴 부각상이 놓여있다.

붉은 화강암으로 만든 깃발의 높이는 10m, 길이는 20m이고 화환 증정대에는 4.3m, 넓이 2.8m의 영웅메달이 부각돼 있다.[35] 특히 김일성 일가의 묘역은 왕릉 규모로 개조하고, 김일성 생존시기인 1992년까지 10년 동안 외국인만 10여만 명, 해외동포 3천 3백 명, 일반주민 76만 명이 참배한 것으로 기록되어 있다.

4.25 문화회관은 1975년 10월에 개관하였고, 총 부지는 12만 4천 평이며, 연건축면적은 8만여 ㎡이다. 회관은 크게 중앙현관홀 부분, 관람 홀, 무대부분으로 구성되고, 관람 홀에는 6천석 홀과 1,100홀 극장, 600석 영화관으로 구성되었다. 무대부분은 기본무대, 옆 무대, 뒷무대 등으로 되어있으며, 노동당대회는 물론 중요회의 및 예술공연 등 김일성 우상화 사업에 적극 활용되는 장소이다. 특히 1975년 만수대 창작사에서 김일성 우상화를 위해 벽화창작단을 구성하여 외벽에 형상화한 벽화, 회관 정면을 향하여 아래층 오른쪽에는 '혁명의 사령부를 보위하여'와 왼쪽에는 '불패의 혁명대오'의 글귀가 있으며, 위층 오른쪽에는 만경봉을 중심으로 한 풍경, 왼쪽에 해금강의 해돋이를 형상한 풍경 그리고 회관 뒤쪽 좌우측에는 '당의 참된 딸'과 '초병은 수령님께 새해 첫 아침인사 드립니다.'가 각각 비치되어 있다.[36]

'주체사상탑'은 1982년 4월 15일 김일성의 70회 생일을 맞아 축조된 대표적인 김일성 우상화 상징물로 높이는 170m, 탑신은 70단

35_ 백과사전출판사, 『조선대백과사전 24권』(평양: 백과사전출판사, 2000), pp. 185-186.
36_ 백과사전출판사, 『조선대백과사전 13권』(평양: 백과사전출판사, 2000), p. 207.

으로 되어 있는데, 김정일의 70회 생일을 상징한다. 대동강 변에 위치하여 평양을 대표하는 건축물 중의 하나이다. 탑신은 모두 2만 5천 5백 개의 백색 화강석으로 되어 있고, 70단은 김일성의 70회 생일을, 2만 5천 5백 개의 화강석은 김일성이 살아온 70년의 일수를 상징한다. 봉화는 직경 20m의 받침대 위에 설치했고, 탑 정면에는 노동자와 농민, 인텔리를 상징하는 30m의 3군인상이 세워져 있다.[37] 주체사상탑은 김일성의 70세라는 숫자의 상징성을 통해 온 세계 각지에서 주체사상을 신봉하는 자들이 기증하여 세워졌다면서 김일성의 주체사상과 김일성의 위대성을 선전하는 우상화 선전물인 동시에 혁명사상과 혁명위업의 정당성, 위대성을 인민에게 교양하기 위한 교양수단이다.[38]

'개선문'도 주체사상탑과 함께 김일성의 70회 생일을 맞아 1982년 4월에 건립되었고, 전체 높이는 파리 개선문보다 11m 높은 60m로 60의 의미는 김일성의 항일무장투쟁 20년과 조국건설 40년의 세월을 상징한다.[39] 개선문은 화강석으로 제작되었으며 기둥에는 꽃무늬 장식틀 속에 김일성장군 노래가 새겨져 있으며, 북한은 수령의 '영광 찬란한 혁명역사와 불멸의 업적을 칭송하고 길이 빛내기 위해 창조한 만년대계의 기념비'라고 소개하고 있다.

북한에서는 개선문이 김일성의 귀국이 일제를 격파하고 개선한 것임을 드러내기 위해 만든 우상화 상징물이며 북한주민뿐만 아니라 외국인사까지도 필수적인 방문코스로 활용[40]하고 있다.

'국제친선관람관'은 김일성이 세계 각국으로부터 받은 선물을 전

---

[37]_ 오대형, 『당의 령도밑에 창작건립된 대기념비들의 사상예술성』(평양: 조선미술 출판사, 1989), pp. 129-137.
[38]_ 위의 책, p. 131.
[39]_ 백과사전출판사, 『조선대백과사전 4권』(평양: 백과사전출판사, 2000), p. 310.
[40]_ 이승현, "김일성·김정일의 상징정치: 구호와 상징조형물을 중심으로," p. 97.

시하는 종합선물 전시관이다. 김일성이 받은 선물을 전시하는 6층 규모의 한식 건물로 1978년 평북 향산군 묘향산 계곡에 세워졌고, '영광의 선물관', '세계의 보물고'라고 일컬어지고 있다. 김일성이 전 세계적으로 선물을 많이 받고 있다는 것은 주체사상이나 통치력이 북한내부 뿐만 아니라 전 세계적으로 전파되어 세계인 모두가 김일성을 존경하고 있다는 증거를 보여주기 위한 우상화 선전물이다.

'조선혁명박물관'은 김일성 사적을 전시하는 대표적 북한의 박물관으로 1948년 8월에 건립되었으며, 흔히 당 사상교양의 대전당으로 불리며, 진열실은 김일성의 혁명 활동을 자세하게 전시함으로써 일제로부터 독립을 이끈 김일성이 진정한 지도자이며, 수령이라고 강조하고 있다. 이렇듯 북한의 건축물은 건물을 사용하는 용도가 아닌 김일성을 찬양하고 존경하도록 건물의 높이와 층수 등의 숫자까지도 김일성의 생일, 나이 등과 연관시켜 '위대한 정치지도자'로 만드는 우상화 목적이 최우선이다. 이는 메리암이 언급한 미란다 형태의 건축물보다 더욱 잘 활용되었으며, 현재 전 세계 어느 국가를 찾아보아도 북한처럼 정치지도자의 선전 선동을 위해 건축물을 활용하는 국가는 존재하고 있지 않다.

북한에서 김일성 개인숭배의 수단으로 가장 중요한 역할을 하는 건축물 중 하나가 '김일성혁명사상연구실'이다. 김일성혁명사상연구실은 1969년부터 혁명사상과 혁명역사, 공산주의적 덕성을 따라 배우려는 당원과 염원에 의해 모든 부문, 모든 단위에 설치되어 있으며, 연구실에서는 수령의 노작과 교시 연구토론회, 혁명전통연구 발표모임, 학습강사 강습, 경험 교환회의 등이 조직되어 진행된다.[41]

김일성혁명사상연구실 구조는 당에서 규격화한 표준설계에 맞추

41_ 백과사전출판사, 『조선대백과사전 4권』, p. 256.

어 건축하기 때문에 대다수 지역의 연구실이 모두 비슷한 형태이며, 건축 내 가장 좋은 자리를 연구실로 지정한다. 연구실 본당에는 김일성의 석고상과 초상화가 맨 앞에 위치하고, 중앙통로에는 붉은 카펫이 깔려 있으며, 가장 성스러운 곳으로 잡담이나 기침도 할 수 없는 곳이다.[42]

또한 김일성 혁명사상연구실은 '김일성의 위대성과 고매한 덕성을 잘 표현해서 인민들이 충실한 주체형의 공산주의 혁명가로 육성'한다는 목표로 운영된다. 김정일은 "김일성 동지 혁명사상 연구실 도록(사진, 그림, 지도)에 항일무장투쟁시기의 간고성, 항일유격대와 인민대중과의 혼연일체, 위대한 인간으로서의 수령님의 풍모와 고매한 덕성과 덕망에 대한 내용을 한 개 판 더 설정하여 편집해야겠습니다."[43]라고 담당 일꾼들에게 직접 지시하였다. 김일성 혁명사상연구실에서는 매일 교시집, 저작, 혁명전통연구자료 등 김일성 혁명역사 연구에 필요한 자료들을 토대로 충성 학습을 진행하고 있다.

나. 음악과 춤, 혁명가극

김일성 우상화는 공산주의 교양과 더불어 사상교육의 양대 산맥을 이루고 있으며, 1인 지배체제의 확립과 통치자로서의 위상을 확립하기 위해서 미란다 통치방식을 적극 활용하고 있다. 그 중 노래와 춤은 미란다 정책에서 빼놓을 수 없는 대표적인 우상화 정책 중의 하나이다. 메리암에 의하면, 권력집단을 칭송하기 위해 만든 음악

42_ 서재진, 『김일성 항일무장투쟁의 신화화 연구』(서울: 통일연구원, 2006), p. 238.

43_ 김정일, "김일성 동지혁명사상연구실 도록편찬에서 나서는 몇 가지 문제에 대하여: 새로 편찬한 김일성 동지혁명사상 연구실 도록을 보면서 일군들과 한 담화(1988년 5월 30일)," 『김정일 선집 12권』(평양: 조선로동당출판사, 2011), p. 310.

과 노래는 성가나 다른 음악만큼이나 창의적이고 체계적인 수단으로 만들어졌다. 프랑스의 '라마르세예즈', 독일의 '위대한 독일', 소련의 '인터내셔널', 이탈리아의 '죠바네차', 미국의 '아메리카', 그리고 영국의 '신이여, 왕을 구하소서'[44] 등은 국민들이 국가에 대한 충성심을 기리기 위해 만든 대표적 노래이다.

북한은 일반 국가들의 대표적인 노래와 차원이 다르게 김일성 개인을 찬양하는 노래가 수도 없이 많다. 대표적으로 '수령님께 드리는 노래'는 김일성과 그 권력을 찬양한다. 노래를 영상으로 표현한 내용을 보면 공화국 깃발을 상징한 붉은색, 푸른색, 흰색 부채를 든 여성무용수들이 등장한다. 무용에서는 부채를 편 채로 두 팔을 모아 가슴 위로 떠받들고 부채를 든 한손을 감아 등 뒤에 돌려 붙이고 다른 한손으로는 부채를 어깨 높이의 사선 앞에서 수평으로 활짝 펼치면서 수령의 현명한 영도로 끝없이 번영하는 공화국에 대한 긍지와 사랑을 표현한다. 또한 붉은색 부채는 아름다운 율동으로 수령을 모시고 천만년 살아갈 인민의 지향과 염원을 형상한다.[45]

김일성을 찬양하는 노래들은 대부분 혁명적 수령관을 구현하고 있다. '조선의 별'은 수령을 새별로, '김일성 장군의 노래'에서는 수령을 태양으로 지칭하였는데, 이 모두가 수령을 상징적으로 형상화한 것이다.[46]

한편 '김일성 원수께 드리는 노래'는 메리암이 말하는 독일의 '위대한 독일', 소련의 '인터내셔널', 이탈리아의 '죠바네차' 등 권력집단을 칭송하는 노래보다 훨씬 정치지도자를 기획적이고 치밀하게

44_ Charles E. Merriam, *Political Power*, 신복룡 역, 『정치권력론』(서울: 선인, 2006), pp. 163-164.
45_ 백과사전출판사, 『조선대백과사전 14권』(평양: 백과사전출판사, 2000), p. 499.
46_ 윤기덕, 『수령형상문학』(평양: 문예출판사, 1991), p. 44.

찬양할 수 있도록 만든 노래이다. 대부분 공연을 통해 주체사상적 내용을 뚜렷이 밝히는 것은 물론 주민들이 김일성을 위대한 지도자로 믿도록 형상화한 미란다의 대표적 행태로 볼 수 있다.

이외에도 김일성을 찬양하는 대표적 노래는 '수령님께 드리는 축원의 노래', '수령님 한분만을 모시렵니다' 등이 있다.

〈표 3-1〉 5대 혁명가극과 김일성 우상화 내용

구분	우상화 주요내용	비 고
1. 피바다	김일성의 주체 문예사상과 혁명적인 가극건설에 방침을 그대로 구현한 최고의 작품으로 북간도 지방 여성이 참된 여성 혁명가로 일어서는 과정을 그린 가극	1971년 공연 시작 1,600회 공연
2. 꽃 파는 처녀	나라 잃은 민족의 설움과 착취 받고 근로인민의 고통을 벗어나기 위한 투쟁으로, 줄거리는 1920년대 말부터 꽃분이 일가가 겪는 생활고를 일제 반봉건의 계급투쟁으로 연결시키고 김일성의 항일 빨치산 투쟁 찬양	1972년 공연 시작 1,100회 공연
3. 당의 참된 딸	한국전쟁을 배경으로 북한군 간호원인 강연옥이 수차례 걸친 미군의 공격에도 목숨을 걸고 환자를 후송하는 내용으로 인민상 계관작품 칭호를 받은 대표작	1971년 공연 시작 공산주의자의 전형 창조
4. 금강산의 노래	사회주의하 새 생활반영, 신비주의를 사회주의적 현실주의로 도달하는 혁명작품으로 일제시대 황석민 일가가 겪는 아픔을 김일성이 위대한 주체사상을 창시하여 사회주의 제도의 우월성을 밝혀내는 작품	1973년 4월 공연 시작 김일성 생일 61주년 기념작
5. 밀림아 이야기 하라	일제시대 구장 최병훈이 항일 정신과 김일성 찬양과 결부된 작품으로 수령에 의하여 육성된 혁명가의 투철한 혁명정신과 영웅적 투쟁에 대한 영웅 서사시적 화폭을 통해 수령이 밝혀준 정치적 생명에 위대한 진리를 예술적으로 심오하게 일반화한 작품	1972년 평양 예술단에서 제작 후 공연 시작

* 출처: 최석, 『5대혁명가극 노래집』(평양: 문학예술출판사, 2008), pp. 12-236; 황지철 외, "피바다식 가극의 새시대," 『20세기 문예부흥과 김정일』(평양: 2.16 예술 교육 출판사, 2002), pp. 315-365 참고로 재구성.

북한은 음악과 노래를 김일성 우상화에 효과적으로 활용하기 위해 유치원에서부터 김일성 찬양 노래를 교육하고 있는데, 수업 시작과 끝에는 반드시 찬양노래를 부르게 함으로써 신념화 교육을 시키고 있다. 소학교의 경우는 '김일성 장군의 노래', '대원수님의 초상화', '수령님은 영원히 우리와 함께 계시네', '4월의 명절은 온 나라 명절', '노래하자 태양절', '만경대 찾아가네', '대원수님과 당의 아들로 영원히 살리' 등의 노래가 있고, 고등중학교 음악수업에서의 김일성 관련 노래는 '김일성 장군의 노래', '수령이시어 명령만 내리시라', '김일성 원수님의 근위대 결사대', '대원수님 혁명사상 더 깊이 새겨 가자', '위대한 주체사상 만세 만만세', '우리는 맹세한다' 등이 있다.

김일성의 미란다 우상화 정책 중 노래와 춤의 완결판은 5대 혁명 가극으로 탄생된다. <표 3-1>은 북한의 5대 혁명가극별로 김일성을 어떻게 우상화하고 있으며, 북한주민들에게 공연한 회수를 나타낸 표이다.

혁명가극은 김일성이 1930년대 항일혁명투쟁 시기에 직접 각본을 작성한 연극을 1960년대 말부터 다시 가극으로 각색하였다. 이는 음악과 춤, 연극 등이 종합된 점에서 오페라와 비슷하지만 사상계몽과 김일성 우상화를 위한 선전선동을 중요시하는 특징을 가지고 있다.

다. 상징 조작

북한은 상징조작을 정치권력 유지에 매우 효과적으로 사용한 국가인데 메리암은 이를 미란다의 가장 중요하며 효과적인 수단으로 보았다. 북한은 상징조작을 체계적이고 조직적으로 하기 위해 조직을 편성하였다.

만수대 창작사는 당중앙위원회 선전선동부 문화예술과 소속으로 북한에서 가장 큰 규모의 우상화를 위한 미술 창작 단체이다. 1959년 11월 17일에 설립되었고 1970년대 중반부터 종합적 미술 창작기지로 유능한 미술가가 배치되었다. 만수대 창작사는 김일성의 우상화를 위한 동상과 석고상 등 상징물을 제작하고, 각급 혁명사적연구실과 사적관, 박물관을 비롯한 우상화 거점에 벽화와 건물 도안을 제작·수정·보충한다.[47]

북한은 당 선전부에서 각종 선전수단을 사회주의 건설에 효과적으로 이용하라고 강조한다. 이에 대해 김정일은 "지금 당 선전부가 가지고 있는 선전선동력량과 수단은 대단합니다. 선전부는 중앙과 지방에 정연한 기구와 력량을 가지고 있으며 신문, 방송, 출판물, 영화를 비롯하여 각종 수단을 잘 리용하면 온 나라가 부글부글 끓게 할 수 있습니다."[48]라며 선전부와 선전 수단의 중요성을 강조하였다.

군대내 우상화 사업을 주관하는 부서는 총정치국 선전선동부이다. 선전선동부는 군대내 당원과 비당원, 군인들의 정치학습과 각종강연, 학습회, 전적지 및 사적지 관리, 예술선전활동, 출판 및 보도 등 우상화 상징수단을 제작하고 관리하고 교육하면서 군인들의 사상교양을 담당한다. 그리고 산하 정치부 선전선동원들과 군부대의 활동을 지도·통제한다.

선전국은 선전국장, 선전부장, 선전부부장과 하위조직으로 10개의 과가 있으며, 각 과는 과장, 부과장, 지도원, 담당지도원으로 구성되어 있다. 예하 과는 강연과, 사적과, 선동과, 행사과, 예술과, 출판과, 군중

47- 김정일, "위대한 수령님의 영상형상과 미술작품 창작에서 나서는 몇 가지 문제에 대하여: 만수대창작사를 돌아보면서 일군들과 한 담화(1978년 6월 5일, 6월 10일)," 『김정일 선집 8권』(평양: 조선로동당출판사, 2011), pp. 283-308.
48- 김정일, "당 선전부의 역할을 높인데 대하여: 조선로동당중앙위원회 선전부 책임일군들과 한 담화(1985년 10월 23일)," 『김정일 선집 8권』(평양: 조선로동당출판사, 2006), p. 283.

문화과, 기관지도과, 종합과, 대외선전과로 구성되었다. 이 가운데 우상화 사업과 관련된 기관은 강연과, 사적과, 예술과, 출판과 등이 있다. 주로 대중에게 수령의 혁명사상과 이론, 당의 노선과 정책을 교육시키며 체득시키는 당사상 사업을 주관하고 있다.[49]

강연과는 강연 자료를 만들고 강연을 조직하며, 사적과는 김일성 사적지 유지 관리 및 군단급 연구실 운용과 지도를 수행하며, 예술과는 4.25예술영화촬영소, 조선인민군 협주단, 교예단 등을 지도 감독한다. 출판사는 조선인민군 출판사 등 출판관련 기관을 통제하고 출판물의 관리 상태를 검열한다. 선동과는 김일성과 김정일에게 목숨 바쳐 충성을 다하도록 하는 우상화 작품과 구호를 비롯하여 인민군 부대 선전물을 규정하고 전투속도와 형식을 규정해준다.

초상화나 배지(badge), 동상, 기념비, 김일성화 등 김일성을 찬양하기 위한 상징조작은 헤아릴 수 없을 정도로 많으며, 이러한 상징조작 수단을 일상생활에 접목시키고 신성시하여 이를 실천할 수밖에 없을 정도로 국가적, 제도적, 교육적으로 시스템화하였다. 다음은 북한의 대표적 상징조작 수단인 초상화와 배지, 동상과 기념비 등에 대해 자세히 알아본다.

초상화와 배지

북한에는 초상화가 가정마다 걸려있고, 방안의 벽에는 가족사진 등을 일체 부착할 수 없으며, 초상화 전용 청소도구를 넣는 '충성의 상자'를 비치토록 하게 한다. 각 학교의 교실에도 '정성함' 혹은 '위생함'이라는 함을 비치하고 규격화된 15~20종의 청소도구만을 사용해 매일 2명씩 교대로 등교하자마자 초상화부터 청소한다. 청소

49_ 백과사전출판사, 『조선대백과사전 14권』, p. 93.

시간은 동절기에는 6시 30분, 하절기에는 6시로 시간이 정해져 있다.

북한이탈주민 280명을 대상으로 설문[50]을 진행한 결과, 집에 화재가 발생했을 때 초상화를 꺼내오겠냐는 질문에 남성은 68.8%가 여성은 71.8%가 구해오겠다는 답변을 하였다. 불이 나서 생명이 위급함에도 불구하고 수령의 초상화를 꺼내오겠다는 것은 어려서부터 수령이 자신이나 부모보다 존귀한 존재임을 철저한 교육을 통해 몸에 숙달시켜온 상징조작의 효과라고 판단된다.

또한 인민학교 이상의 모든 사람은 김일성 배지를 착용해야 한다. 배지는 신분과 용도에 따라 약 20종의 다양한 도안과 규격으로 제작되어 배포된다. 신분별로 제작된 김일성 배지로는 중앙당 지도원급 이상의 고위간부들이 착용하는 노동당기를 배경으로 한 당기장, 군복을 입은 김일성을 도안한 국가안전보위부 및 사법 감찰요원용의 군상, 지방의 당지도원급 이상이 착용하는 원형 큰상, 일반 주민용으로 제작된 원형 작은상 등이 있다. 용도별로는 무역요원용과 조총련 동포들을 대상으로 한 공화국기상 등의 배지가 있다.

북한 주민들은 김일성 배지가 생명과 같은 성스러운 존재로 믿고, 가슴에 배지를 다는 것 자체가 김일성에 대한 충성심의 표현으로 생각하고 있다. 북한주민들은 기상 후 가장 먼저 김일성 초상화에 경의를 표하고, 의복을 입으면서 김일성 배지를 통해 수령에 대한 감사함과 존경을 느끼도록 시스템화 된 사회 속에서 일상생활을 하고 있다.

---

[50]_ 북한이탈주민 대상으로 아래의 방법으로 설문을 하였다.

구분		내용
설문 대상		20~60대, 서울거주 탈북자 280명
설문 준비		탈북출신 북한학 석·박사 인원들과 내용구성 후 대상 선정
표본의 일반적 특성	고향	평양 40명, 함경도 190명, 평안도 30명, 강원도 5명, 기타 15명
	연령	20대 20명, 30대 65명, 40대 80명, 50대 85명, 60대 이상 30명
	성별	남자 85명, 여자 195명
	탈북 배경	굶주림 80명, 불평등 출세제한 75명, 가혹한 사회적 통제 105명, 기타 20명

동상과 기념비

북한에는 전국적으로 동상이 4만여 개가 보급되어 있으며, 주민들은 주요 행사 때 김일성 동상을 방문하여 참배한다. 김일성 동상은 1948년 최초 설치되기 시작하여 현재는 전국에 전신 동상이 약 70여 개가 있고, 반신 석고상은 수만여 개가 설치되어 있다. 동상과 초상화는 살아있는 수령과 다름없이 간주되어 건립 장소까지 운반하는 동안에도 보위부나 안전부에서 나와 차량 및 보행자들을 단속하고 설치할 때까지 일체 움직일 수 없고 보행자는 형상물에 경의를 표해야 한다.

김일성은 1978년 만수대 창작사를 방문하여 일꾼들과 담화를 나누면서 삼지연에 설치한 동상이 모범적으로 잘 건축되었다고 칭찬하면서 수령의 동상은 혁명업적이 깃들어진 전적지에 모셔야 하고, 동상 색깔이 어두워서는 안 되며 풍치도 좋아서 전당과 온 사회에 당의 유일사상체계가 튼튼히 세우고 수령의 충성심을 높일 수 있도록 설치해야 한다고 세부적으로 내용을 언급하며 강조하였다.[51]

최초 김일성 동상은 북한 정권 수립 직후인 1948년 10월 24일 평남 대동군 간리에 있는 만경대유학자녀학원을 평양의 만경대로 이전하면서 세워졌다. 두 번째 동상은 1949년 평양 창전인민학교에 김일성이 중학교 교복을 입고 있는 형상이다. 이후 1960년대 김일성이 자신의 권력 기반을 위협하는 세력을 숙청하고 1인 지배체제를 확립한 시기에 전국에 대량으로 동상을 건립하였다. 1970년대에는 주로 각 시도의 인민위원회 소재지나 김일성의 사적지, 전적지 등에 세운다. 김일성 동상 중 대표적인 것으로는 김일성 60회 생일

51_ 김정일, "위대한 수령님의 영상형상과 미술작품 창작에서 나서는 몇 가지 문제에 대하여: 만수대창작사를 돌아보면서 일군들과 한 담화(1978년 6월 5일, 6월 10일)," 『김정일 선집 8권』, pp. 283-286.

인 1972년 4월에 평양 만수대 언덕의 조선혁명박물관에 세운 동상으로 기단 3m를 포함하여 높이 23m에 달하는 대형 동상이다. 이곳은 국가 차원의 행사나 주요 기념일에 헌화하고 참배하도록 관리하고 있다.

이러한 상징물은 당중앙위원회 선전선동부 사적과가 비서국의 동의로 결정된 사항을 하부 당조직을 통해 실현하는 중앙집권적 유일체제를 이루고 있어 지령체계[52]에 의해 완벽하게 관리되고 있다.

구호나무와 혁명사적지

'구호나무'란 항일혁명 투쟁 당시 빨치산 대원들이 나무껍질을 벗겨 구호를 새겨놓았다고 주장하는 나무를 말하며, 구호문헌이란 이러한 구호나무에 새겨져 있는 김일성의 찬양 글귀를 말한다. 북한은 구호나무가 1961년 처음으로 백두산 밀영 지역에서 19그루가 발견되었다고 발표한 후 본격적으로 조작하여 1987년 2월을 기해 김일성의 우상화에 적극 활용하였다. 구호나무의 문헌은 1939년 5월 김일성이 백두산 동남부 청봉에서 대원들을 나무에 혁명적 구호를 새길 것을 지시함으로 시작되었다고 주장한다. 구호나무의 발굴 초기에는 백두산 일대에서 김일성에 관한 구호문헌들이 발굴되었는데 발굴지역과 구호문헌의 내용을 일부지역과 김일성에 국한시켰으나 세월이 지나면서 북한의 전 지역으로 확대되었다. 구호나무는 1991년 2월까지 전 지역에서 1만 2천여 점이 발굴되었다.[53]

지역별로는 함북 7천 4백 점, 함남 6백 점, 자강도 5백 점, 양강도 4백 점, 평양 3백 70점 등이다. 대표적인 구호문헌은 '2천만 동포

52_ 김정민, "북한 노동당창건 50돌과 우상화 기념비들," p. 104.
53_『북한용어 250선집, 부록: 북한의 상용 특이용어』(서울: 내외통신, 1992), p. 360.

여 자랑하라 하늘에 백두성이 솟았다', '김일성 장군은 민족의 태양이시다', '2천만 동포여 우리나라 독립하면 김일성 장군을 민족의 최고 령수로 모시자', '민족의 태양 김일성 장군 그 태양빛 이어갈 백두 광명성' 등이 있다. 북한은 구호나무 문헌을 '혁명의 만년 재보이며 주체 조선의 국보'라고 주장하며 구호문헌 직관물실 등을 통해 전체 주민들에 대한 사상교양 자료로 적극 이용하고 있다.[54]

'혁명사적지'로는 만경대가 대표적인데 김일성의 출생지로 평양 만경대 구역에 위치하고 있다. 만경대가 1947년에 사적지로 지정된 뒤 북한은 이를 혁명의 요람으로 선전하고, 사적물로 김일성 생가, 만경대 정각, 혁명사적관 등을 조성하였다. 성지와도 같은 만경대는 북한주민들이 반드시 참관해야 하는 곳 중 하나이다. 김일성의 과거 항일 빨치산 활동을 뒷받침하고 혁명투쟁 경력을 부각시키기 위한 대표적 우상 성역이 혁명전사적지이다.

혁명전사적지는 김일성이 항일혁명 활동을 했다는 1930년대를 시대적 배경으로 백두산 인근 지역을 무대 1960년대 초부터 혁명전적지로 보천보혁명전적지, 삼지연혁명전적지, 무산지구혁명전적지, 두만강연안혁명전적지, 동북지구혁명전적지, 간백산밀영혁명전적지, 백두산밀영혁명전적지 등을 조성했다. 1980년대 말 이후 김정일의 백두산 출생설을 뒷받침하기 위해 백두산 전체를 김일성의 혁명전적지로 조성하고 혁명전통을 교양하기 위해 당원 근로자, 청소년, 학생들을 대상으로 답사행군대를 조직하여 참관하게 하는 충성행사로 진행하고 있다. 이러한 사적지들은 우상화 상징물로 적극 활용되고 있으며, 1970년대부터 노동당중앙위원회 선전선동부에 사적관리과에서 관리하고 있으며, 혁명사적지는 북한의 체제유지

54_ 위의 책.

와 통치에 필수적 자원으로 활용하고 있다.[55]

북한은 혁명사적을 '노동계급의 수령 또는 탁월한 혁명가의 혁명 활동과 투쟁업적이 깃들여 있는 사적'이라고 정의하고 있다. 북한은 혁명 사적지를 가계우상화에 이용함에 따라 김일성 사적지가 무려 34개나 되며, 김형직, 김형권 등 직계 가족의 혁명사적지가 전국에 무려 60여 개가 있다.

김일성화와 극존칭 사용

김일성화는 김일성을 상징하는 꽃으로 1965년 김일성이 인도네시아에 방문하여 수카르노 대통령으로부터 선물을 받은 데서 유래되었다. 김일성의 65회 생일인 1977년 4월부터 주민에게 소개되기 시작해 지금은 '충성의 꽃', '김일성주의 혁명의 꽃'으로 호명되며, 김일성 생일을 앞두고 열리는 김일성화 축전을 통해 매년 주민들에게 홍보되고 있다.

김일성 극존칭의 대표적 단어는 '경애하는 수령'이다. '김일성 장군의 약전'은 한국전쟁 중에 김일성 개인숭배를 위한 글로써 노동신문 4개면에 게재되었고, 김일성 40세 생일을 기하여 발표하였는데 대부분이 수령이라고 호칭하면서 김일성의 항일무장투쟁의 행적을 우상화하였다. 1948년 2월 8일 조선인민군 창설식에서 총사령 최용건은 연설을 통해 "우리 인민군은 자기의 인민과 민주주의 또는 조선인민의 수령이며 영도자이신 김일성 장군에 대한 충성심과 헌신성은 더욱 강대합니다."[56]라고 주장한 이후 수령이라는 호칭이 사용되었다.

---

[55] 김정민, "북한 노동당창건 50돌과 우상화 기념비들," p. 103.
[56] 이종석, 『조선로동당연구: 지도사상과 구조변화를 중심으로』(서울: 역사비평사, 1995), pp. 146-147.

또한 『로동신문』 1952년 4월 15일자는 김일성 40회 생일을 계기로 소련의 스탈린급 수령으로 김일성을 숭배하였다. 이는 "김일성 동지는 조선 근로계급의 력사적 과업과 사회의 역사적 발전법칙의 정확한 파악, 혁명의 환경과 조건의 예민한 분석, 혁명적 용감성, 새것에 대한 민감성, 인민에 대한 무한한 사랑과 신뢰, 대중과의 불가분의 연계, 모두 고귀한 품성과 특징을 소유한 레닌-스탈린형의 조선인민의 수령이다."라는 기사 내용에서 잘 나타난다.[57] 이렇듯 김일성의 호칭을 수령으로 사용하면서 우상화를 본격화하기 시작하였다.

김일성 극존칭 사용은 자연바위에 김일성 찬양문구들이 새겨졌는데, 김일성의 60회 생일인 1972년 4월 15일을 계기로 "위대성과 불멸의 혁명업적을 널리 선전하고 후손 만대에 길이 전하라"고 지시함에 따라 전국 명산의 바위에 김일성 어록과 이름을 새기기 시작하였다. 금강산에만 약 63개소에 4,500여 자에 달하는 김일성 찬양문구가 새겨져 있다. <표 3-2>는 북한의 교과서, 노동신문, 잡지, 생일행사, 전사적지, 학교·직장 등 일상생활 등에서 자주 사용되고 있는 김일성에게 붙여진 극존칭어를 나타낸 표이다.

---

[57]_『로동신문』, 1952년 4월 15일.

<표 3-2> 김일성에게 붙여진 극존칭어

1	사회주의 조선의 시조	2	불멸의 업적을 쌓 전무후무한 위대한 영도자
3	조국과 인민을 위해 투쟁한 민족적 영웅	4	절세의 애국자
5	현대사를 빛내인 걸출한 령도자	6	민족의 태양, 주체의 위대한 태양
7	조선인민의 심장	8	인간애의 화신
9	두제국주의를 타승하신 강철의 령장	10	사상이론의 거장
11	위대한 주체사상의 창시자	12	세계정치의 공인된 원로
13	불세출의 영걸, 시대의 영웅	14	기적을 창조하는 전설적 영웅
15	혁명무력의 창시자, 조국통일의 통일영수	16	위대한 김일성대원수님은 우리의 해님

라. 일화와 역사 조작

항일무장투쟁과 한국전쟁 영웅화

집권 초반기 김일성은 소련의 지원을 북한 지도자로의 발판으로 삼았다. 스탈린은 김일성을 북한의 지도자로 내세워 공산주의를 확산하는 동시에 미국의 자유진영의 대륙진출을 봉쇄하고자 했다. 스탈린은 이를 지원하기 위해서 김일성이 북한으로 귀국할 때, 방송을 장악하여 김일성 축하노래를 틀어주는가 하면, 포스터와 선전물 등을 배포함으로써 김일성이 정치권력을 획득하도록 도왔다.[58]

그러나 소련의 스탈린이 사망하자 독자노선을 밟을 수밖에 없었고 국내 경쟁자들의 과감한 숙청을 통해 정통성을 확보하는 것이 급선무였다. 이를 위해 가장 좋은 수단은 김일성이 가졌던 항일 경험이

---

[58]_ 서재진, 『김일성 항일무장투쟁의 신화화 연구』, pp. 120-132.

었다. 김일성은 항일 전통성을 신화화시켜 대중이 이를 받아들임으로써 그 기초가 마련되었는데, 그 과정에서 북한의 사상이론가들은 김일성의 항일무장 투쟁을 사실의 범위를 넘어 과장과 왜곡해 신화화시켰다. 이는 김일성의 지도력을 확보하게 되는 중요한 요소가 된다.

  김일성이 정치권력을 획득하고 김일성에 대한 유일지배체제를 확립하며 주민들로부터 충성심을 불러일으켜 정치권력을 공고하게 하기 위해서는 김일성 우상화 작업이 필수적이었다. 그 중 첫 번째로 시도한 것은 역사를 조작함으로써 지도자상을 확립하는 것이었다. 김일성은 항일무장투쟁 지도자상 형상화를 통한 정치권력 획득을 추구하였는데, 북한에서 김일성의 개인숭배를 위한 이미지 형상에서 가장 중시하는 내용의 하나는 김일성이 항일무장투쟁을 주도했다는 것이다. 실제로 탈북자들의 증언을 보아도 김일성을 위대한 지도자로 인식하는 이유는 해방한 민족의 영웅이기 때문이고, 그것은 역사적 사실로 생각한다고 증언하는 사람이 많다. 즉, 김일성이 빼앗긴 나라를 되찾은 민족의 영웅이기 때문이라는 것이다. 이렇듯 김일성의 항일 유격대가 중심이 된 정치체제의 성격이 북한의 정당성을 심어주는 구실을 했으며, 일제와 투쟁한 김일성 세력이 집권함으로써 권력의 정당성에 대한 의구심이 애초에 제거되었다. 여기서 권력은 인민성을 지향해야 하는 것을 의무로 여길 만큼 권력과 인민의 관계가 설정되는데, 이렇게 북한주민들이 김일성의 항일무장투쟁 전력을 믿고 있는 이유는 문학이나 영화, 대중연설, 교육 등 수단을 이용 체계적이고 합리적인 다양하게 형상화하고 있다는 방증이다.

  해방직후 김일성은 1947년 2월 7일 북조선 임시위원회에 25명으로 구성된 조선역사 편찬위원회를 설치하고 조선통사를 편찬하기로 결정한다. 1949년 최창익 주도로『조선민족해방투쟁사』를 발간

하였는데 연안파의 항일무장투쟁은 만주의 김일성부대와 무관함에
도 불구하고 김일성 우상화를 위해 역사를 왜곡하여 중국 관내의
연안파 업적도 김일성의 업적으로 기술하였다. 구체적으로 "만주에
있어서의 김일성 장군 빨치산부대의 혁혁한 항일무장투쟁의 성과
에 고무되어 중국 관내의 조선청년들도 강력한 항일투쟁에 궐기하
게 되었다.[59]"라고 서술하고 있다.

이어 1958년 『조선민족해방투쟁사』를 통해 항일무장투쟁 역사
를 대규모로 조작하였다. 11개 군단으로 구성된 동북인민혁명군의
역사를 김일성 개인의 역사로 도용하고 1934년 3월에 창설한 중공
당의 항일부대가 '동북인민혁명군'이었는데 그 명칭을 김일성의
부대인 '조선인민혁명군'이라고 조작하였다. 다시 말해 김일성은
1934년 3월 동만 반일인민유격대를 핵심으로 동북 각지에서 활동
하던 유격부대를 통합하여 조선인민혁명군을 창건하였다는 것이다.[60]
또한 동북인민혁명군은 4개 현의 유격대를 동북인민혁명군 제2군
독립사로 통일하고 사장에 주진 정위에 왕덕위가 취임하였는데,
3탄장 밑에 정위에 불과했던 김일성을 군장 계급으로 사칭하는 역
사를 조작하였다.

1967년 제4기 15차 전원회의를 계기로 김일성 유일체계가 확립
되면서 통치자로서의 위상을 높이기 위한 상징조작 일환으로 수령
우상화 작업이 본격화 되는데, 수령직의 정당성을 확보하기 위해서
는 항일무장투쟁 업적을 부각하는 방식으로 역사를 조작하였다. 김
일성을 항일무장투쟁을 주도하여 일제에서 나라를 해방한 민족의
영웅으로 인식시켜 숭배심을 고취시키려 했다. 김일성은 자신의 수

---

[59]- 김일성종합대학, 『조선민족해방투쟁사』(평양: 조선역사연구소, 1949), p. 402.
[60]- 위의 책, p. 454.

령으로서의 정당성을 항일무장투쟁에서 찾으려 했다. 김일성은 "항일무장 투쟁은 나라와 민족을 구원하기 위한 성스러운 해방전쟁인 동시에 숭고한 공산주의적 리념의 승리를 위한 가장 적극적인 투쟁이었으며, 노동계급의 혁명적 당을 창건하기 위한 영광스러운 투쟁이었습니다."라고 수시 연설하였으며,[61] "항일무장투쟁시기에 이룩된 빛나는 혁명전통으로 교양하는 것이 매우 중요합니다. 지난 날 일제의 착취와 탄압이 극도에 이르고 조국의 하늘에 비운이 뒤덮였던 암담한 시기에 조선의 참다운 공산주의자들은 나라와 민족의 운명을 구원하기 위해 손에 무장을 들고 15성상 영웅적 항일무장투쟁을 전개하였습니다. 항일유격대원들은 오직 조국을 광복하려는 일념으로 감옥도 단두대도 두려워하지 않고 온갖 애로와 난관을 이겨내면서 강도 일제와 굴함 없이 싸워 민족의 절개를 끝까지 지켰으며, 조국의 영예를 빛내었습니다."라고도 언급하였다.[62]

이와 같이 김일성은 연설 때마다 항일무장투쟁을 강조하였으며, 이 시기 가장 중요시 되었던 사상교양은 김일성의 혁명역사 학습이었고 특히 항일 빨치산들의 회상기 학습이 주류를 이루었다. 이것은 김일성의 항일무장투쟁업적을 부각하여 수령으로서의 정당성을 확보하고 김일성에 대한 항일 빨치산들의 충성심을 따라 배우도록 하려는데 목적이 있다.

또한 김일성의 항일무장을 강조하면서 그를 신적인 존재로 부각한 전설집을 발간하여 신격화하였다. 북한은 김일성의 항일빨치산 활동을 왜곡한 상태로 과장하는 역사적 왜곡을 하고 있는데, 김일

61_ 김일성, "조선로동당 건설의 력사적 경험: 김일성고급당학교 창립 40돐에 즈음하여 집필한 강의록(1986년 5월 31일)," 『김일성 저작집 40권』(평양: 조선로동당출판사, 1994), p. 6.

62_ 김일성, "인민군대는 현대적 정규무력으로 강화발전되어야 한다(1949년 7월 29일)," 『김일성 저작집 5권』(평양: 조선로동당출판사, 1980), p. 206.

성의 개인숭배의 가장 중요한 소재로 활용하였다. 김일성이 일제와 15년간 10만 회의 전투를 하여 한 번도 패하지 않고 전혀 논리에 맞지 않는 과장을 하고 있는 것이다.[63] 또한 가랑잎을 타고 강을 건너고, 모래로 쌀을 만들고, 축지법과 변신술, 승천입지, 둔갑술로 백전백승하였다는 식의 전지전능한 신으로 조작되었다.

김일성의 항일무장투쟁 우상화는 여러 가지 방면에서 나타나고 있는데, 먼저 문학작품으로는 한설야의 단편작인 『혈로』를 들 수 있다. 『혈로』는 북한에서 식민통치하 최고의 유격전을 실시한 것으로 평가하는 1937년 6월의 보천보전투를 앞둔 1936년 시점의 압록강 유역을 배경으로 한 작품인데, 김일성은 보천보 강가에서 낚시를 하며 작전을 구상하게 된다. 낚시를 통하여 적을 유인하고 기습공격을 감행하는 등 전투에 대한 작전을 짜는 김일성의 모습에서 뛰어난 영웅적 모습을 그려낸다.

김일성은 자신의 정당성을 항일투쟁에서 찾고자 했는데 그의 연설에서 가장 많이 거론되는 것이 항일투쟁 경험이다. 김일성은 김일성고급당학교 창립 40주년 기념 연설에서 "항일무장투쟁은 나라의 민족을 구원하기 위한 성스러운 해방전쟁인 동시에 숭고한 공산주의적 리념의 승리를 위한 가장 적극적인 투쟁이며, 로동계급의 혁명적당을 창건하기 위한 영광스러운 투쟁이었습니다. 항일무장투쟁의 불길 속에서 당창건의 조직적 골간을 대대적으로 키워낼 수 있게 되었으며, 공산주의의 통일단결을 확고히 실현하고 당창건의 대중적 지반을 튼튼히 꾸려나갈 수 있게 되었습니다."라며 항일무장투쟁이 얼마나 중요한 역할을 했는가를 강조하였다.[64]

---

[63]- 송봉선, 『북한은 왜 멸망하지 않는가』(서울: 학문사, 2007), p. 76.
[64]- 김일성 "조선로동당 건설의 력사적 경험: 김일성고급당학교 창립 40돐에 즈음하여 집필한 강의록(1986년 5월 31일)," 『김일성 저작집 40권』, p. 6.

김일성은 수령 형상화를 위해 가장 중요한 논리가 김일성 정책의 무오류성을 부각하는 것이었는데, 항일무장투쟁에서 김일성이 적의 핵심을 꿰뚫고 완벽한 전투임무를 제시했다는 점을 강조한 항일 빨치산 참가자들의 회상기에 잘 나타나 있다. "위대한 수령 김일성 동지께서는 수십 배나 되는 적의 정예부대와 정면충돌하는 것은 야간의 역량대비로 보아서나 유격전술상 승산이 없는 모험행동이며, 장기적인 공격태세로 달려드는 적들에 대해 좁은 지역에 앉아서 방어전만으로만 대하는 것은 도리어 적의 기대에 맞추어 주는 것으로서 적에게는 유리하고 아군에게는 극히 불리한 것입니다. 이를 타개하기 위해서는 아군의 역량을 두 대로 나누어서 행동해야 하겠습니다. 만일 그때에 위대한 수령 김일성 동지께서 이와 같은 현명한 유격전술을 제시하지 않았더라면 그 이의 탁월한 령도가 없었더라면 소왕청 유격구는 적들의 수중에 떨어지고 인민들은 헤아릴 수 없는 고통과 학살을 당했을 것이다."라면서 항일무장 투쟁의 무오류적 지도자상을 형상화하였다.[65]

김일성의 항일무장투쟁의 역사왜곡의 특징은 첫째, 실제 없었던 사실의 허구적 조작이며, 둘째, 불리하거나 주민들로부터 존경되지 않는 사실의 은폐와 삭제하는 것이다. 먼저, 허구적 조작사례를 보면, 조선인민혁명군은 1945년에 실제 존재하지 않는 군대임에도 1945년 8월에 일본군을 격퇴하고 조선을 해방하였다고 왜곡한 것이다. 또한 1949년 『조선민족해방투쟁사』에서는 조선인민혁명군 군대로 조작하고, 1958년 발간된 역사서에는 김일성 부대가 1932년에 창설되었다며 없던 사실을 허구로 조작하였다. 김일성은 1940년 10월 소련으로 월경하여 1945년 9월 19일 광복이 된 이후 소련군

65_ 박두경, "하나로 뭉친 힘," 『항일 빨치산 참가자들의 회상기 3』(평양: 조선로동당출판사, 1998), p. 49.

88여단 통제 하에 북한에 들어왔음에도 1931년 항일무장 투쟁을 계속하여 1945년 8월 15일 일본에 항복을 받아낸 것으로 역사를 왜곡하였다.

다음은 사실의 은폐와 삭제 사례로써 주체사상 창시자인 김일성이 중국 공산당에 가입하여 중국군의 지휘를 받았다는 사실을 숨겼다. 김일성은 1931년 1월 중국 공산당에 가입하여 중국군 동북항일연군 2군 6사에 근무하였음에도 불구하고 북한역사서에는 새로운 당을 설립한 것으로 기록하고 있다. 또한 소련으로 피난한 사실을 은폐하고자 만주에서 소부대 활동으로 전략을 바꾼 것으로 왜곡하고, 『세기와 더불어 8권』 '국제당의 연락을 받고'라는 장에서 국제당이 김일성 부대를 소련으로 초청하였다고 기록하고 있다.[66]

또한 한국전쟁을 통한 김일성의 지도자상 영웅화에 대한 역사조작을 보면, 김일성은 항일무장투쟁에서 영웅으로 역사를 조작한 것에 이어 건국초기 발발한 한국전쟁에서 2차 영웅으로의 역사조작이 이어졌다. 이는 한국전쟁에서 김일성이 제시한 전략의 무결성을 나타내는 방법으로도 사용되었다. 즉, "위대한 수령 김일성 동지께서는 조국해방전쟁의 정의적 성격과 전쟁승리의 요인들, 조성된 군사정치정세, 적과 아군 간의 력량관계를 정면적으로 분석하신데 기초하여 전쟁승리를 위한 현명한 전략적 방침을 내놓으셨고 미제국주의자들의 대병력이 동원되기 전에 리승만 괴뢰군대와 이미 우리강토에 침습한 미군을 단시일 내에 소탕하고 인민군대가 부산, 마산, 목포, 려수, 남해계선까지 진출하여 우리 강토를 완전히 해방하며 인민군대를 전 조선 땅에 기동성 있게 배치함으로써 미제국주의자들의 증원부대가 상륙하지 못하도록 하는데 있다."고 교시하였다.[67]

---

[66]_ 김일성, 『세기와 더불어 8권』(평양: 조선로동당출판사, 1998), p. 49.

『위대한 수령을 따라 배우자 5권』의 '준엄한 시련을 이겨내고'에서는 "조선인민은 꼭 승리하오! 미제 침략자들에 대한 조선인민군의 대섬멸전의 개시는 시간문제로 남아 있었다. 인민군대는 현명한 원수님의 령도 밑에 후퇴의 어려운 시련을 이겨내고 충실히 하였으며, 어떤 역경 속에서도 수령님의 사상의지대로 사고하고 행동하며 수령님의 명령지시를 관철하여 단숨에 우리조국 전 지역을 강점하려고 덤벼든 적들의 야망은 완전히 파탄나고 말았다."고 언급하면서[68] 수령의 지시대로 싸우면 전쟁에서 반드시 이길 수 있다는 신념을 강조하였다.

이렇듯 김일성은 자신이 침략한 한국전쟁을 미국이 북침한 것으로 역사를 조작한 것은 김일성의 정치권력 획득을 위한 대표적 미란다에 해당한다. 김일성은 항일무장투쟁과 한국전쟁 역사 왜곡으로 북한사람들이 살아가는 가치관과 사상, 도덕의 기준을 통치 이념으로 자리 잡게 한 우상화 정책이다. 김일성은 막대한 정치적, 경제적, 사회적 자원을 이용하여 항일무장투쟁과 한국전쟁 역사를 우상화 사업에 적극 활용하고, 조직적인 교육과 학습을 실시하여 김일성의 수령 우상화를 통치 이데올로기로 활용한 핵심이 되었던 것이다.

김일성 위대성 형상화와 김일성 가계 우상화

김일성의 수령 우상화를 위한 문화예술 정책은 지도자 수령에 대한 정당성과 충성심을 확보하려는 목표를 가지고 있다. 특히, 1960년대에 이르러 김일성의 유일지배체제가 구축되고 권력 장악이

67_ 허종호, "위대한 수령 김일성 동지께서 전쟁승리를 위한 전략적 방침 제시," 『조선인민의 정의의 조국해방전쟁사 1』(평양: 사회과학출판사, 1983), pp. 103-104.

68_ 조선사회주의로동청년동맹 중앙위원회, 『위대한 수령을 따라 배우자 5』(평양: 조선사회주의로동청년동맹 중앙위원회, 1971), p. 89.

공고해지자 수령형상 창조를 통해 김일성을 우상화하기 시작했다.

이러한 이미지 형상화는 김일성의 유일지도체제 확립과정에서 인민의 지지를 확보함은 물론, 북한의 통치이데올로기인 주체사상의 중심 명제인 수령론에서 주장하는 수령의 이미지를 인민대중에게 확실하게 주입하는 역할로 김일성의 업적을 잘 선전하고, 수령에 충실히 따르도록 하는데 목적이 있다.

김일성은 '수령형상문학'을 통해 수령의 형상 창조가 사회주의 공산주의 문학예술과 주민들이 체득해야 하는 이유와 수령형상 창조의 원칙을 다음과 같이 제시하였다.[69]

첫째, 수령의 위대성을 깊이 있게 형상하는 것이 수령형상 창조의 기본이다. 수령 형상은 위대한 인간, 혁명가로서 수령의 자질과 풍모를 형상하고, 교양적 목적으로 인민에게 혁명적 수령관을 세우도록 해야 하며 이를 위해서는 먼저, 걸출한 사상이론가로서 수령 위대성을 그려내고 다음은 사상이론과 낡은 인텔리를 개조하는 예지능력의 수령을 강조한다. 수령은 대중의 능숙한 조직자이며 영도자로 투쟁구호를 제시하고 영도방법을 지도하여 인민대중을 조직동원하는 역할을 수행하므로 정치가, 전략가, 영도의 예술가로 위대성 형상해야 한다.

둘째, 수령이 지닌 인간적 풍모의 위대성을 형상해야 한다. 수령이란 한없이 겸허하고 소탈한 품성이며 끝없이 인자한 인품과 아량 있는 포용력, 넓은 도량, 고결한 혁명적 동지애, 인민에 대한 뜨거운 자애로운 어버이 상으로 내면세계와 심리세계를 형상해야한다.

셋째, 수령은 당과 대중과 연관성 있게 형상해야 한다. 이를 위해 수령을 당과 대중과의 혈연관계, 사회정치적 생명체로서 언제나 인

69- 윤기덕, 『수령형상문학』(평양: 문예출판사, 1991), pp. 157-237.

민 속에 활동하는 수령풍모 형상을 하고 특히, 현지지도 노정에 깃든 사연을 세부적으로 형상화해야한다.

넷째, 수령의 위대성은 체계적 전면적 깊이 있게 형상해야 한다. 김일성의 위대성을 형상화한 불멸의 역사를 보면 알 수 있듯이 인물과 주제, 사건의 연관성이 중요하며, 역사적 사변중심 단계적 창작은 혁명역사를 정치 사상예술성을 높이도록 해야 한다. 수령의 혁명역사는 탁월한 영도자 위대한 인간의 역사로 형상하되 일대기 식으로 형상화하고, 전기 식으로 체계적으로 형상화되어야 한다.

다섯째, 등장인물의 성격을 실제 역사적 사실에 기초하여 형상화해야 한다. 인간학적 요구에 맞게 개성화하는 것이 핵심으로 꾸미지 말고 수령의 혁명역사 우리당의 역사, 혁명의 역사를 일관되게 하고, 끝없이 격동시켜 역사 문헌적 가치를 높이며, 수령의 역사와 불멸의 업적을 그대로 고매한 풍모로 인식되도록 수령을 따라 배울 수 있도록 형상화해야 한다.

김일성의 우상화를 위해 주민들이 쉽게 접할 수 있는 문학서적 등을 통해서 김일성의 지도성과 위대성을 상세하고 효과적으로 선전하기 위해 수령형상 원칙을 만들어 활용한 것이다.

다음으로 김일성이 지배자로써의 정통성 확보를 위한 가계 우상화에 대해 알아보면, 북한은 김일성의 증조할아버지 김응우부터 우상화하고 있다. 고등학교『조선력사』에 22과 '대동강에 처박힌 셔먼호' 수록된 김응우와 셔먼호 격침사건에 대해 북한은 "셔먼호가 대동강에 기어들자 인민들을 불러 일으켜 싸움마당에 떨쳐 나가게 하시였습니다. 열렬한 애국자이신 김응우 선생께서 원쑤놈들을 단숨에 요절낼 묘한 전술을 1866년 대동강 기슭까지 침범한 미 제국주의 군함 셔먼호를 마을 사람들을 이끌고 나룻배에 불을 붙이는 화공전법을 격침시켰다."면서[70] 마치 미국의 셔먼호를 쳐부순 영웅으로 증조부를 우상화하였다.

김일성은 할아버지 김보현과 할머니 이보익에 대해서도 우상화 선전을 하였다. 평범한 농사꾼이었음에도 자식과 손자를 혁명의 길로 이끈 애국자로 묘사하고 있다. 즉, 특별한 활동이 없음에도 할아버지와 할머니라는 이유로 이들을 민족의 영웅으로 왜곡하고 있는 것이다. 평양의 낭랑구역에 김보현 농업대학을 설치하여 그의 정신을 이어 나가게 하고 평양 만경대에 무덤을 크게 만들어 매년마다 그들이 죽은 날에 당과 국가의 간부들이 꽃다발을 가지고 참배하고 있다.

김일성의 아버지 김형직은 더욱 우상화 선전이 체계화되고, 일제에 반대하여 용감하게 싸운 항일운동의 모습과 김일성을 교육시킨 과정을 보다 상세히 선전하고 있다. 1949년 북한역사서에서는 김형직에 대한 일체의 언급이 없었는데, 1958년 『조선통사』에서는 김형직이 열렬한 애국자로 포장되고, 1961년 『조선근대혁명운동사』에서는 정의부의 열렬한 반일투사의 한사람으로 미화하는 등 김형직의 우상화 작업이 보다 구체적이고 체계적으로 기록되었다.[71] 『위대한 수령을 따라 배우자 1권』에서는 '나라를 위하여 뜻이 원대하여야 한다' 제하로 김형직을 우상화하였는데 "모든 불편을 참으시고 정력적으로 애국활동을 전개하였고, 가정도 돌볼 사이 없이 독립운동에 참여하고 날마다 불어나는 동지들을 맞이하고 투쟁에 길로 보내시며 애국의 불길을 세차게 염원하였다."[72]고 언급하였다.

김형직 우상화 작업은 이에 그치지 않았고, 양강도 후창군을 김

70_ 교육도서출판사, 『조선력사』(평양: 교육도서출판사, 1999), pp. 64-67.
71_ 황민호, 『재만 한인사회와 민족운동』(서울: 국학자료원, 1998), pp. 222-234.
72_ 조선사회주의로동청년동맹 중앙위원회, 『위대한 수령을 따라 배우자 1』(평양: 근로단체출판사, 1968), p. 80.

형직군으로 후창읍을 김형직읍으로 명명하고, 가장 큰 사범대학의 이름을 김형직 사범대학으로 명명하는 역사왜곡 작업을 하였다. 어머니 강반석에 대해서는 만경대 인근 철골에서 태어나 김일성을 훌륭하게 키웠고 백두산에서 벌일 항일무장투쟁시기 김일성을 적극 도와서 조국해방에 이바지하였다고 선전하고 있다.

강반석을 찬양한 노동신문 기사를 요약한 내용이다. 『로동신문』은 '총대혁명의 역사에 별처럼 빛나는 모습 조선의 어머니 강반석 여사의 탄생일을 맞으며' 제하에서 "강반석 여사는 끝없는 헌신과 사랑으로 위대한 수령님을 민족의 태양으로 안아 올리시며 조국광복에 대한 믿음을 지니시고 수령님의 혁명 활동을 도우셨으며, 여성들에 대한 계몽사업도 하고 부녀회사업도 벌리어 혁명을 하시었다."[73]고 보도하였다.

김일성은 부인인 김정숙에 대해 보다 체계적이고 대대적인 우상화 사업을 전개하였는데, 김정숙을 백두산의 3대장군 반열에 올리고 항일운동의 여성영웅으로 묘사하는가하면 당간부 이상 가정집에 김정숙의 초상화를 걸게 하였다. 김정숙이 태어난 12월 24일을 북한의 3대 생일로 지정하여 대대적인 축제행사를 벌이고 있다.

이는 김일성이 갑산파를 숙청한 이후 김일성의 정치권력의 정당성을 확보하고 정치권력을 보다 확고하게 하고자 주체사상이 북한 사회 내 유일지배이념으로 자리 잡자 일제시대 민족운동사에서 부터 가계 우상화까지 역사왜곡을 시도한 것으로 분석된다.

아래 <표 3-3>은 김일성의 정치권력 유지를 위한 대표적 미란다에 해당하는 우상화 상징물에 대한 북한이탈주민 인식실태를 확인하기 위한 설문이다. 설문내용은 김일성 시대 우상화 선전물 가

73_ 『로동신문』, 2003년 4월 21일.

운데 가장 많이 보았고, 충성심 함양에 가장 큰 도움이 되었던 선전물이 어떤 것이었냐는 물음에 대한 결과이다.

〈표 3-3〉 우상화 선전물 설문 결과

구분		성별	
		남자	여자
김일성 시대 우상화 선전물	동상	25	45
		29.4%	23.1%
	전사적지 혁명관	25	85
		29.4%	43.6%
	초상화	25	55
		29.4%	28.2%
	배지	0	10
		0.0%	5.1%
	기타	10	0
		11.8%	0.0%

김일성 시대 우상화 선전물에 대해 남자는 동상, 전사적지 혁명관, 초상화가 29.4%이고, 여성은 전사적지·혁명관이 43.6%로 가장 높고 다음으로 초상화가 28.2%, 동상이 23.1%, 배지가 5.1%순으로 나타났다. 북한 주민들이 김일성 시대 우상화 선전물에 대해 어느 한 가지 선전물에 집중되지 않은 이유는 북한이 우상화 선전물에 대한 당적지도와 선전선동부에서 우상화 상징물을 직접 관리하며, 학교나 직장, 군대에서 동상을 참배하거나, 전사적지를 방문하고 초상화 정성사업을 실시한 결과에서 나오는 충성심의 산물인 것으로 분석된다.

2. 크레덴다 측면의 우상화

가. 복종과 존경

수령론

북한은 지도자의 정치권력을 유지하기 위해 통치력을 뒷받침하는 논리들이 많이 있는데, 주체사상의 중심명제인 수령론은 김일성의 초인적 능력과 인격을 전제한 가장 대표적 통치이념이다.

일반적으로 수령의 사전적 의미는 한 당파나 무리를 대표하거나 우두머리에 있는 인물을 뜻하는데, 북한에서 수령은 최고 영도자로서 '혁명과 건설에서 절대적 지위를 차지하고 결정적 역할을 수행하는 당과 혁명의 탁월한 령도자'로 규정된다.[74] 절대적 지위는 인민대중 속에서 최고의 영도적 지위를 의미하고, 결정적 역할은 인민과 대중의 운명을 개척하고, 뇌수와 같이 인간적 활동에서 결정적 역할을 한다는 의미이다. 이러한 의미에서 북한의 수령론은 그 내용이 일반 수령에 관한 이론이 아니라 혁명위업의 수행에서 수령의 지위와 역할에 관한 문제를 논리적으로 전개한 것이다.[75]

북한에서 수령이라는 용어가 일반화된 것은 1966년 제2차 당대표자대회 직전이며, 1966년 9월 30일 김일성 종합대학 창립 20주년 행사에서 '당과 수령에 대한 충실성은 종합대학의 제일생명이다'라는 연설을 통해 당과 수령이 사용되었다. 이후 『근로자』나 각종 잡지를 통해 수령에 대한 충성과 수령의 역할 등이 본격적으로 보도되면서 일반화 되었으며, 1982년 발표한 김정일의 '주체사항에 대하여'를 통해 혁명의 운명은 수령에 의하여 결정되고 수령을 떠나

---

[74]_ 철학연구소, 『철학사전』(평양: 조선로동당출판사, 1985), p. 376.
[75]_ 심지연, "북한연구에 대한 역사적 접근," 『북한연구방법론』(서울: 한울아카데미, 2003), p. 270.

서 혁명위업이 개척될 수 없으며, 혁명이 승리할 수 없다는 내용으로 체계화 되었다.

수령을 인민 대중의 최고 영도자로 규정하는 이유는 수령이 인민대중의 최고뇌수이자 통일단결의 중심이기 때문이다. 최고뇌수라는 것은 유기체의 머리, 사회적 유기체의 뇌수에 해당하는 것이다. 즉, 생물유기체가 자기 뇌수의 통일적인 지도를 받는 것처럼 인민대중의 최고뇌수인 수령의 영도를 받아야 한다는 것이다. 또한 통일단결의 중심이라는 말은 인민대중이 수령의 주위에 집단으로 단합하고 있다는 의미이다. 인민대중이 통일되지 못하면 하나의 사회적 집단으로 존재하고 활동할 수 없으며, 역사의 주체로서의 자기 역할을 다할 수 없기 때문이다. 이러한 통일단결의 중심으로 수령은 인민대중의 심장으로 표현되기도 한다.[76]

수령이 인민대중의 최고뇌수가 되는 이유에 대해 먼저 수령이 인민대중의 조직적 의사의 유일한 체현자이기 때문이며, 둘째, 수령에 의하여 인민대중의 사상의식과 창조적 능력이 가장 높은 수준에 이르게 되기 때문이라고 한다. 즉, 수령만이 집단적 존재로서의 인민대중의 자주적 의사를 총괄하고 화합할 수 있다는 주장이며 수령이 창시하는 자주적인 혁명사상으로 인민대중의 사상의식이 고차원적으로 높아지기 때문에 수령은 곧 인민대중의 뇌수로 규정되는 것이다. 또한 수령이 인민대중의 최고뇌수인 동시에 통일단결의 중심이 되는 이유 중 하나는 수령이 인민대중의 사상의지적 단합의 중심을 이루기 때문이며, 다음으로는 수령이 인민대중의 조직적 단합의 중심이기 때문이다. 즉, 수령이 있음으로 해서 인민대중은 하나로 단합되어서 역사의 주체로 발전하며 수령이 창시하는

76_ 사회과학출판사 편, 『주체사상의 사회역사원리』(평양: 조선로동당출판사, 1985), p. 192.

자주적인 혁명사상으로 인해 인민대중의 사상의지적으로 단합한다는 것이다. 수령은 인민대중을 이끄는 최고 영도자를 뜻하는 것이다. 수령의 지위에 대해 "인민대중의 최고뇌수, 통일단결의 중심으로서의 수령의 지위, 인민대중 속에서 차지하는 수령의 최고의 령도적 지위는 절대적이다."라고 정의하고 있다.[77]

북한은 주민들에게 김일성이 주체사상을 창시하여 인민의 새 역사를 창조하였기 때문에 수령을 인류의 위대한 스승으로 존경하고 찬양해야 한다고 강조하고 있다. 김정일은 "위대한 수령 김일성 동지께서는 주체사상을 창시하고 주체형의 혁명적 당을 건설하심으로써 룡성 번영하는 우리인민의 새 력사를 창조하시였으며, 인류가 자주의 길로 나가는 곧바른 길을 밝혀주셨습니다. 바로 그렇기 때문에 인민들은 우리 수령님을 인류의 위대한 스승으로 존경하며 우리나라를 주체사항의 조국으로 높이 찬양하고 있습니다."[78]라며 김일성의 위대성에 대한 이유를 설명하였다.

특히, 북한 주민들은 수령에 대한 충실성을 최고의 생명으로 간직하는 것이 주체형의 공산주의 혁명가의 기본품성이라고 교육을 받고 있다. 이는 "수령에 대한 충실성은 당성, 로동 계급성, 인민성과 별개로 보지 말아야 하며, 수령이 당과 인민대중의 생명 중심인 만큼 수령에 대한 충실성에 집중적으로 표현해야 하며, 수령은 혁명과 건설에서 결정적 역할을 하고, 단결과 령도의 중심으로서 인민 대중의 운명을 개척하는데서 결정적 역할을 하는데 이는 뇌수가 인간 활동에서 결정적 역할을 하는 것과 같으므로 수령은 어디까지

77_ 철학연구소, 『철학사전』, pp. 376-378.
78_ 김정일, "주체사상 교양에서 제기되는 몇 가지 문제에 대하여: 조선로동당중앙위원회 책임일군들과 한 담화(1986년 7월 15일)," 『근로자』, 1987년 7월호(1987), pp. 11-12.

나 당의 수령, 인민대중의 수령인만큼 수령의 역할을 당의 역할과 대중의 역할과 분리하지 말아야 한다."[79]라는 김정일 담화문을 통해서도 알 수 있다.

그럼에도 위화감 조성을 방지하기 위해서 북한은 수령이 인민대중과 다르지 않다고 주장한다. 수령의 절대적 지위는 지위와 모순되는 것이 아니라 그와 하나로 통일되어 있다. 수령은 절대적 지위는 인민대중의 역사의 주체로서의 지위에 기초하고 있다. 인민대중이 역사의 주체이기 때문에 그 대표자인 수령이 혁명운동에서 절대적 지위를 차지한다.[80]

앞서 살펴보았듯이 수령의 역할과 지위는 지배력의 정당화를 보여주는 대표적 이론으로 결과적으로 김일성은 정치권력을 획득하고 우상화 수단으로 수령론을 사용한 것이다. 수령론에 의하면 수령은 그 누구도 지닐 수 없는 비범한 예지와 고매한 공산주의적 덕성, 한없이 넓은 포용력, 탁월한 영도력을 지니고 근로인민대중이 자주성을 위한 혁명투쟁 전반을 통일적으로 지휘하는 최고영도자이며 혁명투쟁에서 쌓은 비상이 풍부하고 다방면적인 경험과 불멸의 업적으로 절대적인 권위와 위신을 지니고 인민들의 다함없이 신뢰와 존경을 받는 참다운 인민의 영도자인 것이다. 북한은 수령론에서 수령의 이미지를 김일성과 동일시함으로써 다른 어떤 사람과도 비교될 수 없게 절대적인 능력을 지녔으며, 그 능력에 근거한 절대적인 업적을 가진 인물이 되었다.

수령론에서 나타난 수령의 모습은 이론적 배경에서 언급되었던 막스베버의 지배와 지도유형이론에서 제시한 카리스마적 지배와

79- 위의 글, p. 15.
80- 사회과학출판사 편, 『주체사상의 사회역사원리』, p. 191.

유사하다. 그리고 수령론이라는 수단을 이용하여 정치권력 획득 이론에서 제시한 피지배자의 이성을 자극하여 복종과 존경을 이끌어내는 것은 전형적인 크레덴다 통치방식을 활용한 대표적인 우상화 정책으로 볼 수 있다.

북한은 수령중심의 수령제 통치체제 국가이다. 모든 것이 수령을 중심으로 이루어지고 수령에 의해서만 사회정치적 생명을 확보할 수 있으며, 수령이 유일한 통치자로서 정당성을 확보하기 위하여 수령능력과 신성성을 부각시켜야 한다. 북한의 수령론은 수령 자체가 출발점이다. 즉, 위대한 수령이 먼저 태어난 다음 인민을 영도해 나간다는 논리이다. 이것이 바로 왜 우상화를 시행해야 하는지 그 이론의 토대를 제공하는 것이다. 수령의 영도가 있으므로 공산당이 있을 수 있고 공산당의 영도가 있으므로 노동계급이 있을 수 있으며, 노동계급의 영도가 있으므로 자주적인 인민대중이 있을 수 있다. 다시 말하면 하늘에서 보낸 위대한 수령 김일성이 먼저 탄생하여 탁월한 혁명사상(주체)을 창시한 다음 이 사상을 실현하기 위하여 수령의 당(노동당)이 창건되고, 수령과 당의 영도 밑에 혁명적인 노동계급이 형성되며 수령과 당의 영도 밑에 노동계급을 핵심으로 하는 혁명적인 인민대중이 탄생되게 된다는 것이다. 한마디로 말해 노동계급과 인민대중이 있을 수 있으며 국가와 군대 등 모든 것이 있을 수 있다는 논리다.

스탈린 시대의 수령론은 수령이 인민대중을 위해 복무해야 하는 사상이라면 북한의 수령론은 수령을 위해 인민이 존재해야 하는 본말이 완전히 전도된 이론으로 수령은 수령 개인이 모든 것의 주인이며, 또 노동계급도 수령의 은덕으로 살아가는 존재, 또 수령을 운명으로 모시고 사는 존재로 인정받고 있다. 북한과 다른 비민주 정권을 구분 짓게 만드는 것 중 하나가 지도자에 대한 우상화라는

데 이견이 없다.

맑스 베버의 지배와 지도유형이론에서 제시한 카리스마적 지배와 유사하며, 정치권력획득 이론에서 제시한 피지배자의 복종과 존경을 이끌어내기 위해 북한은 수령론이라는 통치이념을 우상화정책으로 사용하였다. 북한 사람들은 죽기 직전에 가족에게 유언을 하지 않지만, 오로지 "김일성 장군님 만수무강하기를 기원합니다."라는 말을 남긴다고 한다. 그리고 백두산 혁명사지 화재 당시 충분히 불을 피할 수 있었지만 구호나무의 불을 끄기 위해 20대 젊은 군인 17명이 사망했고, 이후 이들을 영웅화 하고 있다. 이러한 현상은 무엇이 지도자에게 몸을 바쳐 복종과 존경을 표시하게 만드는 것일까라는 질문으로 이어지며, 북한은 사상적 이론을 창설하여 강요하고 이는 태어나면서부터 생활화되기 때문이라 할 수 있다.

사회정치적 생명체론

사회정치적 생명체론은 사회변혁의 자주적 주체, 사회정치적 생명체론으로 명시하였는데, 1976년 10월 2일 '김일성 주의의 독창성을 옳게 인식할데 대하여'를 통해 자연의 운동에는 주체가 없지만 사회역사적 운동에는 주체가 있다는 사상을 발표하였다.[81] 북한은 사회정치적 생명체를 자주적인 생명력을 지닌 사회정치적 집단으로 정의하면서, 인민대중은 당의 영도 밑에서 조직 사상적으로 결속됨으로써 영생하는 자주적인 생명력을 지닌 하나의 사회정치적 생명체를 이루게 된다고 설명한다.[82] 그리고 사회정치적 생명의 중

81_ 재일본조선인총련합회 중앙상임위원회, 『위인실록 김정일 장군 2』(동경: 조선신보사, 1999), p. 36.
82_ 김정일, "주체사상 교양에서 제기되는 몇 가지 문제에 대하여: 조선로동당중앙위원회 책임일군들과 한 담화(1986년 7월 15일)," 『김정일 선집 8권』(평양: 조선로동당출판사, 2006), pp. 447-448.

심이 수령이라고 말하면서 이 수령에 대해 생명체의 생명활동을 통제하는 최고 뇌수이기 때문에 당은 수령을 중심으로 조직 사상적으로 공고하게 결합된 인민대중의 핵심부대로서 사회정치적 생명체가 이루어진다고 한다. 사람들은 당조직과 당이 영도하는 조직사상 생활에 적극 참가하여야만 사회정치적 생명체의 중심인 수령과 혈연적 관계를 맺을 수 있으며, 수령, 당, 대중은 하나의 생명으로 결합하여 운명을 같이 할 수 있다고 한다. 사회정치적 생명체는 인민대중의 운명을 자주적으로 창조적으로 개척해 나가는 혁명의 주체, 역사의 자주적인 주체로 된다.[83]

또한 1982년 3월 31일 발표한 논문 '주체사상에 대하여'에서 "근로인민 대중은 역사의 주체이며 사회발전의 동력이고, 사회적 운동의 주체는 인민대중이다. 인민대중을 떠나서는 사회적 운동 그 자체가 있을 수 없으며, 역사의 발전에 대해서도 말할 수 없습니다."라고 언급하면서 인민대중이 역사의 주체이며 사회적 운동의 주체라고 명시하였다.

김정일은 1986년 7월 15일에 한 담화 '주체사상 교양에서 제기되는 몇 가지 문제에 대하여'를 통해 "역사의 자주적인 주체는 선진적 노동계급이 출현하고 그들의 자주적인 혁명사상에 의하여 근로인민대중이 의식화되고 조직화됨으로써 비로소 역사 무대에 널리 등장할 수 있었습니다."라고 주장하면서 인민대중이 혁명의 자주적인 주체가 되기 위해서는 당과 수령의 영도 밑에 하나의 사상, 하나의 조직으로 결속되어야 하며, 조직 사상적으로 통일 단결된 인민대중만이 자기 운명을 자주적으로 창조적으로 개척해 나갈 수 있으며, 혁명의 주체는 수령, 당, 대중의 통일체라고 하였다. 또한 혁명의

---

[83]_ 백과사전출판사, 『조선대백과사전 13권』, p. 93.

주체인 사회정치적 생명체라고 강조하면서, "혁명의 주체는 수령, 당, 대중의 통일체입니다. 인민대중은 당의 영도 밑에 수령을 중심으로 하여 조직 사상적으로 결속됨으로써 영생하는 자주적인 생명력을 지닌 하나의 사회정치적 생명체를 이루게 됩니다."라고 언급하였다.

사회정치적 생명체의 결합구조는 1992년 1월 3일 담화 '사회주의 건설의 역사적 교훈과 우리당의 총노선'에서 "혁명의 주체는 다름 아닌 수령, 당, 대중의 통일체입니다. 수령은 사회정치적 생명체의 중심이며 인민대중의 의사를 체험한 최고뇌수입니다. 당은 사회정치적 생명체의 중추조직입니다. 인민대중은 당의 영도 밑에서만 생명의 중심인 수령과 조직 사상적으로 연결되어 사회정치적 생명을 지녀 혁명의 주체를 이루게 됩니다. 혁명의 주인은 어디까지나 인민대중입니다. 수령은 인민대중의 최고뇌수이며 당은 인민대중의 핵심부대입니다."에서 알 수 있다.

공산주의 운동역사에서 처음으로 '전 세계 노동자들은 단결하라!'라는 구호를 내놓은 마르크스는 단결은 노동계급에게 있어서 성서와 같은 역할을 한다고 하였으며, 레닌은 대오의 통일단결을 일정한 행동규범이나 준칙에 기초한 조직적 결합으로 강조하였다. 일심단결의 이론은 사회정치적 생명체에 관한 주체의 원리를 발견하고 사회정치적 집단의 최고뇌수인 수령중심의 통일 단결에 관한 사상을 제시함으로써 완벽하게 밝혀지게 되었다.[84] 혁명의 자주적 주체에 관한 이론이 밝혀짐으로써 근로민중이 어떻게 주인으로서의 지위를 차지하고 그 주인으로서 역할을 다 하게 되는가 하는 주체의 원리가 수령론과 결합되어 깊이 있게 전개되어 사회변혁의 주체로

---

[84]_ 박승일, "일심단결의 혁명철학을 구현하여 혁명의 강력한 주체를 마련한 불멸의 혁명업적,"『근로자』, 1996년 2월호(1996), p. 42.

의 근로민중의 지위와 역할, 주체적 윤리관이 원리적으로 전개되고
체계화 되었다. 북한은 '사회정치적 생명체론'을 통해 인민과 당,
대중이 통일체를 이루고 수령을 중심으로 조직과 사상적으로 결속
되어 수령의 영도 아래 영생하는 자주 생명력을 지닌 집단으로 북한
사회를 이끌고자 하였다.

유일사상체계 확립의 10대원칙

　김일성은 1967년 유일체제의 확립을 통해 수령 우상화를 완성
시키면서 체제의 견고성을 권력세습의 명문도 강화하였다. 북한의
유일지도 체제는 유일사상과 수령을 기본요소로 삼고 있다. 유일사
상은 혁명적 수령관을 바탕으로 하고 수령은 제도적으로 당중앙위
총비서와 주석직을 함께 갖게 하는 것으로 수령의 혁명사상, 자기
당 정책으로 전당을 무장시키고 모든 당원들을 수령과 당중앙의
중위에 굳게 묶어 세워 혁명 사업을 해나가도록 한다는 것이다.[85]
　김일성은 정적 숙청을 통한 정치권력 장악은 북한에서 1967년
사건이라 불리는 갑산파 척결은 김일성의 독재체제 형성의 근간이
되고 있는데, 제15차 전원회의에서 박금철, 이효순 등 김일성을 반
대하는 갑산파 세력을 수정주의자, 부르주아로 몰아 처단함으로써
김일성과 다른 견해를 가질 수 없도록 하였다.[86]
　1974년 4월 14일 김일성 생일 62회 전날 발표한 '당의 유일사상
체계 확립의 10대원칙'은 북한 주민들을 일상적으로 규율하는 북한
최고의 규범이 되었고, 전 당을 수령의 혁명사상만이 유일적으로

---

[85]_ 사회과학원 력사연구소 편, 『조선전사 31: 현대편 사회주의 건설사 4』(평양:
　　과학백과출판사, 1982), p. 29.
[86]_ 이승현, "갑산파의 숙청과 수령제의 형성," 북한연구학회 편, 『북한의 정치 1』
　　(서울: 경인문화사, 2006), pp. 361-362.

지배하게 하고 수령의 유일적 영도 밑에 전당이 하나와 같이 움직일 것을 요구하는 수령의 사상체계이며, 영도체계이다.

김일성은 1974년 이후 당의 유일사상체계 확립의 10대원칙을 제정한 이후 북한 주민들을 유일사상에 입각한 삶을 살도록 통제하여 오로지 김일성의 사상만을 신봉할 것으로 강요하는 사상적 노예로 만들어 왔다.[87]

<표 3-4> 당의 유일사상체계 확립의 10대원칙의 내용에서 알 수 있듯이, 김일성은 헌법이나 노동당 규약보다 상위에서 작동되었다. 북한은 김일성의 유일지배를 제도적으로 보장한 당의 유일사상체계 확립의 10대원칙 제정을 통해 주민들에게 충성과 복종, 희생, 존경 등을 강요하는 크레덴다 측면의 우상화 정책을 구사함으로써 김일성을 신격화, 교조화 함은 물론, 김정일의 세습까지도 명문화하였다.

87_ 김봉기 외, 『수령 우상화의 실상: 영원히 우리와 함께 계신다』(서울: 판문점트 레블, 2008), p. 254.

<표 3-4> 당의 유일사상체계 확립의 10대원칙

10대원칙	주요세칙
1. 위대한 수령 김일성 동지의 혁명사상으로 온 사회를 일색화하기 위하여 몸 바쳐 투쟁하여야 한다.	① 당의 유일사상체계를 세우는 사업을 끊임없이 심화시키며 대를 이어 계속해 나가야 한다. ⑤ 전 세계에서의 주체사상의 승리를 위하여 끝까지 싸워나가야 한다.
2. 위대한 수령 김일성 동지를 충성으로 높이 우러러 모셔야한다.	② 한순간을 살아도 오직 수령님을 위하여 살고 청춘도 생명도 기꺼이 바치며 어떤 역경 속에서도 수령님에 대한 충성의 한마음을 변함없이 간직하여야 한다.
3. 위대한 김일성 동지의 권위를 절대화하여야 한다.	⑥ 수령 김일성 동지의 초상화, 석고상, 동상, 초상휘장, 수령님의 출판물, 미술작품, 현지교시판, 당의 기본구호들을 철저히 보위하여야 한다.
4. 위대한 수령 김일성 동지의 혁명사상을 신념으로 삼고 교시를 신조화 하여야한다.	① 위대한 수령 김일성 동지의 혁명사상, 주체사상을 자기의 뼈와 살로, 유일한 신념으로 만들어야 한다. ⑦ 보고, 토론, 강연을 하거나 출판물에 실릴 글을 쓸 때에는 언제나 수령님의 교시를 인용하여 내용을 전개하며 그와 어긋나는 일이 없어야 한다.
5. 위대한 수령 김일성의 교시 집행에서 무조건성의 원칙을 철저히 지켜야 한다.	② 경애하는 수령 김일성 동지의 심려를 덜어드리는 것을 최상의 영예로 신성한 의무로 간주하고 모든 것을 다 바쳐 투쟁하여야 한다.
6. 위대한 수령 김일성 동지 중심으로 하는 전당의 사상 의지적 통일과 혁명단결을 강화하여야 한다.	④ 개별적 간부들에 환상을 가지거나 아부 아첨하며 우상화하거나 무원칙하게 내세우는 현상을 철저히 반대하여야 하며, 선물을 주고받는 일을 없애야 한다.
7. 위대한 수령 김일성 동지를 따라 배워 공산주의적 풍모와 혁명사업 방법을 소유하여야 한다.	② 계급적 원쑤들에 대한 비타협적 투쟁정신과 확고한 혁명적 원칙성, 불요불굴의 혁명정신과 필승의 신념을 가지고 혁명의 한길로 억세게 싸워나가야 한다.

10대원칙	주요세칙
8. 위대한 수령 김일성 동지께서 안겨주신 정치적 생명을 귀중히 간직하며 충성으로 보답해야 한다.	⑤ 2일 및 주 조직생활 총화에 적극 참여하여 수령님의 교시와 당정책을 자료하여 자기의 사업과 생활을 높은 정치사상적 수준에서 검토총화하며 비판의 방법으로 사상투쟁을 벌리어야 한다.
9. 위대한 수령 김일성 동지의 유일적 령도 밑에 전당 전국, 전군이 한결 같이 움직이는 강한 조직 규률을 세워야 한다.	② 모든 사업을 수령님의 유일적 령도 체계에 의거하여 조직 진행하며 정책적 문제들은 수령님의 교시와 당중앙의 결론에 의해서만 처리하는 강한 혁명적 질서와 규율을 세워야 한다.
10. 위대한 수령 김일성 동지께서 혁명 위업을 대를 이어 끝까지 계승하며 완성해 나가야 한다.	④ 자신뿐 아니라 온 가족과 후대들도 위대한 수령님을 우러러 모시고 수령님께 충성을 다하며 당중앙의 유일적 지도에 끝없이 충실하도록 해야 한다.

* 출처: 김정일, "전당과 온 사회에 유일사상 체계를 더욱 튼튼히 세우자: 중앙당 및 국가, 경제기관, 근로단체, 과학, 교육, 문화예술 일군에게 한 연설(1974년 4월 14일)," 『주체혁명의 위업의 완성을 위하여 3』(평양: 조선로동당출판사, 1987), pp. 107-118 참고로 재구성.

첫째, 유일사상 체계 확립의 10대원칙은 김일성의 권위를 절대화, 신격화했으며, 무조건적 충성을 요구하였다. 10대원칙 2조는 2항은 "한순간을 살아도 오직 수령님을 위하여 살고 청춘도 생명도 수령님에 대한 충성의 한마음을 변함없이 간직하여야 한다."라고 명기되어 있다.[88] 특히, 일반주민들은 개인적인 우상화를 철저히 반대하였는데, 10대원칙 6조 4항 "개별적 간부들에 대하여 환성을 가지거나 아부아첨하며 개별적 간부들을 우상화하거나 무원칙하게 내세우는 현상을 철저히 반대하여야 하며, 간부들이 선물을 주고받는

---

[88]_ 김정일, "전당과 온 사회에 유일사상 체계를 더욱 튼튼히 세우자: 중앙당 및 국가, 경제기관, 근로단체, 과학, 교육, 문화예술 일군에게 한 연설(1974년 4월 14일)," 『주체혁명위업의 완성을 위하여 3』(평양: 조선로동당출판사, 1987), p. 108.

현상을 없애야 한다."에서 나타난다.[89]

김일성은 김정일을 통해 1974년 10월 비밀리에 개최한 당중앙의 제5기 제9차 전원회의에서 유일지도 체제 문제를 다루면서 유일사상체계 확립 10대원칙의 전당적 실천과 당 내부 사업지도서 작성, 당조직 기구의 부서 및 직능의 조정 등 3대과업을 제시하고 전당 전군 전국에 걸쳐 단계적으로 실천하도록 한다. 그리고 전당조직 내에 유일지도체제를 확고히 한 후 군대에 대한 유일지도 체제를 세웠고, 뒤이어 행정·경제·대외·대남부서에 유일지도체제를 확립하였다.[90]

둘째, 김일성은 유일사상 체계 확립의 10대원칙을 통해 주민들의 사상을 완전히 장악하는 수단으로 활용하였다. 북한 주민들의 사고와 행동, 삶을 일상적으로 규율하는 최고의 규범은 당의 유일사상체계 확립의 10대원칙이다. 북한에도 헌법과 법률이 있고, 그보다 상위 규범인 노동당 규약이 있지만 주민들의 삶을 실질적으로 규율하는 것은 이 10대원칙이다. 북한 주민들은 원고지 50쪽 분량의 10대원칙을 완전히 통달해야 할 뿐 아니라 한 치의 어긋남도 없이 지켜야 한다. 10대원칙의 3조 6항과 7항은 "김일성 동지의 초상화, 석고상, 동상, 초상휘장, 당의 기본구호들을 정중히 모시고 보위하여야 하며, 김일성동지혁명사적관과 김일성 동지의 혁명사상연구실을 정중히 꾸리고 철저히 보위하여야 한다.[91]"고 명시하였다. 북한주민들은 노동신문에 실린 김일성의 사진 한 장도 잘못 다루면 정치범 취급을 받게 된다. 또한 노동당을 통해 사회생활의 모

89- 위의 글, p. 113.
90- 사회과학출판사 편, 『조선말대사전』(평양: 사회과학출판사, 1992), pp. 655-656.
91- 김정일, "전당과 온 사회에 유일사상 체계를 더욱 튼튼히 세우자: 중앙당 및 국가, 경제기관, 근로단체, 과학, 교육, 문화예술 일군에게 한 연설(1974년 4월 14일)," 『주체혁명위업의 완성을 위하여 3』, p. 109.

든 분야, 모든 단위에서 수령의 독재를 보장하기 위한 사업을 지도한다.[92]

북한의 공식 문건은 말할 것도 없고 개인이 잡지·출판물 등에 기고한 글에서도 반드시 김일성 '교시'를 인용한 것은 10대원칙의 조문에 근거한 것이다. 10대원칙 제4조 7항은 "보고, 토론, 강연을 하거나 출판물에 실린 글을 쓸 때에 언제나 수령님의 교시를 정중히 인용하고 그에 기초하여 내용을 전개하며 그와 어긋나게 말하거나 글을 쓰는 일이 없어야 한다."고 명시되어 있다. 10대원칙의 제5조 1항은 "김일성 동지의 교시를 법으로, 지상의 명령으로 여기고"라고 규정하여[93] 김일성의 말(교시)이 곧 법이자 어길 수 없는 지상 명령임을 밝히고 있다.

북한의 주체사상이 인간중심 사상임에도 불구하고 유일사상 10대원칙을 통해 북한 주민들은 김일성의 사상적 노예로 전락되어 있다. 황장엽 전 노동당 국제 담당비서는 북한 주민들의 삶에 대해 "자주적인 사상을 가지지 못한 사람은 자주적 인간이 아니다. 사람의 행동을 규정하는 첫째 요인이 사상이다. 사람의 사상을 지배하게 되면 사람 자체를 지배하게 되는데 김정일이 10대원칙을 통해 인민들의 사상을 지배하고 인민들을 사상적 노예로 만들어 놓은 것이다. 지금 북한 동포의 머리를 지배하고 있는 것은 각자의 사상이 아니라 김일성의 사상이다. 북한인민들은 수령에게 충성과 효성을 다하는 것을 삶의 목적으로 강요당한다."라고 표현하였다.[94]

셋째, 김일성은 유일사상체계 확립의 10대원칙을 통해 아들 김정

92- 황장엽, 『북한의 인권문제』(2005.10.), p. 84. 황장엽을 사랑하는 모임 홈페이지 참조; http://hwangsamo.org/(검색일: 2014년 8월 19일).
93- 사회과학출판사 편, 『조선말대사전』, pp. 656-659.
94- 김봉기 외, 『수령 우상화의 실상: 영원히 우리와 함께 계신다』, pp. 255-257.

일에게 세습의 합법화 수단으로 활용하였다. 10대원칙 10조 4항과 5항은 "자신뿐만 아니라 온 가족과 후대들도 위대한 수령님을 우러러 모시고 수령님께 충성 다하며 당중앙의 유일적 지도에 끝없이 충실하도록 하여야 한다. 당중앙의 권위를 백방으로 보장하며 당중앙을 목숨으로 사수하여야 한다."[95]고 명문화함으로써 혁명의 대를 이어 김일성에게 충성하고 당중앙인 김정일에게 충성하라고 강조하였다.

북한은 김일성의 우상화를 위해 10대원칙을 제정하여, 충성하고, 복종하며, 절대 배신하지 못하도록 주민들을 통제하고 있으며, 당조직을 통해 수령의 사상을 당원뿐만 아니라 군중들에게 침투시키고 외부사조의 침입을 조기에 차단하고 있다.

결국, 북한은 폐쇄된 사회에서 인민들의 외부정보 유입을 철저히 차단한 가운데 주민들을 우민화시키고 10대원칙을 교육을 통해 오직 유일한 수령 김일성만 믿고 따르라는 강제된 우상화 논리를 주입하여 김일성 민족으로 만들고 있는데, 유일사상 체계 확립의 10대원칙은 결국 김일성의 정치권력의 당위성을 주민들의 이성에 호소하여 확보하는 대표적인 크레덴다 측면의 우상화 정책으로 볼 수 있다.

아래 <표 3-5>은 김일성의 정치권력 유지를 위한 대표적 크레덴다에 해당하는 존경에 대한 북한이탈주민 인식실태를 확인하기 위한 설문이다. 북한에서 거주 시 가장 존경하는 인물은 누구인가에 대해 <표 3-5>와 같은 결과를 얻었다.

---

[95]_ 김정일, "전당과 온 사회에 유일사상 체계를 더욱 튼튼히 세우자: 중앙당 및 국가, 경제기관, 근로단체, 과학, 교육, 문화예술 일군에게 한 연설(1974년 4월 14일)," 『주체혁명위업의 완성을 위하여 3』, p. 117.

<표 3-5> 가장 존경하는 인물에 대한 설문결과

구분		성별	
		남자	여자
가장 존경하는 인물은?	김일성	40	110
		47.1%	56.4%
	김정일	5	5
		5.9%	2.6%
	부모님	30	80
		35.3%	41.0%
	선생님	5	0
		5.9%	0.0%
	기타	5	0
		5.9%	0.0%

가장 존경하는 인물에 대한 설문결과는 남자의 경우 김일성이 47.1%로 부모보다도 존경심이 높았으며, 여성의 경우는 김일성이 56.4%로 남자보다도 월등히 높다는 특징을 보였다. 북한주민들의 경우 자신을 낳아준 부모와 학교에서 가르침을 주는 선생보다도 수령 김일성을 월등하게 존경하고 있다는 점은 북한이 수령론, 사회정치적 생명체론, 유일사상 10대원칙 등 다양한 크레덴다 우상화 정책을 체계적으로 교육하고 세뇌시킨 결과라고 볼 수 있다.

후계자론

김일성은 정치권력 획득을 위해 수령론을 주체사상의 핵심명제로 활용하였다면, 김정일은 정치권력을 획득하기 이전부터 세습의 이론적 기반을 형성하기 위한 후계자론을 창시하였다. 이는 김일성이 김정일에게 권력을 물려주기 위한 사전 포석인 동시에 김정일이 주체사상을 체계화하면서 자신의 정치권력을 획득하기 위한 논리적 근거를 만든 점에서 과학적이고 교묘하게 진행된 점이 특징이다.

후계세습을 구상했던 북한 김일성은 장남인 아들 김정일을 후계수령으로 만들기 위해 후계자론을 통해 사전 정통성을 확보한 점에서 북한의 정치권력 세습은 계획적이며 치밀한 형태로 전개되었다는 것으로 알 수 있다.

북한정권을 창출한 김일성은 북한을 가부장제적 전통이 강하게 남아있는 유교적 성격의 국가로 만들었다. 즉 북한의 인민들은 어버이 수령에게 효성과 충성을 다하고 수령은 자식인 인민들에게 육친적 배려를 함으로써 사회주의 대가정인 국가를 유지하고 있는 것이 북한 정치문화의 특징이라고 할 수 있다.[96]

북한과 같은 가부장적 전통이 남아 있는 유교적 성향의 국가에서 최고지도자로서 정통성을 확보하기 위해서는 어버이 수령의 지위를 물려받아야 한다. 하지만 북한에는 수령의 지위를 이양할 수 있는 제도적 장치가 갖추어져 있지 않았다. 그렇기 때문에 김일성에서 김정일로 이어지는 권력세습 체제를 정당화할 수 있는 논리적 근거의 마련이 시급하다고 판단했고, 이에 등장한 이론이 후계자론이다.

후계자론은 북한이 김일성에서 김정일로 이어지는 부자 세습체제를 구축하고 정당화하기 위한 이론이다. 후계자론은 권력을 상징하는 세속적인 국가직책이 아니라 북한의 절대적 통치자를 의미하는 수령의 승계를 기본으로 한다. 1971년 6월 24일 사회주의노동청년동맹 6차대회에서 김일성은 후계자 등장의 필요성을 언급하였다. 김일성은 "제국주의가 남아있고, 반동들과 그 앞잡이들이 남아있는 한 우리는 혁명투쟁을 멈출 수 없습니다. 혁명은 계속되며 세대는 끊임없이 바뀌어집니다. 혁명의 과녁은 변하지 않았는데, 세대는

96_ 김정일, "사회주의건설의 력사적 교훈과 우리당의 총로선(1992년 1월 3일)," 『사회주의를 위하여』(평양: 조선로동당출판사, 1993), pp. 103-107.

바뀌어 벌써 해방 후 자라난 새로운 세대들이 혁명을 계속해야만 혁명의 대를 이어나갈 수 있으며 우리의 성스러운 혁명위업을 완수할 수 있습니다. 우리조국을 완전히 해방하고 나라의 통일을 실현하며 조선혁명의 전국적 승리를 이룰 때까지 그리고 온 세상에서 제국주의를 타승할 때까지 대를 이어 혁명을 계속할 영예로운 임무가 바로 당신들, 우리 시대 청년들에게 맡겨져 있습니다. 우리의 청년들은 조국이 통일되고 사회주의 혁명이 전국적으로 승리한 다음에도 공산주의를 온전히 건설할 때까지 혁명을 계속하여야 합니다. 우리의 청년들은 또한 세계의 진보적 청년들과 함께 전 세계에서의 반제혁명위업과 사회주의, 공산주의 위업의 승리를 위하여 끝까지 투쟁할 임무를 지니고 있습니다. 청년들은 승리를 자만하지 말고 혁명의 새로운 승리를 위하여 끊임없이 투쟁하여 혁명의 대를 빛나게 이어나가야 하겠습니다."라고 언급하였다.[97] 이 당시 연설에는 김정일에 대한 언급은 없었지만, 대신 후계자로 추대된 김정일을 배일 속에 가려둔 채 권력세습을 정당화하고 정통성의 확보를 위한 논리를 전개한 것이다.

김일성은 이후 1986년 5월 31일 김일성 고급당학교 창립 40주년 강의록에서 후계자 문제를 "정치적 수령의 지위와 역할을 계승하는 문제"로 규정하고 "우리 당에서는 혁명위업의 계승문제가 만족스럽게 해결"되었다고 하여 후계문제의 마무리 선언과 함께 후계자의 영도를 더욱 철저히 보장하는 체계구축의 필요성을 지적하면서 후계자의 위상과 역할을 거론했다. 노동계급의 혁명은 대를 이어가면서 계속되어야 할 장기적 사업이므로 수령의 대를 이어 노동계급의

97- 김일성, "청년들은 대를 이어 혁명을 계속해야한다: 조선사회주의로동청년동맹 제6차대회에서 한 연설(1971년 6월 24일)," 『김일성 저작집 26권』(평양: 조선로동당출판사, 1984), p. 204.

혁명을 계승 완성해나갈 후계자가 필요하다는 것이다. 후계자란 '수령의 대를 잇는 영도자', 즉 수령의 위업을 계승하고 그의 뒤를 이어나가는 영도자이다. 이런 의미에서 수령의 후계자문제는 권리와 지위를 넘겨주고 이어받는 관계가 아니라 노동계급의 혁명위업을 개척하고 승리에로 이끌어 온 수령의 사상과 영도를 이어받는다는 것을 의미한다.[98]

김일성은 "김정일 동지를 잘 받아들고 도와주어 사회주의 위업, 주체 혁명위업을 끝까지 완성해 나가야 합니다. 수령에 대한 충실성은 후계자에 대한 충실성으로 이여지고, 그러한 사람이 참다운 혁명가이고 충신입니다."[99]라며 측근들에게 김정일에게 충성할 것을 부탁하면서 후계자에 대한 충성을 강조하였다.

김일성은 김정일을 후계자로 선정한 이후 지속적인 우상화 작업을 전개하였다. 1988년 2월 김정일의 생일을 맞으며 일본인이 기증한 베고니아 꽃을 김정일화로 명명하고 이를 우상화 교양에 대대적으로 이용하였고, 1988년 2월 16일에는 국가안전보위부 본부 청사에 김정일 동상을 세웠다. 같은 해 11월 15일에는 백두산 밀영이 내려다보이는 봉우리를 '정일봉'이라고 명명하고 정일봉 글자를 새기고 개막식을 거행했다. 김일성은 1992년 2월 16일 김정일의 50회 생일을 맞으면서 자필로 아들에게 친필송시를 써서 발표하고, 1994년 4월에는 김정일 조직비서는 '한마디로 말하여 충성의 화신'이라고 공개적으로 칭찬을 하였다. 또한 1992년에는 김정일 생일을 공식 휴무일로 정하고 1995년 2월 7일 중앙인민위원회 정령으로 발표

98- 김재천, 『후계자문제의 이론과 실천』(평양: 조선로동당출판사, 1989), p. 29.
99- 김일성, "사회주의 위업의 계승발전을 위하여: 항일혁명투사들, 혁명가 유자녀들과 한 담화(1992년 3월 13일, 1993년 3월 3일)," 『김일성 전집 92권』(평양: 조선로동당출판사, 2010년), pp. 123-124.

해 후계자로서의 상징조작을 강화하였다. 김일성이 후계자 김정일의 업적을 찬양하는 등 이러한 조치는 김일성 자신과 비슷한 수준으로 김정일을 신격화하는 특징을 보였다.

후계자론은 후계자의 지위와 역할, 요건, 후계자의 유일적 영도체계 등으로 구성되어 있으며, 김일성 체현론, 세대교체론, 준비론 등이 주요내용으로 되어있다.

첫째, 후계자의 지위와 역할에서 수령의 후계자는 수령의 대를 이어 그의 혁명위업을 계승, 완성하는데서 최고책임을 지며 최대의 지휘권을 가지는 영도자로 규정되어 있다. 그리고 후계자의 지위는 수령에 의해 결정되어 상당기간 동안 수령을 측근에서 보좌하는 지위에 있는 시기와 수령의 위업의 대를 이어 계승 완성해가는 고유한 의미에서 수령의 지위를 차지하는 시기로 구별되어 진다.[100]

또한 후계자에게 부여되는 역할은 크게 세 가지로 규정하고 있는데, ① 수령의 혁명사상을 고수 및 관철하고 발전 풍부화시키며, ② 혁명전통을 철저히 옹호 고수하는 한편 시대와 혁명발전의 새로운 요청에 부응하여 부단히 발전 풍부화시키며, ③ 변혁의 주체, 즉 수령, 당, 대중의 통일체를 부단히 강화해 나가는 것이다.[101]

둘째로 후계자의 요건에서 후계자가 지녀야할 특성으로는 ① 수령에 대한 충실성, ② 비범한 사상이론적 예지와 뛰어난 영도력, 고매한 공산주의 덕성, ③ 혁명과 건설에서 이룩한 업적과 공헌으로 인해 인민들 속에서 절대적인 권위와 위신을 지녀야 한다는 것, ④ 수령과 후계자의 세대적 관계가 동일 세대가 아닌 서로 다른 세대여야 한다는 것이다. 북한은 이러한 후계자의 자질을 갖춘 인물을

100_ 김재천, 『후계자문제의 이론과 실천』, p. 30.
101_ 위의 책, pp. 31-34.

김정일이라고 선전했다. 김정일은 수령을 가까이 모시면서 수령의 사상과 사업방법을 체득했고, 대를 이어 계속되는 혁명투쟁에서 수령의 역할을 담당할 비범함을 보여주었다는 것이다.[102]

셋째로 후계자의 유일적 영도체계는 수령의 유일적 영도를 계승, 완성하기 위한 영도체계로 후계자의 영도를 완전히 실현하기 위한 사상, 조직체계와 사업질서와 규율 등을 통틀어 말하는 것이다. 후계가 당, 국가기관 및 대중단체, 그리고 수천만의 대중을 지도하는 조직 정치적 공간이다.[103]

후계자의 유일적 영도체계를 확립하는 방법은 ① 당의 정치사상적 통일과 단결, ② 당사업과 당 활동, 혁명과 건설에서 모든 문제를 후계자에게 집중시키고 후계자의 결정에 따라 모든 사업을 처리해 나가는 당사업에 대한 후계자의 유일관리제의 실현, ③ 후계자의 유일적 영도 밑에 전당이 하나와 같이 움직이는 강철 같은 규율을 세우는 것, ④ 후계자의 의도와 방침을 절대성의 정신에서 접수하고 무조건식의 원칙에서 철저히 관철할 것, ⑤ 후계자의 유일적 영도체계와 어긋나는 온갖 현상들과 비타협적인 투쟁을 벌일 것을 요구하였다.[104]

여기에서 후계자의 의도와 방침을 절대성의 정신에서 접수하고 무조건적 원칙에서 철저히 관철해야 한다. 모든 당원들과 근로자들이 후계자의 지시를 가장 정당한 것으로 받아들이고 사소한 불편 없이 헌신성과 희생성을 발휘하여 끝까지 충성해야 한다.[105] 또한,

---

102_ 사회과학원·김일성종합대학 편, 『주체혁명위업의 위대한 령도자 김정일 동지 제2권: 위대한 정치가』(평양: 조선로동당출판사, 2001), pp. 3-5.
103_ 김일성, "사회주의 위업의 계승발전을 위하여: 항일혁명투사들, 혁명가 유자녀들과 한 담화(1992년 3월 13일, 1993년 3월 3일)," pp. 111-113.
104_ 이교덕, 『북한의 후계자론』(서울: 통일연구원, 2003), pp. 38-44.
105_ 이교덕, 위의 책, pp. 47-49.

당에 충실한 사람을 간부로 등용하여 후계자에게 충성으로 받들고 정치 사상적으로 목숨으로 옹위하는 근위대, 결사대를 튼튼히 준비해야 한다.[106]

김일성은 후계자론이라는 이론적 근거를 토대로 후계자의 필요성에 대해 언급하였고 김정일로 이어지는 부자 세습체제의 정당성을 갖추었다. 이는 맑스 베버가 앞에 언급했던 카리스마적 지배가 자신의 후대로 이어지기 위해서는 부득이하게 전통과 결합된다는 주장과 일맥상통한다.

베버가 주장한대로 김일성의 카리스마를 자신의 아들인 김정일에게 전이시켜 정치권력을 세습시키기 위해 북한에서는 수령의 대를 이을 수 있는 후계자의 자격과 조건을 명시한 후계자론을 제시하여 후계체계에 대한 전통적 이론을 만들게 했다.

이는 김정일이 김일성의 아들이 아니라 후계자론에서 언급한 '수령의 대를 이어 그의 혁명위업을 계승 완성시키는 최고의 책임을 지며 최대한의 지휘권을 가지는 영도자'라는 점에서 김정일은 후계자로서 자질과 능력을 갖추고 있다는 것이다. 이러한 전통적 지배를 강조하는 이론에 입각하여 아버지의 대를 이어 후계자로서 정당성을 확보한 것이다.

김정일을 김일성의 후계자로 외부세계에 공식화한 것은 1980년 10월의 노동당 제6차대회라고 볼 수 있다. 김일성 개인숭배의 연장으로 "대를 이어 충성한다"는 구호로 인민대중에 대한 사상 개조운동의 명분을 활용하였다. 김정일은 주체사상의 기능을 인간중심에서 수령중심으로 바꾸어서 주체사상을 자신의 권력세습을 정당화하는데 이용하였다.[107]

106_ 최용현, "당의 정치 사상적 통일과 단결을 대를 이어 고수하고 강화하는 것은 혁명위업의 완성을 위한 확고한 담보," 『근로자』, 1991년 10월호, pp. 48-52.

수령론은 후계자론을 강조하고 있으며, 혁명투쟁 과정에서 결정적 역할을 하는 수령도 혁명위업의 종국적 승리를 위해서는 후계자가 있어야 한다는 것으로 "노동계급의 혁명위업은 종국적 승리를 위해서는 수령의 영도가 대를 이어 계속되어야 한다. 노동계급의 혁명위업은 결국 여러 세대에 걸쳐 진행되는 혁명위업이며, 그것은 수령이 개척한 혁명위업을 옳게 계승하여 완성될 수 있는 것"이라고 주장한다.[108]

결국 주체사상에서는 우상화 수령의 후계자문제로 이론화하는 것이다. 주체사상은 노동자 계급의 혁명위업을 한 세대에서 끝나는 것이 아니라 대를 이어 계승한 것을 강조하는 것이다.

나. 합법적 독점

현지지도

'지도'는 상호 신뢰를 전제로 권위와 대중 사이에 올바른 관계를 바탕으로 권위의 입장과 정책을 위해 대중을 동원할 수 있는 능력으로 정의된다. 즉, 지도란 대중에게 권위의 정책이 올바르다는 것을 대중들 자신의 경험 속에서 확신시키고, 권위의 정치의식 수준으로 대중들의 이식을 끌어올림으로써 그들의 지지를 획득하면서 동원을 확보할 수 있는 능력인 것이다.[109]

북한은 현지지도를 혁명과 건설의 매개부문, 단위, 전국의 매개, 지방의 생동한 현실 속에서 혁명발전의 현실적 및 전망적 요구의

107- 김난희, "북한 통치이데올로기의 형성·변화와 사상교육에 대한 연구," 강원대학교 박사학위논문(2008), p. 78.
108- 박일범, 『위대한 주체사상 총서 2: 주체사상의 사회역사적 원리』(평양: 사회과학출판사, 1985), pp. 220-221.
109- 한국정치연구회, 『북한정치론』(서울: 백산서당, 1990), p. 71.

인민대중의 지향과 염원을 통찰하고 대중의 풍부한 투쟁 경험을 포착하며, 그것을 일반화하여 현명한 노선과 정책으로 집대성하는 수령의 탁월한 영도방법, 그리고 당의 지도와 인민대중의 결합을 높은 형태에서 가장 훌륭히 구현하게 하는 영도방법이라고 정의하고 있다. 한마디로 모든 지도층이 아니라 최고 지도자만이 당의 정책을 대중 자신의 것으로 철저히 만들고 그 관철에로 인민대중의 힘을 능숙히 조직 동원하는 위력한 사업방식으로 표현한다.[110]

북한에서 현지지도의 목적은 최고지도자가 현지지도를 통해 정책집행 실태를 확인하고 새로운 방향을 제시하며, 혁명과 건설의 새롭게 혁신 발전시키는 방향과 방도를 제시하는 것이며, 특히 수령의 교시와 당의 정책을 인민대중에게 활용한다.[111]

또한 북한은 현지지도가 김일성이 항일무장투쟁시절 창시한 것이며, 김일성의 위대한 혁명사상과 고매한 공산주의 덕성의 빛나는 구현이자 탁월한 맑스 레닌주의적 영도예술이라고 찬양하고 있다.[112] 또한 김일성 현지지도 이후 현지지도 사적비를 건립하여 관리하고 기념비를 세워 김일성을 영원히 우상화하는 수단으로 활용하고 있다. 김일성의 현지지도는 해방직후부터 전개하여, 1958년 사회주의 완성시기부터 본격화 되었으며, 현지지도를 통해 사회주의 체제 유지를 위한 핵심적 통치수단으로 활용하였다.

현지지도는 기간과 목적, 범위에 따라 지역단위 현지지도와 생산단위 현지지도로 구분된다. 지역단위 현지지도는 주로 도, 시, 군, 단위의 지역을 집중적으로 지도하는 경우로 1년에 59개 도, 시, 군

110_ 편집국, "김일성 동지의 위대한 현지지도방법을 따라 배우자,"『근로자』, 제11호 (1969), pp. 2-5.

111_ 이교덕, 『김정일 현지지도의 특성』(서울: 통일연구원, 2002), pp. 1-3.

112_ 편집국, "김일성 동지의 위대한 현지지도 방법을 따라 배우자,"『근로자』, pp. 2-5.

등을 비교적 장기간 지도하는 방식을 취하는데, 지역 내의 주요 산업부문을 지도하고 해당 당위원회를 소집, 현지지도에서 나타난 사업의 문제점과 성과를 총화 하는 방식으로 전개한다.

생산단위 현지지도는 규모면에서 공장, 기업소, 농업협동농장, 건설장 등에 한정되며, 기간도 1~2일 정도이며, 주로 특별히 관심을 갖는 장소에 대한 사업 수행정도 등을 파악하거나 특정 문제가 발생하여 지도가 필요할 때 실시된다.[113] 또 다른 현지지도 분류는 기간과 목적에 따라 정기, 수시, 집중관리 현지지도로 구분된다. 정기 현지지도는 주로 도, 시, 군 단위로 이루어지며, 해당 지역의 전반적인 사업, 당·정·군의 모든 사업을 포괄하여 이루어지며, 수시 현지지도는 부문별 생산단위의 모든 사업을 포괄하여 이루어진다. 수시 현지지도는 부문별 생산단위, 핵심적인 산업부문을 수시로 최고 지도자가 당 및 지도부의 설정에 따라 방문하는 경우이다. 집중관리 현지지도는 문제가 발생했거나 중요한 사업이라고 판단될 때 실시한다.

김일성은 인간적 풍모를 대중적으로 선전하기 위한 수단으로 현지지도를 실시하였다. 북한의 관영매체인 『조선중앙통신』은 "1970년 3월 황북 사리원시를 찾으신 김일성 주석께서 일꾼들과 함께 시내를 돌아보시었다. 시내의 중심거리에서 걸음을 멈추신 그이께서는 한 공지를 가리키시며 고층 살림집을 앉히면 좋겠다고 말씀하시었다. 그때 한 일꾼이 좋은 주택부지지만 맞은편 정권기관 청사가 낮을 것 같다고 말씀 올렸다. 그러자 그이께서는 인민이 주인인 우리나라 정권기관 청사가 근로자들의 살림집보다 낮은 것이 흠이 아니다. 정권기관 청사가 근로자들의 살림집이 높으면 더 좋다고

113_ 이관세, "북한의 현지지도와 정치리더십에 관한 연구," 북한대학원대학교 박사학위논문(2007), p. 32.

말씀하셨다. 얼마 후 그 공지에는 고층살림집이 일떠서게 되었다."
며 김일성의 현지지도에 대해 선전한다.[114]

김일성만큼 강력한 카리스마를 지니고 오랜 기간 정치권력을 유지한 인물은 전 세계적으로 찾아보기 힘들다. 집권 초창기에는 인민의 적을 철저하게 징벌하였고, 자신에 대한 어떠한 도전도 용납하지 않았으나, 정치권력을 획득하고 안정화한 이후에는 정치권력을 강화하기 위한 수단으로 현지지도 등을 통해 인민에 대한 수령의 자애로움의 표상을 갖추는데 많은 노력을 하였다. 항상 인민과 고락을 함께하는 이미지를 선전하여 김일성의 권력유지는 독재자들이 즐겨 사용했던 대중적 카리스마에 의존한 강권 통치방식[115]이라고 볼 수 있다.

김일성은 정치권력을 획득하고 사회주의 혁명 건설과정에서 대중을 동원하고 어려운 문제를 해결할 필요시에 현지지도를 하는 특징을 가진다. 현지지도는 통치행위이다. 현지지도에서 경제 생산성을 높이기 위해 지속적인 발전과 부단한 혁신을 강조한다. 현지지도는 최고지도의 정치권력행사를 정당화 합리화 합법화하기 위해 정치적 상징으로 제도화되었다.[116]

현지지도의 기능은 5가지 정도로 요약되는데, ① 위가 아래를 도와주는 것이며, ② 실정을 파악하고 대책을 세우는 것, ③ 정치사업을 앞세우는 것, ④ 모든 사업을 격식과 틀에 얽매이지 않고 창조적으로 하는 것, ⑤ 사업을 크고 대담하게 벌리는 것이다.[117]

이렇듯 현지지도는 주로 전략적 중점사업에서의 애로사항 해결

114_『조선중앙통신』, 2001년 6월 7일.
115_ 김성보·기광서 등 지음, 『북한 현대사』(서울: 웅진지식하우스, 2004), p. 221.
116_ 김일평, 『북한정치경제입문』(서울: 한울, 1990), p. 75.
117_ 이관세, "북한의 현지지도와 정치리더십에 관한 연구," pp. 34-35.

과 정책의 노선과 방향제시, 대중운동의 발기와 모범창출 전파 등의 기능을 수행함으로써 단순하게 김일성의 현지 방문이나 시찰의 개념에 그치지 않는다는 것이다.

현지지도의 정치권력과 우상화 측면에서 기능을 알아보면, 먼저 정치권력 차원, 즉 정치적 리더십 측면에서 볼 때, 첫째, 현지지도는 구체적 현실과 인민의 지향을 반영한 정책과 방침들을 구상하고 처방하기 위해 당면한 실태를 정확히 파악할 수 있도록 한다. 둘째, 사회주의 공업화과정에서 당의 노선과 정책을 대중들에게 이해시켜 대중들로 하여금 창조적이고 자각적 열성을 적극적으로 발휘하도록 한다. 셋째, 생산단위에 대한 구체적 지도를 통해 혁명과 건설에서 당면하게 되는 절박한 문제를 풀게 하는 본보기를 보임으로써 이를 전체단위에 일반화하기 위한 것이다. 중심 고리를 찾아 한 단위에서 모범을 창조시켜 그것을 일반화함으로써 당 정책이 철저히 관철될 수 있다고 보는 것이다.[118]

현지지도와 우상화의 관계적 측면에서 보면, 현지지도는 자연스럽게 김일성 우상화와 연결된다. 북한은 현지지도를 통해 수령이라는 이미지 강화와 수령의 절대적 권위와 능력을 정당화 하였다. 북한에서 수령은 당과 전체 인민의 조직적 의사의 유일한 체현자이며, 혁명과 건설을 위한 투쟁에서 심장이며 최고뇌수이다. 수령은 정치, 경제, 군사, 문화 등 모든 분야에 걸친 노선과 정책을 작성하고 당과 국가의 대내외 활동 전반을 영도하는 리더십을 지닌 인물로, 당과 유일사상교양에서 수령님의 현지지도에 깃든 사적 내용을 가지고 잘 교양하는 의미에서 현지지도와 관련한 사적자료를 정리하고 사적물을 정중히 관리하며 그것을 통하여 당원과 근로자들을

118_ 위의 글, pp. 35-36.

교양하는 사업을 진행하고 있다.[119]

즉 현지지도를 통해 강조했던 사항이 주민들에게 전파됨은 물론, 김일성 수령의 위대함을 느껴 존경심을 유발토록 하는 전형적인 우상화 수단으로 활용하고 있다. 북한은 현지지도를 대를 이어 영원히 계승한다는 뜻에서 전 지역에 현지지도 사적비를 세우고 있다.[120] 북한의 현지지도는 수령의 직접적 이해, 감독, 비판이 수령의 무오류성과 비범함을 강화하고, 수령의 즉각적인 문제해결과 사업방향 제시가 현명함과 은덕을 상징화함으로써 신민적 인격관계를 확고히 한다. 결국 현지지도는 만능의 현인으로서 수령에게 상징적 권력을 부여[121]하는 우상화 통치행위라고 볼 수 있다.

최초 현지지도는 단순하게 행정지도로 출발하였는데, 유일지배체제와 맞물리면서 현지지도는 최고 지도자의 절대적 우상화를 위한 수단이 되었으며, 현지지도가 최고통치자의 현명한 영도와 무오류성을 인민대중에게 확인시켜주고 그 권위를 심화시키는 것을 강조하는 것으로 변화되었다. 현지지도를 당의 지도와 인민대중의 결합을 높은 형태에서 가장 훌륭하게 구현하게 하는 영도방법이며, 당 정책을 대중 자신의 것으로 철저히 만들고 관철에로 인민대중의 힘을 능숙히 조직 동원하는 위력한 사업방법[122]이라고 주장한다. 현지지도에서 대중동원과 군중노선의 관계를 보면, 주민들의 현지지도에 동원되고 반응되어지는 과정과 결과를 파악할 수 있다.

119_ 김정일, "3대혁명을 힘 있게 벌려 생산에서 새로운 양양을 일으키자," 『김정일 선집 5권』(평양: 조선로동당출판사, 1995), p. 173.

120_ 백과사전출판사, 『조선대백과사전 24권』, p. 189.

121_ 이관세, "북한의 현지지도와 정치리더십에 관한 연구," pp. 37-38.

122_ 편집국, "어버이 수령님께서 보여주신 정력적인 현지지도의 위대한 모범," 『근로자』, 1974년 4월호(1974), pp. 8-10.

김일성 우상화 교육

북한은 교육의 가장 핵심 목적이 수령에게 끝없이 충실한 참다운 공산주의 혁명가로 만드는 것이라고 강조하고 있다. 1968년 북한은 김일성 혁명사상연구실을 각 기관과 학교에 설치하면서 김일성 우상화 교육을 위한 사상교양 학습을 강화하였다. 특히, 김정일은 1984년 전국 교육일군 열성자 대회에서 "당조직들은 교직원, 학생들 속에서 당의 유일사상 교양과 혁명교양을 실속 있게 벌여 그들이 우리 땅의 혁명사상을 튼튼히 부장하고 끝까지 충성하도록 해야 한다. 학교교육의 질을 높이고 당과 수령에 충직한 공산주의자로 키우기 위해 교원대렬을 꾸리고 당과 수령에게 끝없이 충실하며 높은 과학리론적 자질을 소유한 좋은 사람으로 꾸려야 한다."면서 가장 우수자원으로 교사를 선발하고 있다.[123]

북한의 김부자 우상화교육은 주로 학교 및 기관별로 설치된 혁명사상 연구실에서 진행되는데, 먼저 학교 교육의 경우 초·중등 교육과정에 우상화 관련 정규과목이 편성되어 교육을 실시하는데, 인민학교 4년 동안 152시간을 학습하고 있으며, 고등중학교에서는 6년 동안 222시간 동안 우상화 과목을 배우도록 규정하고 있다.[124]

북한은 경제난이 심화되면서 사회 전 분야에 걸친 사상적 이완을 정치 사상교육의 강화를 통해 방지하고자 하였다. 정치 사상교육의 목표는 김일성과 김정일에 대한 충실성 교양이다. 북한의 소학교와

---

[123]_ 김정일, "교육사업을 더욱 발전시킬데 대하여: 전국 교육일군열성자 회의 참가자들에게 보낸 서한(1984년 7월 22일)," 『김정일 선집 8권』(평양: 조선로동당 출판사, 2006), pp. 126-127.

[124]_ 북한의 초등 및 중등학교 교과서 과목에 실린 내용적 측면에서 볼 때 국어와 수학을 비롯한 거의 모든 과목에 걸쳐 김일성·김정일 우상화 내용이 수록되어 있으며, 특히 국어 및 국어문학 교과서 단원의 경우 236개 단원 중 34개 단원이 우상화 내용이며, 음악 과목의 경우, 교과서에 실린 노래가사는 169개 중 26개가 포함되어 있다.

중학교에서는 김일성 가계의 우상화인 백두산 3대장군(김일성, 김정일, 김정숙)의 위대성 교양을 기본으로 한 어린 시절이나 혁명 활동 등의 교과목을 배우며, 대학의 경우도 전공과 관계없이 주체철학, 혁명역사, 주체정치경제학 등을 이수해야 한다.

〈표 3-6〉 북한 소학교 및 중학교 교육과정 중 김부자 우상화 시간 편성

구분	교과명	1학년	2학년	3학년	4학년	5학년	6학년
소학교	경애하는 수령 김일성 대원수님 어린 시절	1	1	1	2	·	·
	위대한 령도자 김정일 원수님 어린 시절	1	1	1	2	·	·
	항일의 녀성영웅 김정숙 어머님 어린 시절				1	·	·
중학교	위대한 수령 김일성 대원수님 혁명 활동	1	1	1			
	위대한 수령 김일성 대원수님 혁명 력사				2	2	2
	위대한 령도자 김정일 원수님 혁명 활동	1	1	1			
	위대한 령도자 김정일 원수님 혁명 력사				2	2	2
	항일의 녀성영웅 김정숙 어머님 혁명 력사				1		

* 출처: 통일부 통일교육원, 『북한이해 2013』, pp. 196~198 참고로 재구성.

앞서 알아보았듯이 유일사상체계 확립의 10대원칙 4조 5항과 7항에는 "위대한 수령 김일성 동지의 혁명사상을 배우는 학습회, 강연회, 강습을 비롯한 집체학습에 빠짐없이 성실히 참가하여 매일 2시간 이상 학습하는 규율을 철저히 확립하며, 학습을 생활화, 습성화하고 학습을 태만하거나 방해하는 현상을 반대하여 적극적으로 무장해야 한다."고 강조하고 있다.[125] 북한의 수령 우상화 교육은

125_ 김정일, "전당과 온 사회에 유일사상 체계를 더욱 튼튼히 세우자: 중앙당 및 국가, 경제기관, 근로단체, 과학, 교육, 문화예술 일군에게 한 연설(1974년 4월 14일)," 『주체혁명위업의 완성을 위하여 3』, p. 110.

각종 학습과 강연, 강습 등을 통해 주민들을 세뇌시키고 감시 및 통제하고 있다.

즉, 사상교양을 통해 각종 학습과 강연 간부 등은 북한주민들에게 김일성·김정일에 대한 위대성과 당 정책을 집중적으로 반복적으로 주입시켜 당과 수령에 충실성을 생활화·습성화시키기 위한 중요한 통치수단이 되는 것이다. 북한의 수령 우상화 교육은 크게 정기적 방법과 비정기적 방법으로 진행된다.

먼저 정기적 방법에 대해 알아보면, 북한의 우상화 교육은 정기학습, 강연회, 연구발표모임, 생활총화로 이루어진다. 북한주민들은 정기학습을 위한 교시집, 말씀집, 김일성 및 김정일 노작노트, 당정책노트, 혁명사상노트 등과 강연회, 생활총화를 위한 강연회노트, 생활총화 노트 등 총 7~8개의 정치사상 학습노트를 준비하도록 되어 있으며, 이에 대한 검열사업과 생활총화, 문답 또는 필기시험의 방식으로 정치사상 학습을 통제하고 있다. 정기학습과 강연회를 위한 학습제강, 강연제강은 모두 외부 배포와 열람을 금지하는 비밀 문건으로 분류되어 보관, 관리를 철저히 하고 있으며, 특히 국내외 경제 분석과 자국내외 여러 문제점들을 다룬 강연제강은 교육을 마친 후에 반드시 당위원회에 반납하여야 한다. 중요사항을 다룬 강연제강과 문건의 경우에는 교육 후 즉시 회수하기도 하고 자료들을 분실, 훼손, 파손되었을 경우는 엄중처벌을 받게 되고 해외로 유출 시에는 간첩 및 반역죄로 몰려 정치범 수용소로 가게 되므로 사용과 관리를 철저히 하고 있다.

북한은 교육목적이 명확하다. '공산주의적 새인간 양성'이라는 목표를 달성하기 위해 각급 학교 교과서에 김일성 부자의 우상화 내용을 수록하여 교과 과정화 하고 있으며, 각 사범대학에 '친혁과'[126]를 신설하여 특수교육을 하는 등 김일성·김정일 우상화에 주력하고 있다.

다음은 비정기적 우상화 학습으로 정기적인 우상화 학습과 생활총화도 있지만, 시기별, 상황별로 여러 가지 사상사업의 필요성이 제기될 때, 추가로 우상화 교육을 실시한다. 시기적으로 중요한 사안에 대한 집중학습, 강습, 문답식 경연, 선서모임, 축전전달모임, 충성의 편지전달모임, 새해 신년사 청취, 명절 기념보고대회 청취, 김일성·김정일 교시 및 말씀과 노작, 당 정책 침투, 학습토론 등과 같은 우상화 교양사업을 전개한다.

다음 <표 3-7>은 김일성의 정치권력 유지를 위한 크레덴다 우상화 정책 가운데 합법적 독점에 해당하는 충성심 함양방법에 대한 북한이탈주민 인식실태를 확인하기 위한 설문이다. 김일성 시대 우상화 정책 중 김일성에 대한 충성심을 함양하는데 가장 효과가 컸던 방법이 무엇인가라는 질문에 대해 <표 3-7>와 같은 결과를 얻었다.

특히, 김일성 시대 충성심 함양 방법은 남자의 경우, 학교교육-사상통제 처벌-현지지도-선물지급과 생활총화 순으로 나타났고, 여자의 경우는 학교교육-현지지도-사상통제 처벌-생활총화-선물지급 순으로 나타났다.

126_ 친애하는 지도자 김정일 동지의 혁명력사학과로 교원양성목적보다는 김일성·김정일 우상화 선전 전문요원을 특수 교육시키기 위해 설립하다. 이 친혁과에 입학할 수 있는 사람은 각 학교마다 매년 20~50명 내외로서 제대군인 중에서 사상이 투철하고 3년 이상 사회경험이 있는 우수한 자를 군당 인민위원회 교육처에서 선발하는데 실력보다는 가정의 배경과 성장환경이 우선시 된다. 1991년 8월 최초 졸업한 1기생 모두가 일반사범대학 졸업생들이 교원으로 진출하는 것과는 달리 당·정조직지도부 및 선전선동부 도·군 사로청에서 지도원으로 근무하고 각 행정기관과 공장·기업소 등의 근로자를 대상으로 수령 우상화 교양에 주력하고 있다.

〈표 3-7〉 김일성 시대 충성심 함양방법

구분		성별	
		남자	여자
김일성 시대 충성심 함양방법	학교교육	45	50
		52.9%	27.0%
	현지지도	15	40
		17.6%	21.6%
	선물지급	5	20
		5.9%	10.8%
	생활총화	5	25
		5.9%	13.5%
	사상통제, 처벌	15	50
		17.6%	27.0%

　설문결과에서 보듯이 북한의 우상화 정책은 체계화되고 제도화된 교육제도가 가장 큰 영향을 미치고 있는 것으로 분석된다.

　교육내용 측면에서 보면, 학교교육에서 수령에 대한 충실성과 수령결사옹위 정신을 최우선으로 가르친다. 북한 교과서에 의하면 "수령에 대한 충실성은 사회정치적 생명을 주고받은 수령에게 사랑에 대한 전사들의 충성의 도덕의 의리가 된다. 수령은 전사들을 끝없이 사랑하고, 전사들은 수령을 어버이로 모시고 충성을 다해야하며, 혁명 전사들이 효성을 다하는 것이 수령에게 충성을 다하는 사람은 자기의 모든 것과 자기의 피와 땀, 힘과 마음, 나아가 목숨까지 바쳐서 수령을 모셔야 한다."면서 학생들에게 수령에 몸 바친 충성과 희생을 교육하고 있다.[127]

---

[127]- 교육도서출판사, 『공산주의 도덕과 법 중3』(평양: 교육도서출판사, 2005), pp. 31-38.

다. 희생

수령결사 옹위정신

북한은 수령결사 옹위정신이 공산주의 혁명가의 숭고한 사상정신이며, 첫 번째로 중요한 임무라고 강조한다. 수령결사 옹위정신은 3가지 정도로 요약할 수 있다.

첫째, 수령을 절대적으로 숭배하는 충효이다. 즉, 수령에 대해 가장 순결한 충효성과 무한한 충성과 효성을 지닌 혁명가들의 뜨거운 심장에서 분출되는 정신이 있어야 한다. 둘째, 수령을 위해 목숨을 바치는 방패정신이다. 즉, 수령의 명령지시를 관철하기 위해 물과 불에 서슴없이 뛰어드는 육탄정신이 있어야 한다. 셋째, 혁명의 대를 이어 수령에게 충성하는 불굴의 정신이다.[128]

따라서 인민은 운명을 수령에게 맡기고 따르며 생사를 같이해야 하고, 수령을 친어머니로 모시고 몸과 마음을 바쳐 자신의 운명을 개척하고 수령을 위해 희생하라고 교육하고 있다. 이는 "위대한 수령님은 우리 인민의 운명을 구원해 주시고 끝없이 빛내어 주는 은인이시다. 수령과 자기 당을 충성으로 받들고, 변함없이 따르는 것은 혁명적 신념이며, 불변의 의지이다. 누구나 경애하는 수령님을 친어버이로 모시고 자신의 몸을 바쳐 자신의 운명을 개척해 나가는 것이 우리사회의 참다운 모습이다."에서 알 수 있다.[129]

또한 북한은 "수령을 옹호 보위하며 모든 것을 바치는 것은 수령을 절대적으로 신뢰하는 실천적 표현이므로 어떠한 역경 속에서도 수령을 옹호 보위하고 당을 보위하는 사람이 참다운 인간이다. 인

128_ 백과사전출판사, 『조선대백과사전 14권』, p. 497.
129_ 양형섭, "당과 수령에 대한 절대적인 신뢰는 우리 사회의 위대한 혁명적 풍모," 『근로자』, 1987년 9월호(1987), pp. 10-11.

민은 수령을 정치사상적으로 목숨을 옹호 보위하는 것을 자기의 숭고한 삶의 요구로 내세우고 청춘도 생명도 다 바쳐야 한다."며 수령을 옹호 보위하기 위해 모든 것을 희생하고 숭고한 사상정신을 지녀야 한다고 강조한다.[130]

북한 주민들은 매일 학교나 직장, 군대에서 '수령결사 옹위정신' 을 생활 속에 어떻게 적용하였는가, 부족한 점은 무엇인가 등에 대해 개인별로 발표하게 함으로써 수령을 위해 몸 바치겠다는 결의를 다지면서 김일성에 대한 희생정신을 고양시키고 있다.

영웅칭호 부여와 숨은 영웅 따라 배우기 운동

북한에서 최고의 영예를 지닌 칭호로는 '공화국 영웅' 칭호 및 '노력영웅' 칭호로 구분되고 있다. 공화국 영웅 칭호는 한국전쟁이 시작된 1950년 6월 30일 다음과 같은 내용의 최고인민회의 상임위원회 정령으로 제정되었다. 첫째, 조선민주주의 인민공화국의 최고 영예인 조선인민공화국 영웅칭호를 제정한다. 둘째, 조선인민공화국 영웅의 칭호를 받은 자에게는 이와 동시에 조선민주주의 인민공화국의 최고 훈장인 국기훈장 제1급 금별메달 및 조선최고인민회의 상임위원회 표창장을 수여한다. 셋째, 조선인민공화국 영웅 칭호에 관한 규정을 승인한다. 넷째, 금별메달 도해를 승인한다. 이처럼 이 공화국 영웅칭호 제정 이래 김일성과 김정일 오진우, 임춘추만이 이를 수여받았다. 한편, 노력영웅 칭호는 1951년 7월 17일 제정되었고, 경제·문화·건설부문에 있어서 특별한 공로를 세운 일꾼에게 수여하였다. 시나리오 작가 이춘구는 이중노력영웅 칭호를 받은 대표적인 인물이다.[131]

---

[130]_ 위의 글, p. 11.

김일성 우상화 정책의 효과를 높이기 위해 정한 '인민 공훈' 칭호는 1952년 예술분야 종사자들을 대상으로 처음 제정되었다. 인민배우나 공훈배우, 공훈 예술가들에게 영웅칭호를 부여함으로써 수령형상화 창조를 보다 적극적으로 하라는 의도에서 기인한다. 이들 칭호는 최고인민회의 상임위원회에서 수여한다. '인민배우' 칭호는 고상한 예술적 기질을 소유하고 연극 영화, 음악 및 무용 등 각 분야의 작품형상에 있어서 창조적 공훈을 세우고 인민들에게 지지와 존경을 받고, 국가적 사회적 사업에서 헌신적이고 애국적인 활동을 하는 무대예술가에게 수여한다. '공훈배우' 칭호는 고상한 예술적 기질을 소유하고 우수한 예술적 형상을 창조하고 공훈을 세운 무대미술가에게 수여한다. '공훈예술가' 칭호는 우수한 예술적 작품을 창조하여 국가적 사회적 활동에 공훈을 세운 미술과 조각, 작곡부문 예술가에게 수여한다. 예를 들어 4.15 문학창작단은 김일성 우상화 문학작품만 전문적으로 창작하는 작가기구이다. 이들에게 공화국 영웅칭호를 부여한다면 엄청난 수령우상화 작품을 만들게 된다.

예술 창작과 관련된 기관으로는 1967년 6월 20일 설립된 4.15 문학창작단이 있으며, 명칭은 4월 15일 김일성 생일을 본떠 지어졌다. 조선작가동맹 중앙위원회 산하단체로 소설가, 시인, 희곡작가 등 50~60명으로 구성되어 있다. 대표적인 작품은 북한소설 40년 대사에서 최고의 작품으로 일컬어지는 『불멸의 력사』 시리즈가 있다. 1968년 1월부터 나온 『불멸의 력사』는 김일성의 과거행적을 연대별 또는 사건별로 잘라 불멸의 혁명 업적 등으로 묘사하고 있다. 문학의 평론가들은 이 시리즈를 주체적 문학건설에서 새로운 이정표를 마련한 특이한 사변, 문예사에서 노동계급의 수령을 형상

131_ 『북한용어 250선집, 부록: 북한의 상용 특이용어』(서울: 내외통신, 1992), pp. 187-188.

한 문학을 가장 높이 발전시킨 거대한 역사적 의의를 지닌 작품이라고 평가하고 있다.[132]

북한은 1979년 10월 과학원 식물학연구사 백설희 등 4명의 과학자에게 노력영웅 칭호를 수여하면서 모든 근로자들이 이들의 모범을 따라 배우도록 한데서 비롯된 대중노력동원운동이 있다. 북한은 1986년 2월 당중앙위 제6기 11차 전원회의 기간 중 5명의 숨은 공로자를 초청, 훈장을 수여한데 이어 '숨은 영웅 따라 배우기'를 위한 평양시 근로자 궐기모임, 숨은공로자대회, 전국영웅대회, 숨은 공로자 경험토론회 등을 통해 이 운동의 확산에 주력하였는데, 숨은 공로자와 숨은 영웅은 당의 결사대, 근위대가 될 것과 전주민의 영웅화를 강조한다. 1989년 10월에 열린 중앙규모의 보고대회는 10년간의 성과를 김일성의 업적으로 부각시키는 우상화 선전용으로 활용되었다. 북한은 1989년 10월까지 기간 중 중앙과 도·시·군의 숨은 공로자가 1만 5천 5백 명이라고 발표하였다.[133]

특히 북한은 군대에서 김일성을 위해 목숨까지 바치는 '숨은 영웅 따라 배우기 운동'을 적극 실천하고 있다. 전쟁영웅담, 전쟁 경험집, 화보 등을 교재로 제작하여 실제 항일 빨치산 참가자와 한국전쟁 참전 '전쟁영웅'을 직접 교관으로 편성하여 순회 교육을 실시하였다. 대표적인 전쟁영웅은 빨치산 유격대 연대장으로 싸우다 전사한 오중흡, 일본군 기관총 진지를 몸으로 사수한 김진 등이 있다. 이와 같은 영웅교육을 시키고 이를 따라 배우도록 하고 있다. 북한군은 매일 저녁 점호 시 지휘자가 공화국 영웅을 호명하면 모든 군인들이 공화국 영웅의 업적을 낭독하며 영웅주의 정신을 고취하고

---

[132]_ 위의 책, pp. 197-198.
[133]_ 위의 책, p. 197.

있다. 전 주민과 장병들이 당과 수령을 위해 목숨을 바쳐 희생하여
영웅이 되라고 희생을 강조하고 있다.

〈표 3-8〉 체제 유지방법에 대한 설문

구분		성별	
		남자	여자
김일성 시대 체제 유지방법	우상화 정책	15	50
		17.6%	26.3%
	주체사상	30	50
		35.3%	26.3%
	철저한 감시와 처벌	15	40
		17.6%	21.1%
	외부정보 차단	15	50
		17.6%	26.3%
	기타	10	0
		11.8%	0.0%

<표 3-8>은 김일성의 우상화 정책이 체제유지와 정치권력 유지
에 어느 정도 영향을 미치고 있는가에 대한 북한이탈주민 인식실태
를 확인하기 위한 설문이다. 북한에서 거주 시 김일성 시대에 북한
의 체제 유지가 된 가장 큰 이유에 대해 질문한 결과는 <표 3-8>와
같다.

김일성 시대 체제 유지방법은 남자의 경우, 주체사상이 35.5%,
우상화 정책과 철저한 감시와 처벌, 외부정보차단이 동일한 17.6%
를 차지하였다. 여자의 경우, 우상화 정책과 주체사상, 외부정보차
단이 23.6%로 동일하였고, 그 다음이 철저한 감시와 처벌, 기타 순
이었다. 북한에서 우상화 정책은 체제 유지에서 가장 핵심수단으로
작용하고 있다는 사실을 설문을 통해 확인할 수 있다.

<표 3-9> 우상화 선전매체에 대한 설문 결과

구분		성별	
		남자	여자
김일성 시대 우상화 선전 매체	노동신문	15	35
		17.6%	17.9%
	텔레비전	45	85
		52.9%	43.6%
	문학서적	0	5
		0.0%	2.6%
	김일성 노작	20	70
		23.5%	35.9%
	라디오	5	0
		5.9%	0.0%

<표 3-9>는 김일성의 우상화 정책 중 우상화 선전매체가 어느 정도 영향을 미치고 있는가에 대한 북한이탈주민 인식실태를 확인하기 위한 설문이다. 설문 내용은 북한에서 거주 시 김일성 시대에 우상화에 가장 많이 사용한 매체에 대한 것으로 <표 3-9>와 같은 결과를 얻었다.

김일성 시대 우상화 선전매체에 대해 남성의 경우, 텔레비전-김일성 노작-노동신문-라디오-문학서적 순이었고, 여자의 경우 텔레비전-김일성 노작-노동신문-문학서적-라디오 순으로 나타났다.

북한에서는 김일성 노작이나 텔레비전이 생활 속에서 가장 쉽게 접할 수 있는 선전매체이며, 학교교육 과목에 노작 내용을 우상화 교육으로 활용되는 점과 텔레비전 뉴스방송 등을 통해 김일성 현지지도, 교시문 전파 등 우상화 선전이 집중되고 있기 때문인 것으로 분석된다.

특히 김일성 시대 우상화 선도기관에 대한 설문에서 남자의 경우, 선전선동부가 70.6%로 가장 높았고, 조직지도부가 17.6%, 인민무력부가 11.8% 순이었고, 여자의 경우 선전선동부가 82.1%로 가장 높았고, 국가보위부가 12.8%, 조직지도부와 인민무력부가 2.6%로 가장 낮았다. 이와 같이 북한의 우상화 선도기관은 선전선동부로 확인되었는데, 그 이유는 북한은 중앙당 선전선동부를 중심으로 도당-시당-군당으로 이어지는 당조직과 각종 근로단체, 예술단체 등의 근로대중조직을 장악하여 우상화 교육을 철저히 통제하고 있기 때문인 것으로 분석된다.

〈표 3-10〉 김일성 우상화 정책(미란다와 크레덴다의 조합)

우상화 정책	형태	김일성 시대 적용 방식
미란다의 우상화	기념일과 기념행사 (기념관) * 군중시위와 동원	① 기념일: 김일성 생일(태양절) ② 기념행사: 인민군창건일과 조국해방전승기념일 ③ 기념관: 건축물(금수산기념궁전 등)
	노래와 춤	① 김일성 찬양의 노래 ② 혁명가극(노래와 춤의 결합)
	상징조작	① 초상화와 배지 ② 동상과 기념비 ③ 구호나무와 혁명사적지 ④ 김일성화와 극존칭
	역사와 일화조작	① 항일무장투쟁과 한국전쟁 영웅화 ② 김일성 위대성 형상화와 가계 우상화

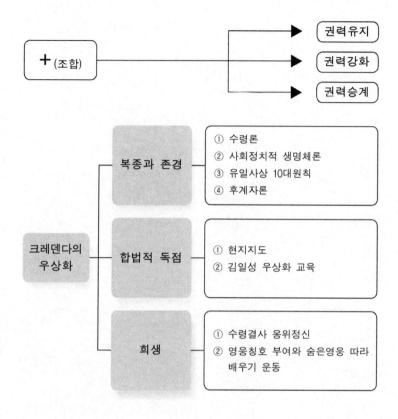

```
                                              ┌──▶ 권력유지
  ┌─────────┐                                 │
  │ + (조합) │─────────────────────────────────┼──▶ 권력강화
  └─────────┘                                 │
                                              └──▶ 권력승계
```

```
              ┌──────────┐    ┌──────────────────────────┐
              │ 복종과 존경 │────│ ① 수령론                  │
              │          │    │ ② 사회정치적 생명체론         │
              │          │    │ ③ 유일사상 10대원칙          │
              │          │    │ ④ 후계자론                 │
              └──────────┘    └──────────────────────────┘
 ┌────────┐   ┌──────────┐    ┌──────────────────────────┐
 │크레덴다의 │───│ 합법적 독점 │────│ ① 현지지도                 │
 │우상화   │   │          │    │ ② 김일성 우상화 교육          │
 └────────┘   └──────────┘    └──────────────────────────┘
              ┌──────────┐    ┌──────────────────────────┐
              │   희생    │────│ ① 수령결사 옹위정신           │
              │          │    │ ② 영웅칭호 부여와 숨은영웅 따라 │
              │          │    │    배우기 운동              │
              └──────────┘    └──────────────────────────┘
```

┌──┐
│ 권력 획득: 집권初 미란다 정책 중심(소련 지원과 항일무장 투쟁 등   │
│   정당성 확보)   │
│ 권력 강화: 초기 크레덴다 강화, 중기 미란다 혼합(중·소갈등, 사회   │
│   주의국가 멸망)   │
│ 권력 승계: 집권末 미란다와 크레덴다 혼합사용(후계 세습)   │
└──┘

IV

김정일의 우상화 정책

1. 미란다 측면의 우상화

가. 기념일과 기념행사, 기념관

김정일 생일(광명절)

북한군은 김정일 우상화의 일환으로 김정일 생일을 기념한 '김정일의 고매한 덕성 쌓기' 웅변대회를 개최하였는데, 지역별 예선을 거쳐 당선된 최우수자 1명이 인민군 대회에 참가한다. 웅변의 주제는 김일성·김정일 찬양과 우상화, 충성결의로 일색 된다. 입상자는 개인표창과 상품 수여뿐 아니라 청년동맹원일 경우 노동당 입당에 유리한 위치에 이르게 되므로 참가자들을 대회를 최선을 다해 준비하고 죽을 각오로 임한다.

김정일 생일은 1995년부터 민족 최대 명절로 지정되어 축제 분위기를 조성하는데, 김정일 생일이 설 연휴와 비슷한 시기여서 다채로운 행사를 진행한다. 특히, 5년과 10년은 정주년[134]으로 더욱 규모가 큰 행사를 진행해 경축 분위기를 고조시킴으로써 주민들의 충성심을 도모하고 체제 유지에 힘을 써왔다. 앞서 언급하였듯이 행사는 계층별 및 지역별로 진행되는데 특히 중앙보고대회를 통해 김정일의 메시지를 대내·대외에 전파하고 있다. 2009년과 2010년 김정일 생일 중앙보고대회 연설문을 보면, 2009년은 대내적인 측면에서는 "새로운 혁명적 대고조의 봉화를 높이 들고 선군조선의 빛나는 전성기를 건설하자."고 강조하였다. 대남적 측면에서는 "남북관계를 파국에 처하게 한 반통일 호전세력에게 무서운 철추를 내

---

[134]_ 북한은 꺾어지는 해인 5년과 10년을 평년과 달리 기간이나 참여규모, 행사대상 등 대규모로 기념일을 진행한다. 김정일이 후계자로 결정된 1974년 34회 생일에 처음으로 김정일 생일 기념행사를 시작했으며 1995년에는 김정일 생일을 민족 최대 명절로 선정하여 휴무일로 지정하였다.

리기 위한 투쟁을 전개하라."고 언급하였으며, 대외적 측면에서는 "북한을 우호적으로 대하는 나라들과 관계를 발전시켜 나가자"는 요지의 담화를 발표하였다.

〈표 4-1〉 김정일 생일 주요 행사

구분	내용
중앙행사	김정일 관련 영화상영, 전국연구토론회, 백두산 밀영 결의 대회, 김정일화 축전, 피겨축제, 청소년 충성의 축전
軍	군부대 근무강화 지시, 인공기 게양, 최고사령관기 게양, 집회활동 인민무력부 주관, 주북 무관단 초청연회
일반	각종단체 경축모임(직맹, 여맹 등) 혁명사적지 답사 행군 단체별 예술소조 공연, 지역별 얼음조각 축전
대외	축하단 방북, 생일 축전, 재일·재중 조선인 대표단 등 해외 단체 선물 전달행사, 러시아, 레바논 등 주북 각종 공관 초청행사, 활동편지 행사
주민	술, 과자 등 생일선물 지급

2010년에는 대내적 측면에서는 "인민생활의 결정적 전환을 일으켜 사회주의 강성대국을 건설하자."고 강조하였고, 대남적 측면에서는 "6.15·10.4선언에 기초한 북남관계를 개선하고 조국통일을 열어나 가자는 입장은 확고부동하다."며 입장을 밝혔으며, 대외적 측면에 서는 "대화와 협상을 통해 북미관계를 종식시켜 나가자."고 언급한 바 있다. 이렇듯 김정일은 철저하고 계획적으로 자신의 생일을 우 상화 선전 수단으로 활용하였다.

북한은 심각한 경제난에도 불구하고 다채로운 행사를 통한 이미지 정치를 추구하였다. 게다가 경축 분위기를 조성하기 위해 주민들에 게 휴무일을 제공하고 술과 과자를 나눠주며, 김정일 기록영화 방

영을 의무화하여 주민들로부터 충성심을 제고시키고, 중앙보고대
회를 통해 김정일이 인민생활 향상을 위해 펼치는 정책이나 메시지
를 반복적으로 선전한 뒤 계층별, 지역별 실천결의대회를 매년 실
시함으로써 국가를 운영하였다.

<표 4-2> 김정일 생일 기념행사 동정

구분		08년	09년	10년	11년	12년
중앙보고대회		O	O	O	O	O
연구대토론회		O	O	O	O	O
근로단체별 경축모임		O	O	O	O	O
백두밀영 충성결의대회		X	X	X	X	O
예술단 경축공연		X	X	X	X	O
연회	당정	X	O	X	O	O
	인민무력부	O	O	O	O	O
대내	백두산상 체육대회	O	O	O	O	O
	김정일화 축전	O	O	O	O	O
	2.16 예술상경연	O	O	O	O	O
	혁명사적지 답사	O	O	O	O	O
	소년단입단식	O	O	O	O	O
	영화상영	O	O	O	O	O
	청년학생 경축대회	O	O	O	O	O
	사진전람회	O	O	O	O	O
	야회무도회	O	O	O	O	O
	기념우표/책자 발행	O	O	O	O	O

건축물(건축예술론)

김정일은 우상화의 미란다 측면을 보다 계승 발전시키는데, 심지
어 건축물도 수령에게 충성을 하기 위해 과학적이고 체계적으로
건설해야 된다면서 1992년에 『건축예술론』을 창시하여 전파한다.

김정일은 『건축예술론』을 통해 "우리나라에서 건축혁명이 시작한 때부터 오랜 세월이 지났는데, 건축가와 건설자들은 지난 기간 위대한 수령 김일성 동지의 원대한 건축구상을 높이 받들고 당의 창작 방침을 관철하기 위하여 높은 충성성과 창작적 지혜를 남김없이 발휘함으로써 새롭고 독창적이며 혁명적인 우리식의 주체건축을 훌륭히 창조하였으며, 조국의 면모를 일신시키고 주체 조선의 위용을 온 누리에 과시하였다면서 이것은 우리당의 건축창작방침이 가져다준 고귀한 결실이며 당과 수령에게 끝없이 충직한 우리의 건축가, 건설자들이 거둔 자랑찬 성과"[135]라고 건축가 및 건설자들을 격려한다.

북한은 건축에 대해 첫째, 건축론의 핵심인 건축과 사회에서 사회주의 공산주의 건축은 수령의 혁명위업에 이바지해야 한다고 강조하고 있다. 노동계급의 수령이 창시한 '건축가상'은 인민대중에 대한 가장 올바른 견해와 관점에 기초하고 있는 건축사상으로서 사회주의, 공산주의 건설의 기간에 건축가들이 국가적 요구를 시행할 수 있는 원동력이 되었다.

북한은 건축 분야에서 수령의 역할이 건축창조사업의 지도적 지침인 혁명적인 건축사상에 기초하여 실천할 수 있는 근본적 원칙과 요구, 총적방향을 제시한다고 설명한다. 또한 수령은 "비범한 조직적 수완으로 인민대중을 만년대계의 거창한 건축창조에 조직 동원하며, 능숙한 작전과 지휘로 나라의 면모를 전변시키는 어렵고 복잡한 투쟁을 승리로 이끈다."고 설명한다. 북한은 건축 창조에서 수령의 구상과 의도를 절대화하는 것은 창작의 기본원칙이라고 강조하며, '종파의 오물이 남아있던' 평양시의 윤환선 거리를 창광거

135_ 김정일, 『건축예술론』(평양: 조선로동당출판사, 1992), p. 1.

리로 바꾼 것을 대표적인 예로 들고 있다.[136]

이어 건축예술론에서 수령이 "큰 공장건물들의 생산 공간 구성으로부터 생활 공간 구성에 이르기까지 건물의 기둥, 난간, 벽체의 색소를 비롯한 모든 구조구성 요소와 세부요소를 빠짐없이 관심하시고 그것을 우리 인민의 생활풍습과 생활감정, 현대적미감에 맞게 해결하도록 세심하게 지도"했다며 수령의 공적을 강조한다. 그리고 이에 따라 "건축창조 사업이 100년이 걸려도 못하는 것을 10년 만에 했고, 더 훌륭한 도시와 마을을 건설하여 조선 사람의 본때를 보여주었으며, 몇 세기에 걸쳐 건설해야 할 서해갑문을 5년 만에 건설하여 기적을 창조하였다."[137]고 설명하고 있다. 북한은 탁월한 수령은 "인민에게 참다운 삶과 행복을 마련해 주고 행복한 오늘과 희망찬 내일을 마련"해 준다며, 이러한 수령을 통해 인민대중은 "수령에 대한 인민대중의 신뢰와 존경, 흠모는 가장 열렬하고 절대적인 것"으로 받아들이며, 그렇기 때문에 인민대중은 "자기의 수령과 그 위업을 철저히 옹호고수하고 수령의 업적을 대를 이어 빛내이는 것을 혁명과 건설의 사활적인 요구로 내세우고 모든 것을 다 바쳐 투쟁"하게 된다고 부연한다.[138]

북한은 수령의 업적을 칭송하는 기념 건축물을 만드는 것은 "수령의 위대성을 후세에 전하기 위한 물질적 조건을 마련하는 것"으로 보고 있다. 또한 건축물은 "수령이 이룩한 그 위대성을 후세에 전하기 위한 수단으로 영화, 문학, 미술, 건축을 비롯한 여러 수단이 있으나, 건축만은 세대가 바뀌어도 영원히 인간과 존재하며 사회발전과 세대교체에 관계없이 사상의식에 능동적으로 작용"하는 장점

---

[136] 위의 책, pp. 17-18.
[137] 위의 책, pp. 18-20.
[138] 위의 책, pp. 20-21.

이 있다. 그렇기 때문에 기념비 건축은 "인민대중에게 노동계급의 수령의 위대성을 깊이 체득시키며 수령의 위업을 대를 이어 옹호고 수하고 끝까지 완성하도록 교양"해야 한다고 강조한다.[139]

북한은 지난 기간 주체사상탑, 개선문, 보천보전투승리기념탑, 왕재산기념비, 삼지연기념비를 비롯하여 위대한 수령의 불멸의 혁명업적을 칭송하는 건축물과 대기념비를 많이 세웠다. 북한은 대기념비에 대해 "위대한 수령님께서 걸으신 영광스러운 투쟁 과정과 우리 혁명을 영도하시는 과정에 쌓아올리신 불멸의 투쟁업적을 대서사시적 화폭으로 펼쳐 보임으로 사람들을 주체형의 공산주의 혁명가로 키우는데 적극 이바지하고 있으며, 사회주의 공산주의 건축은 어떤 개별적 영웅호걸이 아니라 노동계급의 수령을 잘 모시고 수령의 업적과 위대성을 후세에 영원히 빛내이는데 적극 복무한다."고 평가한다.[140]

둘째, 건축과 창작에서 혁명적 수령관은 주체건축 창작의 근본초석이다. 즉, 주체건축은 "인민대중에게 사회주의, 공산주의사회의 요구에 맞는 생활조건을 마련해주려는 수령의 구상과 의도, 자기의 수령을 잘 모시려는 인민대중의 염원을 실현하며 수령의 위대성과 업적을 빛내이는데 적극 이바지한다."[141]면서 건축을 김일성·김정일 우상화에 적극 활용했다는 게 확인된다. 김정일은 좀 더 구체적으로 건축과 우상화를 언급하는데, "혁명적 수령관으로 일관된 건축은 수령의 구상과 의도가 철저히 구현된 건축이며, 수령을 잘 모실 수 있게 창조된 건축이며, 수령의 위대성을 높이 칭송할 수 있게 창조된 건축"이라면서[142] 혁명적 수령관으로 일관된 건축만이 수령

139_ 위의 책, p. 21.
140_ 위의 책, p. 22.
141_ 위의 책, p. 35.

의 구상과 의도를 완벽하게 실현할 수 있다고 주장하고 있다.

김정일은 건축예술론에서 수령 우상화를 강조하였다. "건축가는 수령의 구상과 의도를 창작실천에 구현하는 것을 명령과 의무가 아니라 끝없는 기쁨과 영광으로 받아들여야 건축가의 심장이 수령에 대한 높은 충성심과 창작 열정으로 들끓게 되며 수령의 구상과 의도가 드팀없이 관철되게 된다. 혁명적 수령관으로 일관된 건축을 창조하는데서 중요한 것은 수령을 충성으로 모시려는 인민대중의 념원을 실현하는 것이다. 수령을 잘 모실 수 있게 건축을 창조한다는 것은 수령의 안녕과 만년장수를 보장할 수 있도록 건축공간을 구성한다는 것을 의미한다. 건축은 수령의 혁명 활동을 보좌하는 물질적 수단의 하나인 만큼 수령을 잘 모실 수 있는 환경을 마련할 수 있게 된다. 수령을 잘 모시기 위하여 건축 공간구성과 구조공간의 환기와 난방, 조명과 조도, 음향을 비롯한 건축학적, 건설공학적, 물리학적 보건위생학적 요구를 완전무결하게 해결하는데 선차적인 관심을 돌려야 하며 모든 건축해결을 복종시켜야 한다. 이것은 수령을 항시적으로 모시는 건물공간 구성에서 뿐만 아니라 잠시 모시는 건물의 공간구성에서도 다 같이 지켜야 할 가장 중요한 원칙이다."라고[143] 강조하면서 건축가의 마음가짐과 수령을 잘 모실 수 있는 세부적인 지침을 제시하였다.

인민대학습장에 대해 김정일은 "혁명의 수도 평양시 중심부에 자리 잡고 있는 인민대학습당이므로 민족적 형식에 사회주의적 내용을 훌륭히 담은 우리 인민의 자랑스러운 기념비적 대작이다. 위대한 김일성 수령께서는 인민대학습당을 건설시 설계초기 건물형

142_ 위의 책, p. 36.
143_ 위의 책, pp. 36-37.

식을 조선식으로 하는 것이 좋을 것 같다고 하였으나 일부 일군들과 건축가들이 수도의 중심부에서도 중심에 놓이는 건물이기 때문에 현대식으로 크게 건설하여야 하고, 조선식으로 건설하지 말고 현대식으로 건설하자고 하였다. 건축형식에는 천 가지 만 가지가 있지만 우리는 그것을 다 무시하고 수령님께서 하라고 하신대로 인민대학습장을 수령님 의도대로 조선식 건축형식으로 건설하였다. 그렇게 때문에 그 건물이 세계적인 대작이 될 수 있었다."고 평가한다.[144]

혁명적 수령관으로 일관된 건축을 만드는데 중요한 것은 "수령의 위대성을 높이 칭송하고 만대에 길이 빛내이도록 하는 것"이다. 이를 위해서는 수령의 영상을 정중히 모셔야 하며 또한 건축공간의 중심에 둬야 하는데, 그래야 사람들이 늘 수령의 영상을 바라볼 수 있고 그들에게 수령의 품에서 행복을 누린다는 높은 긍지와 자각을 가질 수 있기 때문이라고 설명한다.[145] 또한, 수령의 위대성을 찬양하기 위해 "수령이 이룩한 혁명업적을 만대에 길이 빛내이기 위한 대기념비를 잘 형성"하는 것이 중요하다며, "건축물 하나를 짓더라도 수령이 나라의 발전과 인민의 행복을 위해 사회주의와 공산주의 건축을 창조하고 있으며, 인민대중의 지향이 완벽하게 발전시키기 위해 노력하고 있다."고 주장하지만, 결국 본말이 전도된 형태이다. 왜냐하면 건축물을 수령형상 창조와 존경심을 불러일으키기 위해 웅장하게 짓고, 감동을 받음은 물론 감히 수령에게 범접할 수 없을 정도로 건설함으로써 지도자에게 머리를 숙일 수밖에 없는 완전한 우상화 선전물이기 때문이다.

건축예술론에 입각해 건설된 대기념비에 대해 자세히 살펴보면,

---

[144]_ 위의 책, p. 36.
[145]_ 위의 책, p. 38.

북한은 대기념비를 "노동계급의 수령의 혁명사적에 관한 역사 문헌적 내용을 기본주제로 하는 건축창조물"이라고 정의한다. 대기념비의 사명은 "혁명의 길을 처음으로 개척하고 승리에로 령도한 로동계급의 수령의 혁명위업과 그 업적을 칭송하며 길이 전하는데 목적"이 있다.[146] 대기념비적 건축물은 그 내용전반이 수령의 위대성으로 일관되어야 하며 높은 사상적 예술성이 보장되어야 한다. 이는 건축물 창작에서 매우 중요한 요소이며, 다른 건축물과 구별되는 특성이다. 또한 수령의 위대성을 칭송하는 대기념비는 거기에 담겨지는 사상적 내용 때문에 웅장하게 형성되어야 한다. 대기념비의 웅장성은 무엇보다도 평범한 것을 초월하는 절대적 크기와 방대한 수의 양적 규모에 의하여 표현된다. 웅장성은 기념비의 조형적 속성 가운데서 직관성이 강할 뿐만 아니라 심리 정서적 감흥을 가장 뚜렷하고 불러오는 미적 속성이다.

북한은 이러한 대기념비적 건축물의 조건에 맞게 건립된 건축물로 삼지연 기념비와 주체사상탑을 꼽고 있으며, "사상적 내용에 맞게 규모가 크고 웅장하게 건립되어 위대한 수령님에 대한 우리 인민의 충성심과 무궁무진한 힘, 자립적 민족경제의 위력과 과학기술의 발전을 보여주고 있다."고 평가한다.

수령의 위대성을 칭송하는 대기념비는 그 사상적 내용으로 보나 건축 형상으로 보나 규모부터 대작이어야 한다. 대기념비는 거기에 담겨져 있는 사상적 내용의 심오성과 풍부성으로 하여 건축공간에서 언제나 형성상 중심의 위치에 놓여야 되며 주변 건축물보다 면모가 뚜렷하게 나타날 수 있다. 수령의 위대성을 칭송하는 대기념비는 수령의 영도 업적을 기본주제로 하기 때문에 정중하고 숭엄하

146_ 위의 책, p. 39.

게 형성되어야 하며 정중성과 숭엄성은 고상하며 장엄하고 위대한 감정을 불러일으키는 건축물의 미적 속성이 있어야 한다.

메리암은 정치집단이 미란다에 해당하는 기념일, 기념행사, 기념관(건축물) 등을 사회의 분위기와 통제를 위해 확실하게 사용한 수단이라고 설명한다. 특히 정치집단이 많은 날짜를 기념일로 제정하고, 가장 많은 영토를 공용으로 지정하여 점령하고, 도로와 거리, 지명을 권력집단의 이름을 따서 만들고 기념비적인 선전으로 도배하고, 특히 권력집단의 공공건물은 다른 어떤 집단의 건물보다 인상적으로 건축해야 한다고 강조하였다.

이와 동일한 맥락에서 김정일은 기념일과 기념행사, 기념관 등을 정치 권력유지 수단으로 적극 활용하였다. 앞서 알아보았듯이 자신의 생일을 광명절로 제정하고, 생일을 기념하기 위해 중앙보고대회, 예술단 경축공연, 연회, 김정일화 축전, 야회 무도회 등 다채로운 행사를 체계화하였으며, 특히 상징적인 건축물을 건립하기 위해 건축예술론을 창시하여 주체사상탑, 개선문, 보천보전투승리기념탑 등을 웅장하게 건립하고 주민들로부터 수령의 업적과 위대성을 머리 숙여 참배할 수 있도록 체계화하였다.

김정일은 기념일과 기념행사, 건축물을 주민들이 효율적이고 사람들의 편리함을 위해 만드는 것이 아니라 오로지 수령에 대한 존경과 찬양을 위한 수단과 역할로 활용하였다. 그렇기 때문에 북한의 기념일과 기념행사, 건축물 등은 주민들이 지도자에게 충성을 다하도록 감성을 자극하는 미란다 우상화 정책의 대표적 사례라고 할 수 있다.

나. 음악과 춤, 집단체조

노래(음악예술론)

김정일은 노래와 음악을 우상화 정책에 효율적이고 과학적으로 활용하고자 많은 노력을 기울인 끝에 1992년 『음악예술론』을 출판하게 된다. 『음악예술론』은 총 214쪽 분량의 총 4장이며, 1장은 주체음악이며, 2장은 작곡, 3장은 연주, 4장은 음악후비육성으로 구성되어 있다.

김정일은 생활이 있는 곳에 음악이 있고 음악이 있는 곳에 생활이 있다면서 "사람에게 음악은 뜨거운 열정과 풍부한 정서, 희망을 안겨주는 예술"[147]이라고 강조하였다. 또한 음악의 깊은 감정은 사람을 맑고 깨끗하고, 고상한 감정을 가지며 사람들의 마음을 오래도록 여운을 남기므로 사람들에게 힘과 용기를 주며 그들을 미래로 지향시킨다고 하였는데, 이는 미란다의 감성 부분과 부합된다고 볼 수 있다.

북한은 음악에 대해 "음악은 커다란 사상 정서적 감화력을 가지며 음악의 사상 정서적 감화력은 참다운 음악만이 높이 발휘할 수 있다. 음악은 사람들을 자주적인 존재로 키우기 위한 사상 정서적 교양에 적극 이바지하고 인민대중의 창조적인 생활과 투쟁에 복무하여야 하며, 인간의 자주적인 사상을 반영하고 인민대중이 누구나 이해하고 즐길 수 있어야 한다."며 음악의 역사는 "수많은 음악류파의 교체과정을 통하여 바로 참다운 음악은 어떻게 되어야 하는가에 대해 해답을 모색하여온 역사"라고 규정하였다.[148]

북한의 음악이 우상화 정책에 활용된 부분은 주체사상에 기초한 음악의 본성과 사명과 역할, 내용과 형식에 관한 부분의 이해를 통해

---

[147]_ 김정일, 『음악예술론』(평양: 조선로동당출판사, 1992), p. 1.
[148]_ 위의 책, p. 1.

살펴볼 수 있다. 북한은 "우리식 음악을 건설하는데서 나서는 모든 이론실천적인 문제를 풀어나가는 것은 시대가 우리 앞에 제기한 력사적 과제라고 주장하는 부분과 위대한 수령이 일찍이 항일혁명투쟁의 불길 속에서 독창적인 주체적 문예사상을 내놓으시고 몸소 혁명음악의 전통을 이룩하시었으며, 주체적인 음악예술 건설을 현명하게 령도하여 오심으로써 오늘 우리나라에는 주체음악예술의 일대 개화기가 되었으며, 우리는 수령님께서 영도하신 주체적 음악 건설의 빛나는 력사와 당에 의하여 이룩한 주체음악의 창조 업적과 경험을 집대성하고 일반화함으로써 주체음악 예술이 시대와 혁명 앞에 지닌 영예로운 사명을 훌륭히 수행할 수 있게 되었다."[149]며 수령 우상화 창조를 위한 음악의 역할에 대해 언급하고 있다.

특히, 김정일은 『20세기 문예부흥과 김정일: 음악예술 5』에서 음악을 우상화에 적극 활용하라는 지시를 하였다. "방송에서는 어디까지나 수령님의 령도의 현명성과 높은 덕성과 흠모하는 노래들을 잘 배합하여 내보내야 한다."[150]고 강조하면서 수령의 교시를 유행가식으로 만들어 인민들에게 배포하라고 지시하였다.

다음은 음악예술론의 핵심 내용인 수령에 대한 음악의 역할이다. 김정일은 "수령에 대한 끝없는 흠모와 당에 대한 확고부동한 신뢰, 수령과 당의 령도를 받는 혁명적 긍지와 자부심을 모든 생활적 감정정서의 바탕으로 하고 그에 기초한 대중적 영웅성, 희생성, 낙천성, 행복감과 같은 감정과 정서가 흘러넘칠 때 그 음악은 인민대중의 자주적인 지향적 요구를 훌륭히 구현할 수 있다."며 여기에서도 김정일은 수령에 대한 찬양과 존경을 강조하고 하면서 주체음악을

149- 위의 책, p. 2.
150- 장철 외, 『20세기 문예부흥과 김정일: 음악예술 5』(평양: 2.16예술교육출판사, 2002), p. 24.

내세우고 있다. "주체음악의 혁명적 내용에서 근본문제는 수령에 대한 문제이며, 수령, 당, 대중의 혈연적 연계에 관한 문제이다. 수령에 대한 끝없는 충실성은 주체음악의 혁명성을 규정하는 기본으로 된다."[151]면서 수령을 단결의 중심으로 민족의 태양으로 모시라고 강조한다.

음악에서 해결해야 할 기본주제는 수령에 대한 주제이며, 수령에 대한 주제는 혁명적 수령관을 바로 풀어야 한다. 북한은 이에 대해 "역사발전에서 수령의 지위와 역할, 그리고 수령, 당, 대중의 일심단결의 근본요인, 수령과 인민대중의 혈연적 관계, 수령에 대한 전사들의 혁명적 의리에 기초한 충성과 효성에 대하여 음악에 위대한 수령의 혁명역사와 혁명업적의 위대성, 고매한 덕성을 힘 있게 구가하고 수령에 대한 열렬한 흠모와 끝없는 충성심, 수령님을 끝까지 따르고 모시려는 철석같은 신념과 의지를 담아야 한다. 그래야 음악이 당과 수령의 두리에 튼튼히 묶어세우고 수령님의 혁명위업을 끝까지 완성해 나가는데 커 다른 명곡으로 창조될 수 있다."고 요구한다.

둘째, 혁명적 음악예술이 사상 주체적 측면에서 당 정책을 잘 반영하고, 수령의 혁명사상의 구현이 잘 되어 있으며, 수령의 혁명위업을 완성하기 위한 구체적인 방도라는 부분에서 중요하다.[152] 김정일은 음악예술론을 통해 음악을 이용한 수령의 위대성 선전과 더불어 대중들에게 많은 이용을 강조하면서 음악예술의 군중음악으로 발전을 강조한다. 노동계급과 농민, 병사, 청소년 학생들을 참가시켜서 보다 감정을 반영한 형식과 종류의 음악작품을 많이 만들어야

151_ 김정일, 『음악예술론』, p. 8.
152_ 위의 책, pp. 33-35.

한다고 강조하였다.

김정일은 음악을 통해 감정을 자극시켜 김일성·김정일을 우상화하는 최고 수단으로 활용한 정치지도자에 해당한다. 김정일은 메리암이 강조한 프랑스의 '리마세예즈', '독일의 위대한 독일' 등 국가의 소속감을 고취하고 충성을 강요하는 정도의 상징이 아닌 피지배자의 사상과 감성을 완전히 탈바꿈시킬 수 있는 치밀한 계획에서 음악예술론을 창시하고 활용하였다. 그렇기 때문에 김정일의 음악예술론은 미란다 측면의 우상화 정책에 부합한다고 볼 수 있다.

춤(무용예술론)

김정일은 김일성 보다 미란다 우상화 정책을 심화 발전시켜 정치권력에 적용한 지도자이다. 메리암이 주장한 미란다 통치방식에 노래와 음악, 기념일과 기념광장, 군중시위, 대중동원 등이 있지만, 이렇게 하나의 논리와 체계를 책과 지침으로 구현한 나라는 이 세상어디에도 존재하지 않는다. 김정일은 김일성이 미란다 우상화 정책을 구사한 결과를 그대로 받아들여 책을 작성하게 하고 시대상황에 부합되게 다시 창조한다. 즉, 책으로 집필하고 이를 실천할 수 있는 조직과 감독하는 기관을 둠으로써 수령에 대한 우상화 정책을 적극적으로 구현하고 완벽한 통치 시스템을 완성한 것이다.

김정일은 무용예술에 대해 "사람에게 삶의 희열과 생활의 보람을 안겨주는 아름답고 고상한 예술로써 시대의 요구와 인민의 지향을 반영한 혁명적인 무용예술은 근로인민대중에게 참된 보람을 안겨주고 그들을 투쟁에로 힘 있게 불러일으킨다"며[153] "북한의 무용예술은 4대 명작을 비롯해 북한 주민들의 사상 감정과 혁명적인

153_ 김정일, 『무용예술론』(평양: 조선로동당출판사, 1992), p. 1.

생활을 훌륭하게 형상한 우수한 작품과 풍습을 반영한 민속무용작품이 많이 창작되었다. 무용예술도 당의 영도 밑에 발전시켜야 하며 주체적인 이론과 방법을 깊이 연구체득하고 발전시켜 우리의 사회주의 무용예술을 보다 발전시켜야 한다."[154]고 강조한다.

북한의 무용예술론은 미란다 측면의 우상화 정책을 위해 두 가지 측면을 강조한다. 첫째, 항일무장투쟁시기에 김일성 혁명전통을 참고로 혁명적 무용작품[155]을 해야 한다면서 "항일혁명 무용의 집체적인 창작방법을 계승 발전시켜야 하고, 항일 혁명투쟁시기에 전문적인 창작가가 없지만 수많은 혁명무용을 창작할 수 있는 것은 대중의 지혜를 모아야 한다. 대중의 지혜를 높이 발휘하여 집체적으로 무용을 창작하면 오늘도 중요한 의의를 가진다. 오늘 사회주의의 완전승리를 위해 투쟁하는 인민의 생활은 다양하며 다양한 생활을 예술적 율동으로 훌륭히 형상화함으로써 사회주의 무용예술을 더욱 발전시키고 인민들의 문화정서 생활을 풍부하게 해야 한다."고 강조하고 있다.[156]

둘째, 수령에 대한 인민의 충성심을 훌륭하게 형상하는 것이다. 김정일은 "수령에 대한 우리 인민의 충성심을 훌륭하게 형상하는 것은 무용예술 앞에 나서는 중요한 과업으로 수령에 대한 인민의 충성심을 형상하는 것은 무용예술의 사명과 관련된다. 우리 무용예술

154_ 위의 책, p. 2.
155_ 김일성은 초기 혁명 활동시기에 직접 혁명적 무용작품을 창작하였는데, '단심줄과 13도자랑', 그 뒤를 이어 '총동원가춤', '기병대춤', '무장춤', '붉은수건춤', '재봉대원춤', '나무껍질춤' 등 다양한 주제로 혁명적인 내용을 표현하였다. 항일혁명무용은 "위대한 김일성 동지를 민족의 태양으로 령도자로 모시고 따르는 항일유격대원들의 열렬한 흠모와 반일민족통일전선을 실현하기 위한 수령이 제시하신 혁명에 관한 주체적인 노선과 방침, 항일유격대원들의 조국에 대한 열렬한 사랑과 민족적 자부심, 혁명승리에 대한 굳은 신념과 불요불굴의 투쟁정신" 등을 반영하고 있다. 위의 책, pp. 19-20.
156_ 위의 책, pp. 19-21.

은 노동계급의 혁명위업과 주체혁명위업에 이바지 하여야 한다."[157] 고 설명하였다. 이렇듯 예술 부분에서도 수령의 위대성을 잘 알고 당원들과 근로자들이 대를 이어 충성하기 위해 무용예술론이라는 책을 발간하여 주민들에게 우상화를 신봉하도록 강조하고 있다.

노래와 춤의 조합(집단체조 아리랑)

'집단체조 아리랑'은 백두산에 해가 떠오르는 장면을 카드섹션으로 표현한 서장을 포함하여 '아리랑 민족', '선군아리랑' 등 주권회복을 위한 항일무장투쟁과 북한정부수립, 사회주의 기치하의 경제건설, 선군정치 부각 등 북한 역사에서 김일성과 김정일의 리더십과 민족공동체 의식을 강조하는 북한의 인원 집약적 동원예술로써 정치선동의 절정을 이루는 역사종합문화예술이다.

집단체조 아리랑은 김일성·김정일 찬양과 북한체제의 우월성을 대내외에 선전하기 위해 연인원 10만 명 이상이 동원되는 대규모 집단공연으로 2002년 김일성 출생 90주년을 기념으로 첫 공연이 열렸다.

일반적으로 매년 6월부터 10월까지 연속 공연을 하면서 체제 우월성을 선전하고 특히 김일성·김정일 우상화 내용에 많은 시간과 행사를 반영하였다. 이를 통해 김일성과 김정일 부자에 대한 충성을 맹세하고 찬양하며 이 행사에 수십만 명의 주민들이 참여하고 있다. 한편, 외국인들을 초청해 외화를 획득하는 수단으로도 활용[158]하고 있다.

북한은 '대집단체조와 예술 공연 아리랑'을 북한 내부는 물론 중

157_ 위의 책, pp. 24-27.
158_ 박영정, 『21세기 북한 공연예술 대집단체조와 예술공연 아리랑』(서울: 월인, 2007), pp. 129-134.

국, 일본 등 주변국 언론을 통해 대대적인 홍보를 하였다. 특히 5월 1일 경기장에서 첫 막을 올리며 북한에 거주하는 외교 및 국제기구 대표, 외국관광객, 해외동포들이 대거로 관람하였다. 공연은 총 8장 19경으로 구성되었으나 장의 내용과 배경, 조명, 음악 등이 지속적으로 발전된 형태로 진행되었다. 8장의 구성은 환영 경축장, 서장 아리랑, 1장 아리랑 민족, 2장 선군 아리랑, 3장 행복의 아리랑, 4장 통일아리랑, 5장 친선아리랑, 종장인 8장은 강성부흥 아리랑으로 구성되었다.[159]

집단체조 아리랑은 2002년을 시작으로 2008년까지 총 180차례 공연을 하였으며, 총 700여만 명의 관중으로 기네스북에 등재되었고, 북한 관광 시 필수적으로 관람해야하는 코스로 활용되고 있다.

2010년 아리랑 공연에는 김정일의 우상화 선전을 위해 CNC (Computerized Numerical Control)[160]기술이 등장하였다. 김정일이 기계공업에 발전에 관심이 지대함을 선전함과 동시에 세계적으로 북한의 기술 산업이 발전되었다는 것을 홍보하기 위한 의도로 보인다. 2010년 선전실태를 보면, 북한은 김정은이 후계자로 내정된 시점과 일치한 2009년부터 주요 공업시설의 CNC화 성공을 집중 보도하였고, 김정일이 CNC 관련 시설을 집중 시찰하고 있는 장면을 평양시에 선전벽화 및 아리랑 공연의 배경문구로 활용하였다. 이는 북한의 산업시설 현대화를 통해 공업 생산량이 증대하는 것을 김정은의 경제정책 성과로 부각시키려는 의도이며, 군수산업 분야에도 적용 가능함을 선전하여 북한의 무기 성능 개선을 도모하

---

[159]_ 위의 책, pp. 56-83.
[160]_ 컴퓨터를 활용한 수치제어를 통해 정밀 기계가공에 이용되는 기술로 북한은 1980년대부터 수치제어 기술을 활용한 기계공업의 자동화와 현대화를 추진하기 시작해서 1990년대부터는 기술개발이 시작되고 2004년부터는 수치제어장치를 부착한 공작기계를 개발하고 양산하였다.

려는 의도였다.

앞서 언급하였듯이 아리랑 행사에 동원되는 주민이 10만 명 이상이며, 2~3개월 동안의 공연준비와 실시를 통해 주민들의 충성심을 고양하고, 스스로 북한체제에 대한 자긍심을 키우고 있다. 메리암은 웅대한 의식은 본질적으로 권력의 심리 중에서 숭배의 요소로 작용되며, 의식에 반복해서 참여하다보면 준수와 복종이 자연스럽게 나타난다고 강조하였듯이[161] 북한은 정치적 차원에서 강력한 일인지배구조를 유지하고, 사회적 측면에서는 사회적 통합을 위해 대중동원을 활용한 것이다. 최고지도자에 대한 주민들의 절대 충성과 지지기반은 종교적 경지보다 높이 지지하고 있는 것은 아리랑 공연을 통해 잘 알 수 있다.

결국 아리랑 공연은 김일성과 김정일의 업적 찬양과 체제 결속도모를 위한 대중의 감성을 자극하는 군중대회이며, 북한에서 가장 큰 행사장에서 많은 인력이 투입되는 대규모 행사로 정치적 상징조작을 통해 권력을 미화시켜 피지배자의 복종을 유도하는 대표적인 미란다 형태의 우상화 정책에 해당된다.

다. 상징 조작

모자이크 벽화와 혁명사적지

김정일은 2009년 이후 주요 도로나 중요지역 건물 인근 등 사람들이 많이 다니는 주요 길목에 모자이크 벽화를 설치해 대대적인 선전을 진행하였다. 특히, 모자이크 벽화는 1200℃이상의 고온에서 구워낸 색유리와 타일 등을 가공해 천연색으로 제작된 벽화로 김일

161_ Charles E. Merriam, *Political Power*, 신복룡 역, 『정치권력론』(서울: 선인, 2006), pp. 165-166.

성과 김정일의 그림을 포함하여 우상화 선전물로 사용하고 있다.

김정일은 2009년 장산 광산에 '위대한 수령 김일성 동지는 영원히 우리와 함께 계신다'는 내용으로 모자이크 벽화를 설치하고. 총 117회의 건립 관련 방송 보도를 통해 주민들에게 김일성과 김정일의 업적과 충성맹세를 강요하였다.

북한은 1987년 5월부터 김정일 관련 구호나무를 대대적으로 발굴하기 시작하였다고 선전하면서 발견지역 일대를 혁명사적지로 조성하고, 주민·집단의 참관을 실시하고 있으며, 특히 이 같은 구호문헌을 주민들에 대한 혁명전통교양사업에 다양한 방법으로 활용하고 있다. 선전과 선동원을 통한 구호문헌 해설 선전과 공장과 기업소 등에 구호나무 모형을 세워놓고 주민들이 이를 보고 결의를 다지도록 교육한다.

북한은 혁명사적지를 "수령의 사상과 업적이 깃든 유서 깊은 곳"으로 규정하고, "혁명사적지를 통한 교양사업이 우리당의 혁명사상으로 무장시키는 가장 중요한 사업이다. 혁명사적지를 잘 관리함으로써 수령님과 경애하는 장군님의 혁명역사를 찬란히 빛내고, 당·근로단체 조직에서 혁명사적지 답사를 실속있게 해나가야 한다."[162] 면서 그 중요성을 설명한다.

김일성은 상징조작을 위해 '혁명사적지'를 조성했는데, 1982년 어은 혁명사적지를 시작으로 12개가 조성되어 있으며 사적지는 대부분 김정일의 출생지이거나 한국전쟁 당시 피난처 및 김일성 종합대학 재학시절 야영했던 장소 또는 농촌지원을 했던 지역이다.[163]

162_ 김선원, "혁명사적지를 통한 교양사업은 당원들과 근로자들을 위한 우리당의 혁명사업으로 무장시키기 위한 중요한 사업," 『근로자』, 2010년 1월호(2010), pp. 43-46.
163_ 서성우, "2월과 김정일, 김정일 우상화의 중간점검," 『북한』, 1994년 2월호(1994), pp. 64-65.

동 혁명사적지에는 매년 10~20만 명의 주민들을 동원하여 참관시키고 있으며, 참관자들은 기념식수를 비롯해 '충성의 노래' 발표모임, 시 낭송회 등을 갖고 김정일에 대한 '한결같은 충성'을 맹세하게 하고 있다. <표 4-3>은 지역별 김정일 혁명사적지 현황으로 김정일이 태어나거나 활동했던 지역을 기념하고 참배할 수 있도록 만든 우상화 선전수단에 해당된다.

<표 4-3> 지역별 김정일 혁명사적지 현황

지역	혁명사적지	유래
평양	장산 혁명사적지	57.3.31. 나무를 심은 곳
	천동 혁명사적지	54.10-59.2. 불모의 땅인 청동마을을 사회주의 문화농촌으로 꽃피어 나가도록 이끌어준 곳
	이현 혁명사적지	
자강도	어은 혁명사적지	성장기를 보낸 곳
	장자산 혁명사적지	한국전쟁 당시 피난길에서 하루 낮을 체류한 곳
	성간 혁명사적지	
함경남도	검덕 혁명사적지	75.11. 김정일이 검덕광산 시찰시 직접 내려와 보았다는 4~5호 갱의 지하 막장
	락원 혁명사적지	67.7. 락원마을의 건설방향을 제시해 준 곳
함경북도	선봉 혁명사적지	
	경성 혁명사적지	
양강도	백두산 밀영	김정일이 출생한 곳으로 귀틀집, 회의장소 등 건립

* 출처: 백과사전출판사, 『조선대백과사전 24권』(평양: 백과사전출판사, 2000), pp. 190-215 참고로 재구성.

정일봉 각화와 김정일의 업적 해외선전

북한은 "시대와 혁명 앞에 불멸의 업적을 쌓아올린 인민의 지도자를 영원히 모시고 따르는 우리인민의 확고한 의지의 표시"라는 미명하에 백두산과 금강산 등 명산의 절벽 및 바위에 김정일의 '어록'과 김정일 이름을 새겨 우상화에 활용하고 있다. 이 같은 글귀를 새겨놓은 곳에 근로자와 학생 등 주민들을 집단 동원, 해설모임, 노래모임, 충성의 결의 모임을 개최하고 김정일에 대한 충성을 다 짐하도록 하고 있다.[164]

김정일 업적에 대한 왜곡 선전의 활동 양태는 1980년 10월 제6차 당대회 이후부터 해외 언론매체를 통한 선전, 김정일 문헌의 해외 출판 및 배포, 외국도로 건물 등을 김정일 이름으로 명명, 친북작가를 동원한 김정일 찬양행사로 나타난다. 김정일의 해외 선전지역은 최근 들어 구 공산권 지역이 대폭 감소한 반면 아시아 및 아프리카 등의 비동맹국가가 다소 증가하는 추세다. 이와 같은 선전은 해외에서의 선전효과 자체보다는 이런 선전활동의 과정과 '조작된 성과'들을 역수입하고 대내적으로 선전함으로써 김정일이 해외에서도 '능력 있는 지도자'로 널리 인식되고 있는 것처럼 주민들에게 보이려는 목적이 있다.

선전실태를 보면, 김정일 우상화를 위한 해외선전 중 언론매체가 가장 중추적 역할을 담당하고 있는데 북한은 다음과 같이 소개하고 있다. 1989년 12월 5일자 『중앙방송』에는 지난 5년간 85개국의 신문과 잡지 총 부수 4억 5천만 부에 김정일의 위대성을 게재하고, 1992년 3월 9일자 『로동신문』은 김정일 50회 생일 기념으로 80여

164_ 백두산에는 각자내용이 '정일봉'으로 새겨져 있으며, 1988년 11월 장군봉에서 20km거리인 봉우리에 설치되어 있다. 금강산에는 각자내용이 '조선의 영광 민족의 자랑 김정일', '주체의 향도성 김정일'로 새겨져 있으며, 만수봉 자연바위에는 '김정일'을 높이 15m, 폭 10m로 새겼다. 또한 1992년 9월말 금강산에는 '천하절승 김정일'이라고 새겼다. 묘향산에는 '묘향산은 천하절승입니다. 김정일 1981.5.19.'과 '조선의 영광 민족의 자랑 김정일'이라는 문구가 새겨져 있다. 백과사전출판사, 『조선대백과사전 17권』(평양: 백과사전출판사, 2000), pp. 437-438.

개국 420여 개 출판보도물에 김정일의 업적을 선전하였다고 한다.

신문과 방송 등 언론매체를 통한 주요선전 제목을 살펴보면, "조선인민의 친애하는 지도자 김정일 동지는 어떤 분인가", "주체사상을 체계화하신 김정일 동지", "조선식 사회주의 건설과 그 승리의 비결", "조선의 미래", "조선 인민을 감화시키시는 김정일 각하" 등이다. 김정일 문헌의 해외출판 및 배포를 통해 김정일의 위대성을 선전하였다.

김정일의 각종 문헌들을 단행본, 문헌집, 발췌집 형식으로 대량 출판하여 해외에 대대적으로 보급하고 있으며, 해외현지에서도 직접 출판 및 배포하고 있다. 북한은 1992년 2월 김정일 50회 생일을 맞아 처음으로 출판한 『김정일 선집 1권』을 비롯하여 '주체사상 교양에서 제기 되는 몇 가지 문제에 대하여('86년 7월)', '반제투쟁의 기치를 더욱 높이 들고 사회주의', '공산주의 길로 힘차게 나아가자', '인민대중 중심의 사회주의는 필승불패이다' 등 400여 건의 문헌을 책자로 편찬하고 수천만 부를 출판하였다고 발표하였다. 동 문헌들은 김일성 동지 주체사상 연구소조, 주체사상 연구소 등 친북단체들을 동원한 독보회와 연구토론회 등에서 활용되기도 한다.

김정일화와 기념우표

북한은 1988년 2월 김정일 46회 생일을 기념하여 일본의 한 화원 주인이 오랜 기간 연구 끝에 재배에 성공했다고 기증한 꽃을 '김정일화'로 명명하고 이를 대대적으로 선전하면서 김정일화의 재배와 번식을 촉구하였다. 같은 해 4월 10일 김정일화 연구 집단을 조직하고 평양 중앙식물원에 김정일화 온실을 설치하고, 김정일화 노래를 창작하고 주민들을 대상으로 노래 보급 활동을 적극 전개[165]하였는데, 김정일화 노래는 공장과 기업소는 물론 일상의 버스와 기차 안까지 보급되었고, 노래모임을 통해 가사에 대한 해설과 암송, 합창 등을 진행하였다.

김정일은 조선우표사를 통해 위성발사의 성공을 주장하는 기념우표를 발행하여 선군정치와 대외협상에서의 승리를 자축하였다. 자칭 '광명성 2호' 발사를 자축하기 위해 소형전지 재질로 가로 12.7cm × 세로 10cm 크기의 우표를 제작하였는데, 광명성 2호가 궤도에 정상 진입한 이후 혁명가 및 측정 자료들이 잘 전송되고 있다는 선전 자료를 수록하여 대내외의 김정일의 업적을 널리 전파하였다.

김정일의 호칭 변화

북한은 1972년 12월 조선노동당중앙위원회 제5기 6차 전원회의에서 김정일을 후계자로 내정하고, 다음 해 9월 당중앙위 제5기 7차 전원회의에서 당조직 및 선전선동 담당비서와 당정치국 후보위원으로 선출하면서 '당중앙'이라고 호칭하기 시작했다. 김정일의 권력기반 구축과정을 보면 김정일에 대한 호칭을 변화시켰는데 약 30여개의 호칭을 사용하고 있다. 1970년대의 호칭의 특징은 1973년 9월 이후 '당중앙'이라는 호칭을 사용해오다가 1975년 6월 김정일의 생일을 휴무일로 공식지정하면서부터 '유일한 지도자'라는 호칭이 등장하였고, 1977년 이후 '당중앙'이라는 호칭과 함께 '영명하신 지도자', '존경하는 지도자', '경애하는 지도자동지' 등의 호칭이 등장하였으나 김정일의 이름을 전면에 내세우지는 않았다. 또한, '당중앙의 불빛을 우러러' 등의 가요보급을 통해 주민들에게 '당중앙'이라는 호칭에 익숙해지도록 유도하였다.

165_ 백과사전출판사, 『조선대백과사전 4권』(평양: 백과사전출판사, 2000), p. 194.

특히 유일사상체계 확립의 10대원칙의 10조 4항과 5항에 "당중앙의 유일적 지도에 끝없이 충실하고, 당중앙의 권위를 백방으로 보장하며 당중앙을 목숨으로 사수하라.¹⁶⁶"고 명문화한 것은 김정일의 명칭을 당중앙으로 사용함으로써 대를 이어 김정일에게 충성하라는 의도가 있었다.

1980년대의 김정일에 대한 호칭은 1980년 10월 제6차 당대회에서 정치국 상무위원과 군사위원회 위원 등의 요직을 차지하면서 그 이전과 확연히 구분되기 시작했다. 1983년 2월 41회 생일을 계기로 '영도자'로, 1983년 5월 '최고사령관'은 김정일의 대군부 영향력 강화의 목적으로, 1985년 2월은 주체사상을 완벽하게 체득하였다는 수령론에 근거해 '수령'의 호칭을, 1986년 2월에는 '인민의 어버이'로 1987년 2월에는 '위대한 지도자', '위대한 령도자'로 불렸으며, 이러한 1980년대 호칭의 특징은 김정일의 생일을 기해 한 단계씩 격상됨과 아울러 찬양 수식어와 함께 복합적으로 사용되었다. 즉, 대부분 '친애하는 지도자 김정일 동지' 앞에 영도자가 갖추어야 할 풍모를 완벽하게 지니었다는 의미 등의 미사여구를 붙여 그 의미를 강조하였다.

김일성은 김정일이 조국 인민에게 끝없이 충실하며 지도자로서 풍모와 자질을 훌륭히 갖추었다면서 김정일에 대해 충성하라고 강조하였다. "김정일 동지는 문무와 충효를 겸비한 걸출한 령도자, 으뜸가는 위대한 혁명가, 위대한 정치가, 혁명동지들과 인민을 무한히 사랑하고 모든 것을 다 바쳐 충실히 일하는 지도자이다. 중략. 김정일 동지는 나폴레옹은 '그대들이 나를 믿노니 나도 그대를 믿

166_ 김정일, "전당과 온 사회에 유일사상 체계를 더욱 튼튼히 세우자: 중앙당 및 국가, 경제기관, 근로단체, 과학, 교육, 문화예술 일군에게 한 연설(1974년 4월 14일)," 『주체혁명의 위업의 완성을 위하여 3』(평양: 조선로동당출판사, 1987), p. 117.

노라'라고 말을 하였지만, 김정일은 '나는 그대를 믿는다. 그대들은 나를 믿어라'라며 인민을 사랑하는 마음이 큰 사람"이라며 김정일을 높여 호칭하였다.[167]

1990년대에는 김일성에 버금가는 호칭이 등장함으로써 김정일이 북한 권력의 최고수위임을 암시하였다. 1990년 12월 19일자 『로동신문』에는 김정일이 '인민의 운명을 책임진 혁명의 지도자'라고 언급되었고, '위대한 수령'이란 표현은 1991년 7월 1일 인민경제대학 창립 45주 기념보고 대회 발표 자료에서 언급되었으며, 1992년 2월 17일에는 '친애하는 아버지'로 호칭되었는데 김정일 50회 생일 기념 소년단 전국연합단체대회시 최룡해 사로청위원장의 보고내용에서 사용되었다.

김정일 선거구 지정 우상화

김정일은 최고인민회의 선거 때마다 특정지역을 선정하여 선거구 고유번호를 공표하고 당간부나 군 고위직 간부들이 동 선거구를 이용하여 투표에 참여하도록 방송 등 보도매체를 통해 우상화 선전을 전개한다. 제10기 최고인민회의 선거에서 김정일 선거구의 고유번호는 666호로 이를 해석하자면, 6×6×6=216으로 21, 6은 21세기 단군조선에 이어 6번째 국가, 216은 김정일의 생일과 일치한다.[168]

제11기 최고인민회의 선거에는 김정일 선거구의 고유번호는 649호였는데, 이를 해석해보면, 6×4×9=216으로 김정일이 태어난 날을 상징하며, 9×4+6=42로 당시 김정일 나이에 해당된다. 북한은

---

[167]_ 김일성, "위대한 수령 김일성 동지께서 경애하는 김정일 동지의 위대성에 대하여 하신 교시(발취): 뜻 깊은 2월의 명절을 맞으며," 『근로자』, 2011년 2월호 (2011), pp. 3-4.
[168]_ 『조선중앙통신』, 1995년 7월 6일.

6-4+9=11로 21세기에 첫 번째로 열린 제11기 최고인민회의 대의원이라는 의미가 담겨 있다고 설명한다.[169]

제12기 최고인민회의에서의 333호는 첫 번째 3은 인민군 장병 육·해·공군 3군을 상징하는 숫자이며, 두 번째 3은 북한에서 길한 숫자로 칭하는 길수에 해당하고, 마지막 3은 3년 뒤 2012년 강성대국을 실현을 앞두고 정권을 다지는 계기를 마련하고자 하는 의도가 있었다.

북한이 3을 유난히 중복해서 사용한 것은 향후 5년간 김정일이 온전하게 북한을 통치해 나가자는 희망의 메시지가 함축된 것이었다. 본래 3이란 땅과 하늘과 사람을 형상시키며, 이 3대요소가 우주 만물의 기틀이라고 보았으며, 시간에도 과거, 현재, 미래가 있듯이 어떤 물체이든지 지지점이 3개가 있어야 가장 균형감 있고 안정된 것이므로 안전한 의미를 내포하는 3을 선거구로 지정한 것이다.

특히 12기 최고인민회의 선거에서는 기존에 당·정·군 간부들이 지역별 관할구에 가서 투표한 것과는 달리 당·군의 최고위간부들이 333호 김정일 선거구에서 투표하도록 하고 방송보도를 통해 대대적인 김정일의 업적과 우상화 선전을 실시하였다.

〈표 4-4〉 김정일의 역대 선거구 현황

구분	7기 (1980년)	8기 (1985년)	9기 (1990년)	10기 (1998년)	11기 (2003년)	12기 (2008년)
선거구	501호 (황북송림)	515호 (함남용성)	575호 (함북무산)	666호	649호	333 (통전부)

* 출처: 조선중앙통신 보도내용 종합(통일부 북한연구자료를 참고하여 재구성).

---

[169]_『민주조선』, 2003년 7월 2일.

<표 4-5>는 김정일의 우상화 정책 가운데 대표적 미란다에 해당하는 상징조작으로 활용된 우상화 선전물에 대한 설문결과이다. 설문내용은 북한에서 생활할 당시에 김정일 시대의 우상화 선전물 중 가장 많이 보았고, 충성심 형성에 가장 큰 도움이 되었던 선전물은 무엇이냐는 질문에 대한 것이다.

〈표 4-5〉 우상화 선전물에 대한 설문

구분		성별	
		남자	여자
김정일 시대 우상화 선전물	동상	20	40
		23.5%	21.1%
	전사적지 혁명관	25	85
		29.4%	44.7%
	모자이크 벽화	5	0
		5.9%	0.0%
	초상화	15	50
		17.6%	26.3%
	배지	5	15
		5.9%	7.9%
	기타	15	0
		17.6%	0.0%

김정일 시대 우상화 선전물에 대해 남자는 전사적지 혁명관-동상-초상화-배지-모자이크 벽화 순으로 나타났고, 여자는 전사적지 혁명관-초상화-동상-배지 순으로 나타났는데, 모자이크 벽화에 대한 답변이 없는 점이 특이하다.

김정일 시대에 충성심 형성에 가장 효과적인 우상화 상징물이 전사적지 혁명관인 이유는 매년 2월과 4월에 김정일과 김일성 생일 행사 때 학교나 근로단체, 군대 등에서 전사적지를 답사하고 충성을 맹세하는 행사를 실시하기 때문인 것으로 판단된다. 또한 우상화 상징물의 경우 동상이나 초상화, 배지 등도 중요한 충성심 함양을 위한 수단인 것을 알 수 있다.

라. 일화와 역사 조작

백두산 출생 조작

다른 사회주의 국가와 달리 북한 우상화의 특징은 지도자 본인만이 아닌 아버지 김일성과 할아버지와 증조할아버지, 할머니, 어머니, 심지어 그의 아들까지 포함한 가계우상화를 진행한 점이다. 특히 김정일 우상화는 1972년 후계자로 내정되자 북한은 각종 전설과 일화를 만들어 김정일을 신격화하면서 시작되었다.

김정일의 출생 조작을 위한 대표적 전설집『백두광명』의 '백두산 장사봉에 광명성 솟았다' 전설은 "백두산 천지에 나타난 한겨울의 흰 제비로부터 백두산 장사와 같이 천하를 다스릴 또 한 분의 비범한 장사가 2월 16일에 태어난 소식을 들은 백발노인이 사람들에게 김정일의 탄생을 알렸다."고 주장하고 있다. 또한 북한은 "김정일이 출생 당시 천둥번개가 치고 백두산 천지의 얼음장이 신비스런 소리를 내며 갈라지고 영롱한 쌍무지개가 피어났다. 네 살 때 일본지도에 먹칠을 하자 일본에 폭우가 쏟아졌다. 김정일의 손길이 닿으면 바다가 옥토가 되고, 심산계곡도 낙원으로 변한다."고 주장하였다.

1980년 6차 당대회에서 김정일이 공식적인 후계자로 등장하자, 1984년부터 김정일이 백두산 밀영에서 출생하였다는 설이 확산되고 1987년 2월 16일에는 백두산 밀영이 김정일의 출생지로 공개되었으며, 이 해부터는 전국에 항일무장투쟁시기 빨치산들이 나무껍질을 벗기고 김정일, 김정숙, 김일성을 칭송하는 구호나무가 발굴되기 시작하였다. 구호문헌 가운데 '아 조선아 백두성 탄생을 알린다', '민족의 태양 김일성 장군, 그 태양빛이 이어갈 백두 광명성' 등 김정일 후계체제를 합리화 하며 칭송하는 문헌이 200개나 등장하였다. 즉, 구호나무는 김정일의 권력승계의 정당성을 강조하기 위한 상징화 도구였다.

1991년 9월에는 김정일에 대한 신비화를 목적으로 김정일에 관한 전설을 모은 『백두 광명성 전설집』을 발간하여 주민에게 배포하였다. 전설집에는 해방 후 김정일이 청진시를 방문하였을 때 일본인들이 쓰던 지구의를 보고 일본 지도에 먹으로 새까맣게 칠하자 일본 땅에 검은 구름과 소낙비가 내렸다는 등 30여 편 가량의 전설이 담겨있다. 이처럼 김정일에 대한 우상화, 즉 신비화와 정치교화는 김정일의 권력승계과정과 함께 시작되었고, 김정일의 우상화에서 가장 큰 특징은 이에 김일성이 직접 참여하였다는 것이다.

김정일 수령형상화 문학서적 발간

김정일의 문예정책은 지도자 수령에 대한 정당성과 충성심을 확보하려는 목표를 가지고 있다. 김정일은 권력승계가 공식화되는 1980년대에 이르러 김정일의 우상화 작업이 본격화되면서 총서인 『불멸의 향도』 등 이른바 지도자 형상화 작품[170]을 만들기 시작한다. 통치자에 대한 정당성 고양에 역점을 두는 작품은 경제난 등 총체적인 체제 위기에 처한 1990년대에 들어서 급격히 증가하는데, '나는 천세대대, 받으시라 인민의 환호성을', '이날을 기다렸습니다' 등 김정일의 권력승계를 찬양하는 작품을 만들었다. 2000년대에는 "문학예술작품은 마땅히 시대정신에 맞아야하며 시대의 숨결을 담아야한다."는 김정일의 지시에 따라 김정일 집권 이후 주창되고 있

---

[170]_ 임순희, 『북한문학의 김정일 형상화 연구』(서울: 통일연구원, 2001), pp. 12-13.

는 선군정치와 이를 정당화하는 선군영도 업적을 작품에 반영한 선군문학 창작을 추진한다.

　김정일은 김일성의 항일 빨치산 활동과 같은 '혁명경력'의 전무함을 보완하기 위해 과거 김일성과 같은 수준의 전설 및 일화 등을 조작하고 이를 선전하는데 주력하였다. 김정일 우상화 일화조작 및 선전은 김일성 우상화 작업의 산실인 사회과학원 산하 '역사연구소'가 김정일의 출생 및 성장배경에 맞는 전설과 일화의 시나리오를 만들고, '유포담당 책임일군'들의 구전을 통해 일반 주민들에게 유포시킨 다음 일정기간이 경과한 후 공식매체를 통해 대대적으로 선전하는 방법을 사용하였다.

〈표 4-6〉『백두 광명성 전설집』요약 내용

제 목	전설내용
백두산 장사봉에 광명성 솟았다	백두산 천지에 나타난 한겨울의 흰 제비로부터 "백두산 장사와 같이 천하를 다스릴 또 한 분의 비범한 장사가 2월 16일에 태어난다"는 소식을 들은 백발노인이 사람들에게 김정일의 탄생을 알렸다고 함.
지동이 울다	김정일이 해방 후 청진시 인민학교를 방문, 왜놈들이 쓰던 지구의에 일본지도를 먹으로 새까맣게 칠해놓자 일본 땅에 검은 구름과 소낙비가 내렸다고 함.
하늘에서 내려온 송아지	김정일의 지시로 외국에서 우량품종의 젖소 한 마리를 사서 비행기에 싣고 오던 중 전혀 새끼 밴 징후가 없던 그 소가 새끼를 낳는 기적이 생겼는데, 그 일을 김정일에게 보고했더니 김정일은 이미 알고 있는 듯 웃으면서 "송아지는 하늘에서 내려왔다"고 하면서 잘 키우라고 말하였다고 함.
보약밥	1984년 가을 서울의 한 주민이 김정일이 남한 수재민에게 보내준 쌀을 한 짐 지고 평택군에 있는 형네 집에 가져다주었는데 한 줌의 쌀로 지은 밥이 두 가마 분량으로 불어났으며 그 밥을 먹으니 힘이 솟았다고 함.

제 목	전설내용
벼나무	서울 교외의 한 판자촌에서 구호물자로 받은 북한 쌀을 심었더니 큰 벼나무로 자라 10가마니의 쌀을 거두었다고 함.
파고다 공원에 핀 꽃	서울의 파고다 공원에 "애국자"들에게만 보이고 향기를 주는 김정일화가 피어나 사람들을 조국통일성업에 불러 일으켰다고 함.
쌍무지개	김정일이 이른 아침 태어날 무렵 백두산천지의 얼음장이 신비로운 소리를 내며 갈라지고 천지 위에 영롱한 쌍무지개가 나타났다고 함.
마가목	김정일이 태어날 때 천둥번개가 치고 전치가 붉은 기운으로 뒤덮이더니 백두산 밀영 주변에 없던 마가목 나무들이 자생하기 시작했다고 함.
천지 확장술	김정일이 손을 번쩍 들면 조화 부리던 자연도 머리를 숙이고 손길이 닿으면 바다가 옥토록 변하며 발길이 한번 미치면 심산계곡도 낙원으로 변한다고 함.
어린이 장수 일화	김정일이 유년시절 백두산 밀림에서 쌍안경을 쓰고, 왜놈이다 돌격 앞으로 등을 외치며 전쟁놀이를 했으며 이를 항일유격대원들이 "백두산에 어린 장수가 났다. 왜놈이 망할 날도 멀지 않았다"고 흠모했다고 함.

북한에서 발행한 김정일 관련 서적들은 논문이나 저작, 전기, 화보, 해설서 등이고, 논문이나 저술을 묶어 선집, 저작집을 만들었는데, 이러한 저작출판사업은 김정일이 1980년대 후계자로 선출되면서 본격화 되고 1992년 『김정일 선집』으로 출판[171]하면서 본격적으로 문학을 활용한 우상화 정책이 시작되었다.

특히 『김정일 선집』은 2009년 8월 1권 출판 이후 2년 5개월 만인

---

[171]_ 이교덕, 『김정일 선집분석』(서울: 통일연구원, 2001), pp. 1-2.

2012년 1월까지 총 15권까지 출판되었다. 조선노동당출판사에서 김정일의 노작들을 집대성한 증보판『김정일 선집』 16권을 출판하였다. 선집에는 김정일이 1991년 12월부터 1992년 4월까지 기간에 발표한 담화와 서한을 비롯한 12건의 로작들이 함께 수록되어 있다. 선집에는 조총련 사업에서 '주체를 튼튼히 세우고 조국통일 운동을 더욱 힘차게 밀고 나갈데 대한 문제', '혁명적 동지에서의 미풍을 높이 빛낼데 대한 문제' 등을 비롯하여 '혁명과 건설에서 나서는 사상이론들과 방침'들로 반영되어 있으며, 학교 및 직장에서는 주기적으로 사상 및 교양학습 시간을 통해 이를 교육하고 주민들이 김정일의 업적과 지침을 생명처럼 따르게 한다. <표 4-6>은 김정일 우상화를 목적으로 제작된『백두 광명성 전설집』의 요약 내용이다.

북한은 김정일의 위대성과 업적을 찬양하기 위해 책자와 문학작품을 대량 발간하고 노래 등도 주민에게 대대적으로 보급하는 한편, 일반 주민에게도 시 창작을 장려하였다. 북한 주민들은 김정일이 원수로 추대된 1992년에 약 1,600편을 창작하고 그중에서도 600편이 김정일은 '혁명의 진두에 높이 모신 우리민족 커다란 민족적 긍지와 자부심을 격조높이 노래하고 있다'고 선전한다.[172]

김정일을 찬양하는 저작물들은 그의 능력에 대해 크게 두 가지로 비범함을 내세우고 있다. 바로 위대한 사상이론가와 정치이론가로서의 능력이다. 2001년에 출간된『주체혁명위업의 위대한 령도자 김정일동지』 1권은 위대한 사상이론가이며, 2권은 위대한 정치가로써 이에 해당하는 대표적인 예이다. 1권에서는 주로 김정일이 천재적인 사상 이론적 예지를 가졌고, 위대한 사상이론을 폈다

172_ 이윤규, "북한 김정은 독재체제에서의 우상화: 김정일·김정은 우상화 비교분석을 중심으로,"『전략연구』, 제21권 3호(2014), p. 183.

고 찬양한다. 그 내용적 측면에서 볼 때 예지에 대해 비범한 탐구력과 사색력, 비상한 통찰력과 분석 판단력, 특출한 기억력과 해박한 식견, 그리고 출중한 저술력으로 나누어 분석하면서 특히 김정일의 위대한 활동의 예로 주체사상의 철학적 원리와 사회역사적 원리들을 심화 발전시켜 전일적으로 체계화 하였고, 그 독창성과 정당성을 논증하기 위한 사상이론 활동을 정력적으로 펼친 공로가 있다고 해석한다. 2권에서는 정치가로서의 김정일에 대해 정치철학과 이념, 비범한 영도력과 천리혜안의 과학적 예견성, 비상한 조직 동원력, 완강한 실천력, 강인한 혁명적 원칙성에 의해 비범한 영도 풍모가 나온다고 찬양하고 있다.[173]

특히 북한은 김정일 문헌을 공개하고 각종 선전매체와 토론회를 통해 이들 문헌에 대한 해설과 선전활동을 강화하면서 김정일을 사상과 이론을 겸비한 지도자로 부각시키고, 북한 전역의 당간부 양성기관에서는 출판, 교육, 과학, 문화예술분야 간부들을 동원시켜 김정일 문헌 내용을 부문별로 찬양하는 중앙연구 토론회를 개최하였다. 각급 조직과 단체별로는 당조직 간부, 선전선동원, 해설원 등을 내세워 문답식 학습, 해설모임, 담화모임 형식으로 문헌내용을 항목별로 해설하고 선전하고 있다.

북한은 1992년 4월 13일 김일성에게 대원수 칭호를 부여함으로써 그에 대한 우상화가 극대화 되었다. 1994년 7월 8일 김일성 사망이후에는 김정일 주도로 우상화가 전개되었다. 김정일에 대한 우상화는 제6차 당대회에서 공식적으로 김정일의 후계자 위치가 공개된 후 북한사회에서 찬양이 본격화되는데, 노동신문을 비롯한 각종 출판물이 김정일이 1960~70년대 보여준 뛰어난 지도력을 선전하

173_ 박태상, "북한문학상의 김정일 묘사 특징연구," 『북한연구학회보』, 제6권 2호 (2002), pp. 276-278.

는데 동원되었으며, 1981년 6월부터 언론이 '영광스러운 당중앙'이라는 호칭 대신에 '친애하는 김정일 동지'라는 호칭을 사용하였고, 1982년에는 김정일의 찬양 전기문이 출판되었다.[174]

정리하면 김정일의 우상화는 2가지 형태로 전개되었다. 첫째, 북한의 이데올로기들은 지도자의 인민적 정통성이 부재한 상황에서 김정일의 생래적 정통성을 강조한 것인데, 항일유격대장 김일성과 유격대전사 김정숙을 부모로 둔 혁명적 가문과 자신의 비범한 천재성을 부각시키기 위한 것이다. 이러한 생래적 정통성의 강조 움직임은 1980년대 중반을 넘어서면서 김정일 카리스마 구축을 위해 항일의 역사와 백두산의 이미지를 겹친 위에 김정일 출현에 대한 예언적 믿음을 확산시키기 위한 목적이었다.

둘째, 2단계 우상화는 김정일의 출생지를 백두산 산록의 밀영으로 조작한 것이다. 백두산 밀영 탄생을 공식하면서 북한의 이데올로기들은 1987년부터 구호나무 문헌 학습 캠페인을 통해 김정일이 미래 지도자가 될 것을 존경하는 항일 선열들이 이미 예언했다는 담화를 주입시킨 것이다.

<표 4-7>는 김정일의 우상화 정책에서 가장 중요한 수단인 우상화 선전매체에 대한 설문이다. 설문내용은 북한에서 생활할 당시 김정일 시대에 우상화에 가장 많이 사용한 매체는 무엇이냐는 질문에 대한 것이다.

---

[174]_ 김정일의 저작출판은 3단계로 나뉘어 진행되는데, 1단계는 1982~1984년까지 기간으로 북한사회의 각 분야에 정책지침서로 사용할 수 있는 문건들이 발표 출간되었고, 2단계는 1985년~1987년까지 기간으로 미발표 과거의 저작을 발굴하여 소급 출판하는 사업을 전개하고, 3단계는 1988년 이후 김정일 수령승계를 염두에 두고 김일성으로부터 수령이미지 전이, 정권의 정통성, 창출 및 저작 출간 체계화 사업을 추진하였다. 소치형 외, 『북한의 이해』(서울: 건국대학교 출판부, 1999), p. 146.

〈표 4-7〉 우상화 선전매체에 대한 설문

구분		성별	
		남자	여자
김정일 시대 우상화 선전매체	노동신문	15	25
		17.6%	12.8%
	텔레비전	45	95
		52.9%	48.7%
	문학서적	0	5
		0.0%	2.6%
	김일성 노작	20	70
		23.5%	35.9%
	라디오	5	0
		5.9%	0.0%

김정일 시대 우상화 선전매체에 한 결과는 남자가 텔레비전-
김일성 노작-노동신문-라디오-문학서적 순이었고, 여자가 텔레
비전-김일성 노작-노동신문-문학서적-라디오 순이었다. 여기에서
텔레비전과 김일성 노작이 가장 많이 활용되는 우상화 선전 매체
로 나타났다. 특이한 점은 김일성 시대에 비해 김정일 시대에는 문
학 서적이 굉장히 낮은 비율을 차지하고 있는데, 수령이나 지도부
에서 많은 문학서적과 학교교육에도 불구하고 고난의 행군 등으
로 우상화 교육의 효과가 감소한 것으로 평가된다. 또한, 라디오가
우상화 교육에 많은 영향을 주지 못한 점은 김일성 시대보다 외부
세계와의 차단을 한층 강화함으로서 주민들의 사상을 통제하고
있다는 방증이다.

2. 크레덴다 측면의 우상화

가. 복종과 존경

우리식 사회주의

우리식 사회주의는 1950년대 실천 이데올로기로 형성된 주체사상이 1980년대 이후 순수이데올로기로 고착된 상태에서 새로 닥쳐온 위기상황을 돌파하기 위한 북한체제의 방어기제 및 체제수호 담론으로 등장하였다. 이를 통해 북한은 사회주의 국가의 자본주의로 회귀를 자신들의 사회주의 건설을 다시 한 번 정당화하고 당면한 위기를 극복하기 위해 시도한 것이다.[175]

북한에서 우리식 사회주의라는 용어가 사용되기 이전에도 '우리식대로 살아나가자!'라는 표현은 여러 번 사용되었다. 김정일이 1978년 12월 조선노동당중앙위원회 책임간부 협의회에서 '당의 전투력을 높여 사회주의건설에서 새로운 전환을 일으키자'라는 연설을 통하여 "우리식대로 살아나가자 바로 이것이 우리당이 중요하게 내세우고 있는 전략적 구호이다."라고 말한 데서 비롯되었다.

우리식 사회주의는 동구사회가 몰락하고 소련이 해체되는 1980년대 말부터 김정일은 체제 유지에 총력을 집중하였다. 북한이 사회주의 몰락의 도미노를 차단하기 위해 통치이념을 '우리식대로 살자'는 구호를 대대적으로 내세우면서 '우리식 사회주의'로 선전하였다.

1986년 7월 15일 김정일의 '주체사상교양에서 제기되는 몇 가지 문제에 대하여'라는 담화에서 김정일은 "우리는 언제나 자기 나라의 구체적 현실에서 출발해야 합니다. 큰 나라나 발전된 나라라고

175_ 김근식, "1990년대 북한의 체제 정당화 담론: 우리식 사회주의와 붉은기 철학을 중심으로," 『통일정책연구』, 제8권 2호(1999), p. 49.

하여 언제나 옳은 길을 걷는 것도 아니며 또 그러한 나라의 경험이라고 하여 다 우리나라의 실정에 맞는 것도 아닙니다. (중략) 자주성을 비워버리고 큰 나라들이 하는 것을 맹목적으로 따라가서는 안 됩니다. 우리는 우리나라 실정에 맞게 우리식대로 해나가야 하겠다는 확고한 각오를 가져야 합니다."라고 강조하였다.[176]

1987년 7월 19일자 『로동신문』에서 '혁명과 건설에서 나서는 모든 문제를 우리식대로 풀어나가자'라는 구호가 게재된 후 1988년에는 '우리식대로 살아나가자'라는 당의 구호를 철저히 관철시켜야 한다며 대대적인 선전활동을 하였다.

우리식 사회주의라는 표현은 1989년 12월 28일에 김정일이 행한 '조선민족제일주의 정신을 높이 발양시키자'라는 연설에서 '우리식 사회주의'와 '조선식 사회주의', '우리의 사회주의' 등의 표현이 같이 사용되었고, 여타 사회주의와 다른 독특성 내지 차별성을 강조하였다.[177]

우리식 사회주의의 본격화는 1992년 헌법 개정에서 주체사상이 마르크스 레닌주의를 계승하고 있다는 구절을 삭제하고 우리식 사회주의를 더욱 강조하였고, 중요 기념행사와 신년공동사설 등을 통해 '우리식 사회주의의 불패성'과 '우월성'을 주장한 것에서 확인된다.

북한은 우리식 사회주의가 "다른 나라에서 수입한 것도 아니고 모방한 것도 아니며 우리의 실정에 맞게 선택하고 우리 인민 자신에 의하여 강화, 발전하는 우리식의 독특한 사회주의로써 우리식대로 살아간다는 것은 주체사상의 요구대로 제 정신을 가지고 사고하고 행동하며 모든 것을 우리 혁명과 우리인민의 이익에 맞게 자체

176_ 김정일, 『주체사상교양에서 제기되는 몇 가지 문제에 대하여: 조선로동당중앙위원회 책임일군들과 한 담화(1986년 7월 15일)』(평양: 조선로동당출판사, 1987), pp. 14-15.
177_ 김난희, "북한 통치이데올로기의 형성·변화와 사상교육에 대한 연구," 강원대학교 박사학위논문(2008), pp. 93-94.

의 힘으로 풀어나간다는 것이며, 오늘 어떤 사회주의 나라에서와 같이 혁명적 원칙을 져버리고 자기나라에 자본주의를 끌어들이고 있으며 제국주의자들이 흔드는 딸라 주머니에 현혹되어 사회주의에 대한 배신의 길로 굴러 떨어지고 있는 것은 결코 우연하지 않다."[178] 라며 우리식 사회주의의 현실 적용의 측면을 설명하였다.

즉, 우리식 사회주의란 주체사상에 근거한 차별성과 우월성을 강조한 우리식과 사회주의 일반원칙들의 고수라는 사회주의 결합으로 파악될 수 있다.[179]

또한 우리식 사회주의는 주체사상을 구현하여 인민대중을 중심으로 수령, 당, 대중이 일심 단결하여 사상교양을 강화하여 이룩하는 우월성과 차별성이 있는 동시에, 일당제 및 국가의 중앙집권적 지도, 생산관계의 사회적 소요 및 계획 경제 등을 순결성을 유지하는 김정일의 통치이념으로 정리될 수 있다.[180]

김정일의 우리식 사회주의는 주체사상의 사회정치적 생명체론을 강조하고 있다. 김정일은 "수령, 당, 대중이 일심단결된 사회주의입니다. 사회주의 사회를 떠밀어 나가는 주체는 인민대중이나 인민대중은 당과 수령의 두리에 단결되어야 혁명의 자주적인 주체로서의 역할을 다할 수 있으며 사회주의 건설을 성과적으로 수행할 수 있다."[181]라면서 결국 주체의 강화와 역할 증대는 사상의식성의 강조와 혁명 주체로서의 수령, 당, 인민대중 동일체의 일심단결을 강조

178_ 고학천, "우리식대로 살아나가는 것은 우리당이 일관하게 견지하고 있는 전략적 방침,"『근로자』, 1989년 10월호, pp. 15-19.
179_ 김근식, "1990년대 북한의 체제 정당화 담론: 우리식 사회주의와 붉은기 철학을 중심으로," p. 43.
180_ 김난희, "북한 통치이데올로기의 형성·변화와 사상교육에 대한 연구," p. 97.
181_ 김정일, "인민대중중심의 우리식 사회주의는 필승 불패이다(1993년 3월)," 『친애하는 지도자 김정일 동지의 문헌집』(평양: 조선로동당출판사, 1993), pp. 17-19.

하고 있는 것이다.[182]

다음으로 우리식 사회주의는 사상의 순결성을 지키고 김정일에게 충성을 강화하는 수단으로 활용되었다. 왜냐하면 동구권 몰락시 북한에서는 동구권이 몰락한 이유가 주체사항이 없고, 김일성과 김정일과 같은 위대한 지도자가 없었기 때문이라고 교육하였다. 따라서 주체의 혁명 위업을 달성하기 위해서는 주체사상의 무장을 높이고 우리식대로 살아가기 위한 사상교양을 강화하는 방법을 사용하였던 것이다.

구체적으로 김정일은 "북한과 같은 소국이 대국을 상대로 우리식대로 살아가기 위해서는 결국 사람들의 정신무장을 강화하는 방법밖에 없다. 북한은 수정주의, 교조주의, 사대주의와 같은 사조들의 출처를 모두 제국주의들의 사상침투의 책동으로 보고 체제 유지를 위해서는 사상통제를 철저히 하는 것이라는 것을 알 수 있다. 당 정책교양과 혁명전통 교양, 계급교양, 사회주의 애국교양 등을 비롯하여 여러 가지 사상교양을 강화하여 혁명사상과 주체사상을 튼튼히 무장시켜 온 사회의 사상적 일색화를 실현해 나가는 것[183]"이라고 강조하였듯이 우리식 사회주의는 철저하게 사상교양을 위한 수단으로 활용되었다.

김정일은 "우리식 사회주의 체제는 인민대중에게 자주적이며 창조적인 생활을 보장해주는 가장 우월한 사회제도로 수령·당·대중이 일심단결하여 사회주의 제도를 튼튼히 고수하고 사회주의 위업을 끝까지 완성시켜 나아가기 위해 몸 바쳐 투쟁하라."고 주민들을

182_ 정우곤, "북한 '수령제' 정치체제의 제도화와 특성,"『통일문제연구』, 제9권 1호 (1997), pp. 188-217.
183_ 김정일, "인민대중 중심의 우리식 사회주의는 필승불패이다,"『로동신문』, 1991년 5월 27일.

학습시켰다.[184] 이는 어떠한 시련이 닥쳐오더라도 우리식 사회주의를 토대로 김정일에게 충성하여 끝까지 지키라는 지침이다.

주체사상은 사회주의권 국가의 붕괴라는 대외정세변화에 적극 대처하는 한편 새로운 체제수호 논리의 필요성에 따라 제기되었던 반면, 우리식 사회주의는 사회주의 붕괴에 대한 위기대응 전략이다. 따라서 정치적, 경제적, 사상적 차원에서 이데올로기 변용을 통해 당면한 위기를 돌파하고 체제 정당화 논리를 찾고자 했던 것이다. 주체사상이 사회주의 종주국으로부터 자주성 회복에 기초한 체제수호론이라면, 우리식 사회주의는 1980년대 말 이후 10여 년간 마이너스 성장이라는 경제위기와 폐쇄주의로 인한 자력갱생 경제 발전 전략의 실패에서 오는 북한 주민들의 반발을 억제하고 북한경제는 다른 사회주의 국가와 다르다는 차별성과 독특성을 선전함으로써 체제수호를 목적으로 하는 수단이 되고 있는 것이다.

붉은기 사상

북한은 붉은기 사상을 김일성 사망 1년 후인 1995년 8월 28일 청년절에 당보, 군보, 청년보 공동으로 발표한 정론인 '붉은기를 높이 들고 나가자'에서 언급하였고, 1996년 1월 9일 김정일의 혁명철학으로 공식 선언하였다. 그 주요내용은 기존의 주체사상에 일심단결이라는 김정일에게 절대충성하고 사회주의 고수를 위한 신념화 등의 개념을 추가한 것으로 김일성 사후 김정일의 신적 이미지를 구축하고 독재를 합리화하기 위해 만들어낸 교조적 이념이라고 할 수 있다.

184_ 김정일, "인민대중 중심의 사회주의는 필승불패이다: 조선로동당중앙위책임일군들과 한 담화(1991년 5월 5일)," 『김정일 선집 11권』(평양: 조선로동당출판사, 1991), p. 42.

붉은기는 역사적으로 혁명과 투쟁의 상징을 의미한다. 외래세력의 침투에 반대하여 폭동을 일으키거나 외래침략자를 반대하여 의병을 일으키는 인민들이 죽음을 각오하고 나설 때 붉은 수건을 쓰거나 붉은 옷을 입은 것에서 유래되었다.

붉은기는 1980년대 말 소련과 동구권 사회주의 국가들이 붕괴되자 체제 동요를 막기 위해 주민들에게 체제를 고수하는 신념을 주입시키는데 이용된 바 있고, 특히 김일성 사망이후에는 붉은기 기치(95.8)→붉은기 철학(96.1)→붉은기 사상(97.1)으로 변화되면서 주민들의 사상교육의 강도를 높였는데, 1995년 8월 28일자 『로동신문』 정론에서 "붉은기를 높이 들자"라는 글귀는 김일성의 사망으로 맞게 된 위기를 붉은기를 높이 들고 헤쳐 나가야 된다는 절박함이 반영되어 있다. 이후 붉은기 사상은 점차 사회주의의 신념과 의리, 단결을 강조하는 북한의 사회담론으로 자리 잡았고, 결국 김정일에 대한 충성과 인고정신으로 무장하여 현재의 난관을 극복하도록 유도하는 수단이 되고 있다.

붉은기 사상의 내용은 주체의 혁명철학, 일심단결의 혁명철학, 그리고 신념의 철학으로 구성되는데, 이는 붉은기 사상이 주체사상을 대체하는 이데올로기가 아니라 주체사상에 뿌리를 두고 있음을 의미하며, 붉은기를 든다는 것은 한번 다진 신념을 끝까지 지킨다는 것을 의미한다.

붉은기 사상은 주로 노동신문과 신년공동사설(당보, 군보, 청년보 등)을 통해 대중동원의 구호로 활용한 이데올로기로, 혁명의 영도자 김정일에 대한 절대적인 숭배심이며 영도자와 운명을 같이하는 수령결사 옹위정신이며 김정일을 중심으로 체제수호의 논리로 활용되었다. 북한이 붉은기를 주민들에게 지속적으로 강조하는 것을 통해 이를 국가 통합이데올로기로 볼 수 있다. 결론적으로 붉은기 사상은 논리적 구조를 지진 이념체계라기보다는 혁명 완수에 대한 김정일의 교시로 북한주민들에게 이성적·인지적 측면에서 받아들여져야 하는 하위 담론에 해당된다고 볼 수 있다.

김정일은 여러 논문을 발간하여 김일성의 사상과 업적을 충실하게 계승 발전시키며 사회주의 위업을 대를 이어 완성할 것을 강조하였다. 혁명 선배의 최고대표자는 수령이며, 수령에 대한 충실성은 혁명적 의리의 최고 표현임을 강조하여 붉은기 담론의 체계화를 추구하였다. 또한 붉은기 철학의 특징은 김정일의 천하이며 김정일과 생사운명을 같이 하는 수령 결사 옹위정신이라는 점이다. 위기극복 뿐만 아니라 김정일을 중심으로 영도자를 절대적으로 믿고 따르며 혁명의 수뇌부를 견결히 지켜야 한다면서 수령옹위의 당위성을 강조하였다.[185]

결과적으로 붉은기 사상은 내부적으로 수령사망에 대한 정신적, 심리적 동요에 따른 정치적 파장을 차단하고 대중들로부터 사회주의에 대한 믿음과 신념, 수령을 중심으로 일심단결의 정치를 강조하였던 것이며, 외부적으로는 급격한 체제 변동을 막고 체제 수호 및 체제 정당화 논리로 활용되었다.

특히 붉은기 사상은 경제위기와 갑작스러운 김일성 사망으로 한국과 서방세계에 북한 붕괴론이 확산되자 체제유지를 위한 새로운 위기극복 담론으로써 김정일 정치권력 유지의 핵심수단으로 활용되었다. 동시에 이념적 목표인 우리식 사회주의의 사수를 위해 '고난의 행군정신, 수령결사 옹위정신, 혁명적 군인정신, 사회주의에 대한 믿음, 일심단결정신' 등을 하위개념으로 제시하고 전 주민이 붉은기 사상을 통해 수령의 사망과 경제위기에 의한 체제위기를

---

[185]_ 김근식, "1990년대 북한의 체제 정당화 담론: 우리식사회주의와 붉은기철학을 중심으로," pp. 54-56.

극복하기 위한 통치수단으로 활용된 것이다.

『로동신문』은 붉은기 사상을 "혁명의 주인인 인민대중의 혁명적 열의와 창조적 적극성을 최대한 높여 혁명을 주동적으로 다그쳐 나가야 하는 주체의 혁명이다. 붉은기 사상은 김정일 령도자 김정일 혁명사상이며, 위대한 령도자를 따라 혁명을 끝까지 하려는 신념의 대표이고 일심단결의 상징이며 승리와 영광의 기치"로 정의하고 있다.[186]

또한 북한은 "경애하는 김정일 동지께서 위대한 수령님의 붉은기 사상을 오늘의 조성된 정세와 우리 혁명의 요구에 맞게 빛나게 계승발전 시켜나가신다. 전당과 전군, 전민이 위대한 김정일 동지의 붉은기 사상으로 일색화 될 때 주체의 혁명위업은 빛나게 실현된다"면서 김정일을 존경하고 복종토록 통제하고 있는 것이다. "붉은기를 높이 추켜들고 수령을 결사옹위하여 주체의 혁명위업을 끝까지 고수하려는 견결한 혁명 정신, 위대한 수령 김일성 동지께서 백두밀림에서 높이 추켜드신 혁명의 기치이며 고귀한 사상 정신적 기둥"에 해당된다.

요약하면 붉은기 사상에는 '위대한 수령님의 영광 찬란한 한생'의 넋이 깃들어 있다. 붉은기의 의미와 내용이 체계화되고 확장된 것이 붉은기 사상이다. 김정일의 붉은기 사상은 기존 김일성의 주체사상에 일심단결을 위해 '붉은기'라는 상징성을 부여하여 김정일에게 절대충성하게 한 것이다. 동시에 사회주의 고수를 위해 신념화 등의 개념을 추가하고 김일성 사후 김정일의 신적 이미지를 구축하고 독재를 합리화하기 위해 만들어낸 미란다 측면의 우상화 정책이라고 할 수 있다.

---

[186] "위대한 당의 기치 따라 주체혁명위업을 끝까지 나가자," 『로동신문』, 1995년 10월 10일.

인덕 및 광폭정치

김정일은 자신의 통치방식을 정당화하기 위하여 주체사상이라는 통치방식에 유교적 요소까지 동원하였는데, 이는 김정일의 지도력의 특징을 설명할 때 사용하는 '인덕정치'라는 표현에서도 잘 알 수 있다. 김정일은 김일성 사후 얼마 지나지 않은 1994년 11월 1일에 집필한 『사회주의는 과학이다』에서 사회주의 정치를 사랑과 믿음의 정치, 곧 인덕정치라고 정식화하였다.

이는 인민대중 중심의 사회주의는 사회생활의 모든 분야에서 동지적 단결과 협조, 사랑과 믿음의 관계를 가장 훌륭히 구현하며 정치도 사랑과 믿음의 정치로 전환시킨다는 의미이다. 사랑과 믿음은 인민대중이 정치의 대상에서 정치의 주인이 된 사회주의 사회에서 정치의 본질을 이룬다.

인덕정치가 김정일 체제의 북한에서 새로운 정치방식으로 등장한 배경은 우리식 사회주의와 마찬가지로 1990년 중반부터 겪은 고난의 행군이다. 북한 당국은 이 시련의 시기를 견딜 수 있게 해준 것이 인덕정치라고 설명한다.

처음 인덕정치 용어가 사용된 시기는 1993년 1월 28일로 이날 『로동신문』 사설은 "문무충효를 겸비하신 친애하는 지도자 김정일 동지께서는 인민에 대한 숭고한 사랑을 지니시고 우리 인민을 위한 가장 훌륭한 인덕의 정치를 베푸시고 계신다."고 보도했다. 또한 "력사적으로 나라는 인덕으로 다루셔야 한다는 말이 전해왔지만 착취사회는 결코 인덕에 의해 다스려지는 사회가 아니었다."하면서 진정한 인덕의 정치는 인민이 주인이 되는 사회주의 사회에서 인민의 운명을 전적으로 책임지고 이끄는 당과 수령에 의해서만 실지될 수 있다고 주장하였다.[187]

인덕정치에 대한 북한의 이 같은 설명은 사회주의 체제에서는 전무후무한 왕조적 권력계승과 구소련과 동구에서의 사회주의체제의 몰락으로 정당성의 기반이 더욱 약화된 북한의 스탈린주의적 통치방식을 합리화하기 위해 유교적 위민사상과 귀민사상이 적극적으로 동원되었다는 것이다.[188]

결론적으로 인덕정치는 주체사상의 집단주의 논리와 결합된다. 인덕정치에서 말하는 사회주의 정치의 본질로서의 사랑과 믿음은 개인주의적 가치가 아니라 집단주의적 가치이다. 집단주의적 가치로서의 사랑과 믿음은 사회적 집단과 개별적 사회성원의 관계에서 실현되며, 동시에 개별적 사회성원들 간의 관계에서도 실현된다. 다시 말해 인덕정치란 사회적 집단과 개별적 사회성원의관계에서 개별적 사회성원들 간의 관계에서 사랑과 믿음이라는 집단주의적 가치를 실현하는 사회주의 정치방식인 것이다.

또한 김정일이 말하는 광폭정치는 1989년부터 내부적으로만 사용되어 오다가 1993년 1월 28일자 『로동신문』 사설은 "인민을 위한 정치는 그릇이 커야 한다. 로동계급의 당의 정치는 어디까지나 폭이 넓어야 한다."고 주장하고, 1994년 8월 10일 『로동신문』 논설에서 최초로 김정일의 통치방식이 광폭정치임을 암시했으며, 1994년 8월 10일 『로동신문』 논설에서 공개적으로 처음 사용하기 시작했다. 이러한 흐름은 김정일 후계체계를 구축하는 과정에서 김정일의 지도역량을 선전하기 위해 김정일의 통치스타일을 광폭정치로 부르게 했다. 또한 광폭정치를 통해라는 표현을 통해서 이해할 수 있다. 김정일의 광폭정치를 기념하기 위해서 평양에 세워진 170m 높

187_ 이찬행, 『인간 김정일 수령 김정일』(서울: 열린세상, 1994), p. 136.
188_ 정성장, "주체사상의 이론체계와 성격," 『북한연구학회보』, 제3권 2호(1999), p. 260.

이의 주체사상탑과 105층의 류경호텔, 15만 명을 한 번에 수용할
수 있는 5·1경기장, 140m 높이의 45층 쌍둥이 빌딩 고려호텔 등의
상징적 건축물은 김정일의 위대성을 선전하는 대표적인 치적물로
써 광폭정치에 의해 건설되었다.

이외에도 여성의 칼라 의상착용 및 입술 화장 권장, 보천보전자
악단의 경쾌한 경음악 연주 등도 김정일의 광폭정치에 의한 것이라
고 북한은 주장하고 있다. 이러한 외형적인 북한의 설명만 듣게 되
면 자유민주사회에서 통용되는 것처럼 보이지만 여기에는 수령의
인덕정치를 통해서 그러한 가치가 실현된다는 논리로 비약되기 때
문에 본질과는 다르다. 결국 김정일은 북한체제에 적용될 새로운
정치방식의 필요성을 느낀 동시에 그 통치방식을 정당화하기 위해
주체사상에 유교적 요소까지 동원한 인덕정치를 펼쳤다.

<표 4-8>은 김정일 시대 크레덴다 측면에서 대표적 개념인 존
경에 대한 설문이다. 먼저, 북한에 생활할 당시 김일성과 김정일
중 진정한 수령은 누구인가에 대한 질문과 북한에서 가장 존경하는
인물은 누구였는가에 대한 질문이었으며, 설문 결과는 아래와 같다.

〈표 4-8〉 진정한 수령과 존경하는 인물에 대한 설문

구분		성별	
		남자	여자
진정한 수령은?	김일성	45	85
		56.3%	43.6%
	김일성, 김정일 둘 다	15	45
		18.8%	23.1%
	없다	20	65
		25.0%	33.3%

구분		성별	
		남자	여자
가장 존경하는 인물은?	김일성	40	110
		47.1%	56.4%
	김정일	5	5
		5.9%	2.6%
	부모님	30	80
		35.3%	41.0%
	선생님	5	0
		5.9%	0.0%
	기타	5	0
		5.9%	0.0%

진정한 수령은 누구인가에 대해 남성은 김일성 56.3%, 김정일 0%, 김일성과 김정일 둘 다 18.8%, 없다 25%라고 답변했고, 여자는 김일성 43.6%, 김정일 0%, 김일성과 김정일 모두 23.1%, 없다가 33.3%였다.

설문에서 특이한 점은 김정일에 대해서 단독적으로 수령이라고 답한 인원이 없다는 점인데, 김정일에 대한 수령인식은 아버지 그늘에서 형성된 리더십과 관련되며 지배 유형 중 전통적 지배에 해당하는 것으로 볼 수 있다.

가장 존경하는 인물에 대한 설문결과는 남자의 경우 김일성이 47.1%, 부모님이 35.3%, 김정일과 선생님 각각 5.9%로 분포되어 있는 반면, 여성의 경우 김일성이 56.4%로 월등하게 높았으며, 부모님도 41%로 월등히 높아 남자에 비해 여자들은 김정일에 대한 존경심은 없는 것으로 나타났다. 이는 선군정치의 영향 하의 군에 대한 경험 부족과 고난의 행군 시 아사자가 발생한 이유도 작용했을 것으로 판단되나, 가장 중요한 이유는 북한의 크레덴다 측면의 우상화 정책이 권력유지에 크게 영향을 미치고 있지 않는다고 할 수 있다. 북한 사회에서 사는 주민들은 김일성과 김정일에 관한 우상숭배를 진정으로 받아들이기보다 의무적으로 받아들이고 있으며, 점점 그 의무가 강제성을 내포[189]하고 있기 때문이다. 1년에 4~5회 이상 우상숭배물을 포함한 기념탑과 사적지 등에 방문하여 충성을 맹세하고 있음에도 김정일을 진정으로 존경하는 사람이 줄고 있다는 이유이다.

나. 합법적 독점

현지지도

현지지도는 일반적으로 김일성과 김정일 특유의 정책지도 활동을 연상시키는 단어로 탁상행정을 배격하고 지도자가 직접 실태와 문제점을 파악하기 위해 시행되며 북한에서는 김일성과 김정일의 활동을 수령의 영도로 우상화하기 위한 수단으로 활용하였다.

김정일의 현지지도는 1981년 5월 김일성을 수행한 묘향산 지구 개발공사현장 방문을 시작하였고, 당시 실무지도라는 명칭으로 주요산업, 건설현장을 시찰하면서 각종 지시를 하달하였다. 1990년대부터는 실무지도 대신 김일성에게만 사용하던 현지지도라는 용어를 사용하고 있다.

김정일의 현지지도 목적은 구체적 현실과 인민의 지향을 반영한 정책과 방침들을 구상하고 작성하기 위해 현장 또는 현지 실태를 정확히 파악하는데 있다. 더 중요한 핵심은 현지지도를 통해 어버이 수령이라는 이미지 강화와 수령의 절대적 능력을 정당화 시키는

---

[189]_ 김정민, "북한 노동당창건 50돌과 우상화 기념비들," 『북한』, 1995년 10월호 (1995), p. 98.

데 있다. 열악한 도로조건이나 교통수단에도 전국을 다니며 지하는 자애로운 수령임을 증명하고, 인민에 대한 뜨거운 사랑을 지닌 이미지를 나타내며, 이를 통해 지도자를 '인민에 대한 사랑의 최고의 화신'으로 찬양하기 위함이다.[190]

김정일의 지도자적 자질 및 권위 부각의 일환으로 행해지고 있는 현지지도는 1981년부터 1994년까지 아버지 김일성을 보조하는 수단에서 76차례의 실무지도가 이뤄졌고, 1995년 이후부터 2008년까지는 북한의 최고지도자로서 1,141차례 현지지도를 실시하였다. 특히, 김정일은 김일성 사망이후 주민들의 생활향상에 많은 관심을 보이고 자애로운 인민의 어버이로서 부각될 수 있도록 각종 현지지도 사적비 및 혁명사적, 대형 건설사업 등을 주도하면서 수령의 권위를 강화하였다.[191]

김정일은 2006년도 100회, 2007년도 84회, 2008년도 100회, 2009년도 154회, 2010년도 158회의 현지지도를 다녔으며, 연평도 포격도발 2010년 11월 이후 20일간은 무려 26개소에 대해 1,230km를 이동하며 지도하기도 하였다. 김정일은 현지지도를 통한 인민에 대한 애민 이미지를 선전하기 위해 공개 활동 이후 기록영화를 제작하여 주민들에게 방영하였다.

190_ 이교덕, 『김정일 현지지도의 특성』(서울: 통일연구원, 2002), pp. 1-2.
191_ 이관세, 『현지지도를 통해 본 김정일의 리더십』(서울: 전략과 문화, 2009), pp. 192-246.

〈표 4-9〉 김정일 공개 활동과 언론보도(2010년 기준)

공개 활동	방문일자	방영일자	비고(기간)
새로 건설된 국립연극극장 예술인 살림집 방문	10. 9	11. 7	28일
중국 인민지원군 열사묘 화환 진정 및 인민지원군 사령부 방문	10. 25	10. 30	5일
중국 고위군사대표단 접견 및 만찬	10. 25	10. 27	2일
북중기계연합기업소 등 사업현지지도	6. 5~19	9. 22	약 3개월
만수대 예술단 공연 관람	4.~5.	9. 15	약 4개월
중국 호금도 총서기와 상봉	8. 30	9. 4	5일

<표 4-9>는 2010년도 김정일의 공개 활동과 언론보도 현황으로 김정일이 예술 관람이나 지역 방문 이후 짧게는 2일 길게는 4개월 후에 공개 활동 영화를 방영하였다. 이는 김정일이 그만큼 정치 지도자가 주민들을 걱정하고 국가 발전에 노력하고 있다는 이미지를 주민들에게 보여주고자 하는 의도가 반영된 결과이다.

현지지도는 김정일을 찬양하는 우상화 수단으로 연결된다. 김정일은 "당의 유일사상 교양에서 수령님의 현지지도에 깃든 사적 내용을 가지고 교양하는 것이 중요합니다. 수령님의 현지지도와 관련된 사적물을 정중히 보위관리하며 그것을 통하여 당원들과 근로자들을 교양하는 사업을 옳게 조직할 것을 지시했다.[192]"고 언급하기도 했다. 북한은 김정일이 현지지도를 하고 나면 지도 대상 지역에 '대를 이어 영원히 업적을 선전'하기 위한 현지지도 사적비를 세우고 주민들이 답사하도록 하고 있다. 결국 김정일은 자신의 권력 공고화에 현지지도를 효과적인 우상화 수단으로 적극 활용하였다.

---

[192] 김정일, "3대혁명을 힘 있게 벌려 생산에서 새로운 앙양을 일으키자: 함경남도 및 검덕광산 지도일군들과 한 담화(1975년 7월 1일)," 『김정일 선집 5권』(평양: 조선로동당출판사, 1995), p. 173.

헌법 개정

북한은 1948년 9월 8일 헌법 제정이후 현재까지 총 9차례에 걸쳐 개정하였고, 기존의 서문 7장 166조에서 서문 7장 172조로 증편하였다. 김정일이 권력을 승계한 이후 1998년과 2009년 2회에 걸쳐 헌법을 개정하였는데, 1998년에 개정한 헌법은 김일성 유훈통치와 국방위원장 권한을 강화한 것이 주요 특징이다. 국방위원회의 위상이 기존 최고 군사지도기관에서 최고 군사지도기관인 동시에 전반적 국방관리기관으로 그 위상을 강화되었고, 국방위원장 직무와 관련해서 일체무력을 지휘통솔하고 국방 사업전반을 지도하는 것으로 국가 주권자는 기존과 동일한 노동자, 농민, 근로인민이며, 무장력의 사명에 있어 기존과 동일하게 근로인민의 이익을 옹호하고 사회주의 제도를 보위하는 것이 핵심이다.[193]

2차 헌법 개정의 경우는 2009년 4월 9일 개최한 제12기 최고인민회의 1차 회의에서 선군사상 용어 및 국방위원장 권한 강화 등을 명기하였다. 개정 내용을 보면, 국방위원장의 권한 확대와 군의 무장력 사명과 국가주권자에 대한 추가가 핵심인데, 국방위원장 권한 확대는 국가 최고지도자로 명시하고 국가사업의 전반을 지도하고 조약의 비준·파기, 사면, 비상사태 선언권을 부여하고 군 무장력의 사명에 혁명의 수뇌부 보위 임무를 추가하고, 국가 주권자를 추가하여 노동자, 농민, 근로인민에 군인을 추가하여 선군정치의 위상을 강화하였다.[194]

2009년 헌법 개정은 선군사상 용어를 최초로 명기하는 대신 공

193_ 윤대규, "북한사회의 변천과 헌법의 변화,"『2009년 북한헌법 개정과 북한체제 변화』(국가안보전략연구소 주최 국내 학술회의, 2009년 10월 20일), p. 21.
194_ 박정원, "2009년 헌법 개정의 의미와 주요특징,"『2009년 북한헌법 개정과 북한체제 변화』(국가안보전략연구소 주최 국내 학술회의, 2009년 10월 20일), pp. 43-58.

산주의 단어를 삭제하였다. 상세하게 보면, 주체사상을 지도적 지침에서 주체사상, 선군사상을 지도적 지침(제1장 정치 3조)으로 사회주의, 공산주의는 근로대중이란 부분에서 공산주의가 빠져 사회주의는 근로대중의(2장 경제 29조)로, 주권자 부분에서는 군인 추가 및 군 임무에 혁명의 수뇌부 보위를 명시하여, 주권은 노동자, 농민 근로인텔리와 모든 근로인민에서 주권은 노동자, 농민, 군인, 근로인텔리를 비롯한 근로인민(제1장 정치 4조)으로 수정하였다.

무장력의 사명은 근로인민의 이익을 옹호하며 외래침략으로부터 사회주의 제도와 혁명의 전취물을 보위하고 조국의 자유와 독립과 평화를 지키는데 있다는 부분은 무장력의 사명은 선군혁명노선을 관철하여 혁명의 수뇌부를 보위하고 근로인민이익, 사회주의 제도와 혁명의 전취물, 조국의 자유와 독립, 평화를 지키는데 있다로 수정해 혁명의 수뇌부 보위를 헌법에서 강조하게 되었다.

〈표 4-10〉 북한의 헌법 개정의 주요 특징과 내용

구분	'92년 개정헌법	'98년 개정헌법	'09년 개정헌법
주요 특징	국가주석제	김일성 유훈통치 국방위원장 권한 강화	국방위원장 통치 국가최고지도자
국방위원회 위상	최고 군사지도기관	최고 군사지도기관 전반적 국방관리기관	국가최고지도기관
국방위원장 직무	일체무력을 지휘통솔	일체 무력 지휘통솔 국방사업 전반 지도	사업 전반을 지도
국가 주권자	노동자, 농민, 근로인민	노동자, 농민, 근로인민	군인 추가
무장력의 사명	근로인민 이익옹호 사회주의제도 보위	근로인민 이익옹호 사회주의 제도보위	혁명의 수뇌부 보위 추가

* 출처: 박정원, "2009년 헌법 개정의 의미와 주요특징," 『2009년 북한헌법 개정과 북한체제 변화』(국가안보전략연구소 주최 국내 학술회의, 2009.10.20), pp. 61-62 참고로 재구성.

국방위원장 지위 및 권한 확대와 국방위원회 실질적 권한 강화에 대해 보면, 국방위원장 제6장 국가기구 2절 부분을 신설하여 국방위원장은 최고영도자이며, 국가의 전반적인 지도와 국방위원회 사업 직접지도, 국방부문의 주요간부 임명, 해임, 비상사태, 전시상태, 동원령선포 등 기존 국방위원회 권한을 이관하였고, 다른 나라와의 중요조약 비준, 폐기, 특사권 행사 등 최고인민회의 상임위 권한을 축소하였다. 특히 제6장 국가기구 3절의 국방위원회 권한을 수정하였는데, 국방위원회는 기존 최고 군사지도 기관, 전반적 국방관리 기관에서 최고 국방지도기관으로서 권한을 격상시키고, 국가의 중요정책 수립과 국방위원회 위원장 명령과 국방위원회 결정, 지시에 대한 감독 및 대책 수립 권한을 수행하되 기존 중요군사간부 임명, 해임, 전시상태, 동원령 선포 등의 권한은 신설된 국방위원장 권한으로 이관하였다.[195]

정리하면 2009년도 북한의 헌법 개정은 김일성의 주체사상과 김정일의 선군사상을 새로운 통치이념으로 명문화하여 선군노선을 법제화하고 군의 체제 수호기능을 강화한 것으로 주체사상과 선군혁명 사상 용어를 짝을 이루어 함께 사용하고, 주권자에 군인을 포함시키고 군 임무에 혁명의 수뇌부 보위를 명시하였다. 이와 함께 사회주의 계획경제 등 기본노선 유지 하에 공산주의 용어를 삭제하면서 주체 및 선군사상에 입각한 사회주의 강성대국으로 체제 목표를 전환하였는데, 공산주의 단어 삭제는 김정일이 기존에도 사회주의도 못하면서 공산주의를 논할 처지가 못 되니 공산주의 용어를 사용하지 말라고 수시 강조한 것과 1992년 헌법 개정 시 마르크스 레닌주의를 삭제하고 주체사상을 내세웠던 것과 같은 맥락으로 보인다.

---

[195]_ 위의 글, pp. 43-63.

국방위원회 중심의 국정운영과 체제 위기관리시스템을 구축한 이유는 국방위원장 지위를 최고영도자로 명문화하고 그 권한을 김일성 주석급 이상으로 격상시켜 최상위 직책으로 규정해 기존 국방위원장의 중요조약 비준, 폐기권 및 특사권 신설에 김영남 최고인민회의 상임위원장의 명목상 국가원수 업무까지도 김정일이 직접 관장하겠다는 의도가 내포된 것과 관련 있다고 해석된다. 국방위원회도 국가 중요정책 수립권, 국가기관 감독 통제권을 추가하여 실질적인 국가 최고지도기관으로 부상시킨 것이다.

결론적으로 김정일의 헌법 개정은 제도적 완성을 통해 김정일의 건재를 과시하고 후계자의 권력 장악을 용이하기 위한 기반을 마련하려는 의도가 내포되었다. 공산주의를 삭제하고 선군사상 표현을 삽입한 것은 김정일 통치기반의 강화를 위한 것으로 공산주의 포기 및 개방 추구라는 의미보다는 후계자가 국방위원장직 승계만으로도 권력 장악이 가능하도록 체제를 정비한 정부 차원의 합법적 독점에 해당된다.

이에 북한은 선군사상을 통치이념으로 명문화한 가운데, 권력이 집중된 국방위원회를 중심으로 병영 국가 체제를 강화함으로써 세습 독재 유지와 후계구도 구축에 주력한 것으로 평가된다.

다. 희생

총폭탄 정신

북한은 군인뿐만 아니라 일반주민, 학생들에게도 총폭탄 정신을 요구한다. 신년공동사설을 통해 혁명의 수뇌부를 결사옹위하고 천만 군민이 일심단결하여 선군혁명을 총진군하자고 독려하면서 총폭탄 정신을 강조하고 있다.[196]

북한은 김일성 지시로 1946년 사회주의 청년동맹을 조직하였고,

입단시 가맹선서를 하는데 "나는 김일성 사회주의 청년동맹으로서 항상 조선로동당과 김일성 김정일 원수님께 충직하여 혁명선배처럼 일하며 배우며 조국의 통일 독립과 사회주의, 공산주의 승리를 위하여 나의 모든 것을 다 바쳐 싸울 것을 조직과 동지들 앞에서 엄숙히 맹세한다."[197]와 같이 모든 것을 바쳐 김일성을 위해 싸울 것을 맹세하도록 한다.

이렇게 김정일을 위해 청춘도 가정도 희망도 모두 바칠 것을 강요하는데, 특히 군 사상교육에서 특별히 강조되는 내용은 혁명적 군인정신이 수령결사 옹위정신, 결사관철정신, 영웅적 희생정신으로 구성된다는 것이다.

혁명적 군인정신의 핵심은 수령 결사옹위정신으로서 김정일을 정신적, 육체적으로 철저히 보위하기 위한 사상이며, 김정일의 사병으로서 자신을 기꺼이 희생해야 한다는 강박관념과 자폭정신, 총폭탄 정신을 형성시킨다. 실질적으로 북한군에서 일어나고 있는 자폭정신 배양 사례를 보면, 장병 입대 시 자신이 김정일을 보위하는 총폭탄이 될 것을 약속하는 선서를 한다. 그리고 북한군 병사들은 자신의 소대를 자폭소대라고 소개하는 것을 굉장히 자랑스럽게 생각하며, 자폭영웅의 모범을 학습하는 운동을 전군 차원에서 실시한다.

북한 군인들은 김일성 부자가 자폭정신에 대해 언급한 내용을 모두가 암기하고 토론을 통해 이를 체질화하고 있으며 유사시 전군을 가미가제(자폭공격)식으로 동원하도록 세뇌교육을 하고 있다.

---

[196]_ "전당 전군 전인민이 일심단결하여 선군의 위력을 더 높이 떨치자" 제하의 신년공동사설 보도문, 『조선중앙TV』, 2005년 1월 1일.
[197]_ 김봉기, 『북한 학교교육의 실상: 붉은 넥타이』(서울: 판문점트레블센타, 2006), p. 53.

김정일은 "혁명하는 사람은 위험에 처할 때 자결하는 정신을 가져야 한다. 혁명가가 지조를 지키려면 적에게 고문당하기 전에 자폭해야 한다. 앞으로 전당과 전군이 자폭정신을 갖도록 해야 한다."고 강조였으며, 황장엽은 북한의 4살 유치원생으로부터 남녀 할 것 없이 모든 청소년들은 청년근위대원으로 근무하고 대학생의 경우 교도대에 가서 합격해야 졸업장을 주고 있는데, 김정일의 총폭탄이 되는 훈련을 끊임없이 받고 있다고 언급하였다.[198]

북한 군인들과 주민들은 자폭에 대한 교시내용을 완벽히 암기하고 생활화하고 있다. 북한 공군은 미그기를 이용해 미 항공모함을 향해 자폭하는 비행결사대를 운영하며 해군은 자폭용 소형잠수함을 운영하고 있다. 또한 실전과 유사한 자폭훈련을 하고 있으며 훈련 중 자폭 상황을 부여하는 경우도 있다고 한다.

사회주의 청년동맹원이 되면 중·고교생은 붉은 청년 근위대, 대학생은 교도대에서 각기 편입되어 총폭탄 정신과 자폭정신까지 교육을 받고 유사시 전쟁의 예비자원이 된다. 1990년 말 서해상 표류하다 구조된 20대의 북한군 병사들은 모두 "김정일 은덕으로 어려움 없이 살아왔기 때문에 북한으로 돌아가기를 희망한다."고 주장하였듯이 최근 탈북한 북한군 장병들은 대다수가 김정일에 대한 확고한 충성심을 가지고 있다고 진술한다. 김정일은 사회주의 조국과 인민의 운명을 책임진 운명의 하늘, 혁명의 성인, 조국의 수호자, 인류의 태양으로 신격화 되었으며, 태양을 받들고 결사옹위하는 길에서 살아도 영광, 죽어도 영광이라며 절대 충성을 유도하고 있다.

북한의 총폭탄 정신은 김정일을 위해 청춘도 가정도 희망도 모두

198_ 황장엽, 『북한의 진실과 허위』(서울: 통일정책연구소, 1999), pp. 59-61.

바칠 것을 강요하면서 특히 군사상교육을 통해 강조되고 있다. 혁명적 군인정신은 수령결사 옹위정신, 결사관철정신, 영웅적 희생정신으로 구성되는데, 이는 크레덴다 우상화 정책인 정부에 대한 희생에 해당되는 대표적 사례이다.

주민영웅화를 통한 충성 일꾼 만들기

김정일은 주민들에게 시대의 영웅은 당과 수령에 충실한 참된 인간의 전형이 되어야하고, 영웅이 많아야 당이 강해지고 위력해지니 전체 인민이 영웅이 되어야 한다고 강조하였다. 이에 대해 김정일은 "영웅은 당과 수령에게 충성하는 애국자라고 표현한다. 영웅은 예로부터 사랑받고, 존경받는 나라의 얼굴이라고 칭찬하였다. 우리시대에 있어서 영웅이란 당과 수령에게 충성을 다하고, 무한한 헌신성과 희생성을 발휘하여 투쟁하는 혁명가들과 애국자들입니다. 우리시대의 영웅들은 당과 수령에 대한 충성심으로 불타는 충신이며 애국자이며 혁신의 창조자입니다."[199]라며 당 일꾼들에게 설명한 바 있다.

김정일은 김일성과 김정일 부자의 초상화를 구하다가 사망하거나 전투에서 사망하는 등 희생한 인민들에게 영웅칭호를 부여하고, 그들의 이름을 학교명으로 개정해 북한 주민들이 충성심을 본받을 수 있도록 선전하고 있다. 아래 <표 4-11>은 북한주민의 영웅칭호 부여와 학교 개명 현황이다.

199- 김정일, "우리시대 영웅은 당과 수령에게 끝없이 충실한 참된 인간의 전형이다: 조선로동당중앙위원회 책임일군과 한 담화(1985년 6월 15일)," 『김정일 선집 8권』(평양: 조선로동당출판사, 1998), pp. 236-237.

<표 4-11> 영웅주민의 이름으로 학교명칭 개명

구분	학교개명	영웅업적
1990년 11월	용문고등중학교 → 김광철고등중학교	병사 구한 소대장
2005년 9월	평양 미산소학교 → 유향림소학교	김일성 부자 초상화 구함
2007년 12월	평양 원산중학교 → 유경화중학교	김일성 부자 초상화 구함
2009년 4월	완산중학교 → 한계열중학교	6.25 전사자
2010년 10월	평양 축전중학교 → 김주혁중학교	대청해전 사망 (2009년 11월)

북한은 1980년대 이후 경제적 어려움 속에서 당과 지도자를 위해 충성과 헌신을 다하는 '숨은 영웅'을 발굴하여 선전하는 '숨은 영웅' 찾기 운동과 위에서 살펴보았듯이 이러한 영웅의 이름을 딴 학교나 시설물의 명칭을 부여함은 물론, 각종 문학서적 등에 이러한 영웅의 이야기가 실리고 영웅칭호를 부여하는 등 크게 포상을 하고 있다.

특히, 1990년대에는 소련의 붕괴와 동구권의 체제전환 등 사회주의권이 급변하는 시기였기 때문에 '사회주의 지키세', '어머님은 붉은기와 함께 계시네', '고난의 행군' 등과 같은 북한주민들을 사상적으로 결속시키고 사회주의 정당성을 확보하기 위한 작품을 많이 창작하였다. 북한은 김일성과 김정일을 위해 충성과 헌신을 다하는 주민들을 찾아 영웅으로 호칭하고, 일반 주민들도 이러한 영웅들을 모범적으로 따라 배우도록 선전을 강화하였다.

집에 화재가 발생했을 때 김일성·김정일 초상화 구하기에 대한 북한이탈주민 설문결과, 남자는 김정일 초상화 62.5%가, 여자는 59%가 김일성·김정일 초상화 둘다를 집안에 들어가 꺼내온다고 답변하였다. 불이 나서 생명이 위험한데도 불구하고 초상화를 꺼내온다는 사람이 절반 이상 된다는 것은 어려서부터 철저한 교육을 통에 몸에 숙달된 측면과 초상화를 꺼내 왔을 때 당으로부터 받는 영웅칭호 수여 등 포상에 대한 기대심리에서 온 결과로 볼 수 있다.

김정일 시대 우상화 선도기관에 대한 질문은 남자의 경우 선전선동부가 58.8%로 가장 높았고, 인민무력부 23.5%, 다음으로는 조직지도부-국가보위부 순이었다. 여자의 경우, 선전선동부가 61.5%로 가장 높았고, 조직지도부와 국가보위부가 15.4% 인민무력부가 5.1%, 인민보안부가 가장 낮았다.

김일성과 김정일 시대 우상화 선도기관은 선전선동부가 가장 큰 역할을 한 것으로 분석되며, 여기에서 특이한 점은 김정일 시대 군 생활을 많이 했던 남자들의 경우, 선군정치를 구사해온 인민무력부가 우상화 정책에 기여한 점을 들 수 있다. 반대로 김정일 시대 군 생활의 경험이 상대적으로 적은 여자들의 경우 인민무력부 보다는 조직지도부와 국가보위부가 우상화 정책을 선도하였다고 인식한 것으로 평가된다.

〈표 4-12〉 김정일 시대 충성심 함양방법

구분		성별	
		남자	여자
김정일 시대 충성심 함양방법	학교교육	45	65
		52.9%	33.3%
	현지지도	5	50
		5.9%	25.6%
	선물지급	10	10
		11.8%	5.1%
	생활총화	5	30
		5.9%	15.4%
	사상통제/처벌	20	40
		23.5%	20.5%

김정일 시대 충성심 함양방법에 대한 조사 결과는 남자의 경우 학교교육-사상통제/처벌-선물지급-현지지도와 생활총화 순이고, 여자의 경우는 학교교육-현지지도-사상통제/처벌-생활총화-선물지급 순이었다.

결과와 같이 김일성과 김정일 시대 충성심 함양방법으로 가장 효과적인 방법은 학교교육이었으며, 그 다음은 남자의 경우 사상통제/처벌, 여자의 경우는 현지지도로 성별에 따라 다르게 평가되었다.

〈표 4-13〉 김정일 우상화 정책(미란다와 크레덴다의 조합)

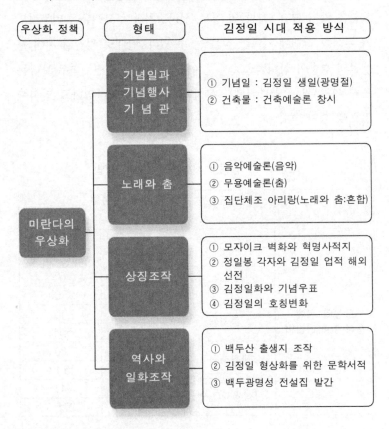

우상화 정책 / 형태 / 김정일 시대 적용 방식

미란다의 우상화

기념일과 기념행사 기 념 관
① 기념일 : 김정일 생일(광명절)
② 건축물 : 건축예술론 창시

노래와 춤
① 음악예술론(음악)
② 무용예술론(춤)
③ 집단체조 아리랑(노래와 춤:혼합)

상징조작
① 모자이크 벽화와 혁명사적지
② 정일봉 각자와 김정일 업적 해외선전
③ 김정일화와 기념우표
④ 김정일의 호칭변화

역사와 일화조작
① 백두산 출생지 조작
② 김정일 형상화를 위한 문학서적
③ 백두광명성 전설집 발간

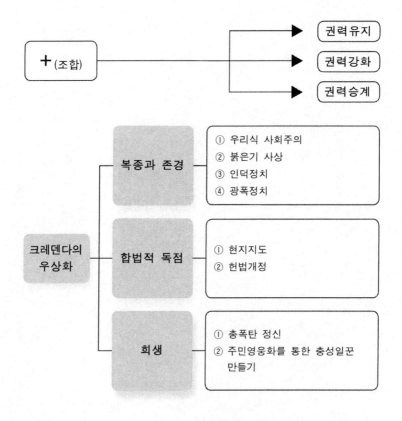

권력 획득: 집권 초기 미란다와 크레덴다 혼합(정당성과 권위
       미확보)
권력 강화: 집권 중기 크레덴다 약화, 미란다 강화(선군 및 사상
       강조, 체제안정)
권력 승계: 집권 말기 미란다와 크레덴다 혼합(권력 계승)

V

김일성과 김정일의
우상화 정책 비교

1. 김일성의 우상화 정책

가. 전개방식과 특징

권력획득 시기

김일성은 집권 초기에 미란다 위주의 우상화 정책을 전개하였다. 미란다 우상화 정책은 기념일 제정, 상징조작과 역사·일화조작 위주로 진행되었는데, 주요사례를 보면 1947년 만경대 혁명사적지 조성을 시작으로 1948년 김일성 동상 설치, 1948년 김일성 극존칭 사용과 조선혁명박물관 설립, 1949년부터 1958년까지 조선해방투쟁사와 조선민족해방투쟁사를 통한 일화와 역사조작을 하였다. 1961년에는 김일성 구호나무, 노동당창건기념일, 조선근대혁명사를 통한 가계우상화에 주력하였다. 한편, 김일성 집권 초기 크레덴다 우상화는 김일성의 합법적 독점을 위한 1950년 현지지도와 영웅칭호 부여를 통한 주민들의 희생을 강요하였다.

김일성이 집권 초기 주민들의 감성에 호소한 미란다 우상화 정책에 무게를 둔 이유는 지배 정당성과 권위 정도가 강해 주민들의 자발적 동원과 복종이 가능하였기 때문이다. 김일성은 집권 초기 국내적 상황은 1945년 8월 소련에서 북한으로 입국당시 88여단에서 소련 군부 지도자들과 인연이 있었기 때문에 북한정권 수립 시 소련의 지원을 받아 최고지도자로 옹립될 수 있었다. 특히, 군대를 장악하고 있었기 때문에 1945년 9월 정권창건일에 수상인 동시에 조선인민 군총사령관 직책을 수행하면서 권력을 장악한 상태였다.

집권 초기 국제적 상황은 미란다 우상화 정책을 구사할 수 있는 상황이었다. 1953년 스탈린 사망이후 격하운동이 발생하고, 공산주의권의 결속 약화와 더불어 중·소간의 갈등은 김일성에게 큰 위기 인식으로 작용하였다. 김일성은 정치권력이 반대파에게 넘어가게 되면 자신도 스탈린과 같은 실패를 할 수밖에 없다고 생각하여 김일성 개인숭배를 위한 미란다 측면의 우상화 정책에 매진하게 된다.

집권 초기 김일성의 우상화 정책의 특징은 세 가지로 요약된다. 첫째, 소련이 김일성에 대한 개인숭배를 지원해주었다. 건국 초기 북한은 소련에 의해 통치되었다. 병력배치를 완료한 소련군은 김일성이 실권을 장악할 수 있도록 적극적으로 뒷받침했다. 소련의 정책지시를 한국말로 번역하여 김일성에게 전달되고, 김일성은 보고문을 러시아어로 작성하여 승낙을 받아야했다.

결국 소련은 친소 정권의 최고책임자로 김일성을 옹립하고 김일성의 권력을 확고히 심어주기 위해 스탈린처럼 김일성의 개인숭배를 추진하였다. 1946년 2월 북조선 임시위원회 위원장이 되고 김일성을 조선인민의 영웅으로 부각시켰다. 1948년 9월 정부 조직 시에는 '수령'으로 호칭하고, 10월 14일 평양시 군중대회에서 33세의 김일성은 민족의 영웅으로 등장했고, 항일유격대 활동을 한 항일무장투쟁사의 전설적 인물로 선전했다. 1952년 김일성 생일 40주년에 '원수' 칭호가 부여되었다.

또한 이 시기 김일성의 우상화는 크게 두 가지로 요약할 수 있다. 모든 일과의 시작과 종료 시 방송국을 통해 '김일성 장군의 노래'를 틀도록 하였으며, 다른 하나의 방법은 노동신문에 김일성의 빨치산 활동사항을 연재해서 김일성이 지도자로 이미 준비된 사람처럼 상징화하였다.

둘째, 집권 초기 우상화 정책은 정권과 체제유지 차원에서 이뤄졌는데, 김일성은 우상화 사업을 국가의 최우선 과제로 선정하고 선전사업 일환[200]으로 전개하였다.

---

[200]_ 선전사업은 대중에게 수령의 혁명사상과 이론, 당의 노선과 정책을 널리 알리고, 이론적으로 깊이 체득시키는 당 사업의 형식이며, 교양, 강연, 5호담당선전 등이 있다.

대중에게 김일성을 수령으로 인식시키고 존경과 찬양의 대상으로 우상화시키기 위해 당 선전선동부를 선도기관으로 내세웠다. 당 선전선동부는 온 사회의 김일성주의화 실현을 위한 당 사업을 지도 통제하는 부서[201]로 정책선동과, 문학지도과, 예술지도과, 혁명사적과 등이 있으며, 특히 혁명사적과에서 사적지, 전적지 등 우상화 상징물을 담당한다. 보다 체계적인 우상화 상징물을 제작·보급하고자 1959년 만수대 창작사를 설립해 유능한 미술가나 예술가를 선발하였고 집체창작을 할 수 있도록 여건을 보장하여 동상과 석고상, 조각미술, 기념탑 등 우상화 상징물을 대대적으로 설치하였다.

셋째, 김일성은 집권 초기에 지배의 정당성과 권력 확보를 위해 항일무장투쟁 전력을 우상화 정책에 적극 활용하였다. 일제시대의 억압으로부터 해방이라는 김일성의 항일무장투쟁의 공적은 주민들이 김일성을 지도자로서 인정할 수 있는 충분한 명분이 되었다. 김일성은 우상화 조직을 통하여 항일무장 투쟁 성과와 업적을 찬양 노래, 일화와 역사서 발간, 혁명사적지 조성 등을 추진하였고, 국가적으로 주민들이 직접 사적지를 참배함으로서 김일성을 찬양하고 존경할 수 있는 시스템을 만들었다. 북한이탈주민 설문에서 나타났듯이 김일성을 위대한 지도자로 인식하고 있는 이유가 김일성이 마지막까지 무장투쟁을 해 일제에서 조선을 해방시킨 민족의 영웅이기 때문이다.

201_ 김정일, "당 사상사업을 개선 강화할데 대하여,"『주체혁명위업의 완성을 위하여 2』(평양: 조선로동당출판사, 1987), pp. 468-495.

권력 강화 시기

　김일성은 집권 중기에 크레덴다 위주의 우상화 정책을 구사하였다가 미란다 위주의 우상화 정책을 구사하는 변화 양상을 보였다. 먼저, 크레덴다 우상화 정책은 1967년 수령론 제정, 1968년 각 근로단체 및 학교에 사상교육 체계화, 1968년 사회주의 헌법 제정, 1974년 당 유일사상 10대원칙 시행, 1976년 사회정치적 생명체론 등이 대표적이다.

　김일성은 미란다 우상화 정책으로 1971년 5대혁명가극, 1973년 주석궁 설립, 1974년 김일성 생일행사 시행, 1974년 배움의 천리길 행사, 1975년 혁명열사릉, 광복의 천리길 행사, 1975년 4·25 문화회관 설립, 1977년 김일성화 보급, 1978년 국제친선관람관 설립 등의 정책을 구사하였다.

　먼저, 집권 중기의 북한의 국내적 상황은 김일성이 1945년 정권을 획득한 후 반대파 제거 및 소련의 지원, 항일무장투쟁 영웅화, 다양한 상징조작 등을 통해 정치권력을 확보한지 17년의 기간이 경과한 시기이며, 1967년에 유일지배체제를 확립하고 완전한 독재체제의 기틀을 마련한다. 이 과정에서 유일사상 체계를 세우는 데 걸림돌이 되었던 당조직·사상·문화 분야의 담당자인 박금철, 김도반, 허석선과 대남총책인 이효순을 부르주아사상, 봉건유교사상 등 반혁명사상을 퍼뜨린 죄로 숙청함으로써 아무리 가까운 항일유격대원도 자신의 권력 절대화에 반대하면 숙청된다는 것을 보여주었다.

　집권 중기에는 김일성에게 필요한 것은 정치권력을 한층 강화시키는 것이었다. 그러나 경제개발 7개년 계획의 실패와 1970년대 오일쇼크 등으로 북한경제는 침체기에 들어갔다. 또한 대남분야와 관련하여 1968년 1.21 청와대 기습사건, 같은 해 11월 울진·삼척 무장간첩 침투사건 등의 무리한 군사모험주의를 감행한 최측근 인사들도 그 책임을 물어 숙청한다. 항일유격대 출신 군 고위간부들을 당의 지시 불이행, 군대의 비군사적 작업 이용, 보급물자의 낭비, 군사비 과다지출 등의 이유로 숙청[202]하게 됨으로써 핵심보직에 대한 대대적인 교체가 있었다. 김일성은 좀 더 안정적인 지배체제를 확립하기 위해 1972년 사회주의 헌법을 제정하였다. 이를 통해 조선노동당중앙위원회 총비서(당)와 조선민주주의 인민공화국 주석(국가기관)이라는 양대 직책을 맡으면서 국가권력구조를 주석 중심으로 재편하고 권력을 총괄하는 유일지도체제를 형성하는 틀을 짜게 된다.

국제정치적 상황에 대해 알아보면, 소련 스탈린의 개인과 우상숭배에 대한 비판의 확대, 중·소간의 갈등 심화와 중국의 문화대혁명 등의 큰 변화가 북한 내부에 침습하는 것을 방지할 필요가 있었다. 김일성은 북한체제가 개방사회체제를 가진 나라들은 물론, 공산국가들과도 철저하게 차단된 상황에서 강력한 독재체제 구축을 희망하였다.

집권 중반기 김일성의 우상화 정책의 특징은 첫째, 수령론, 유일사상 10대원칙 시행 등 정치이념을 제정하면서 제도적인 우상화 정책을 전개한 점이다. 북한이 크레덴다 우상화 정책을 사용한 이유는 중·소 갈등, 사회주의 국가 붕괴 등 외부위협이 내부로 침입하는 것을 차단하기 위해서 주민들을 이성적으로 설득하여 김일성 정권의 합리성을 강화해야 했기 때문이다.

정치권력을 유지하고자 주민들에게 충성과 복종을 강요하는 수령론을 정치이념의 우상화 정책에 활용함으로써 개인숭배의 가치관을 주입시켰다. 북한 사회에서 주체를 행사하는 사람은 수령이며, 인민은 김일성 한 사람의 개인숭배를 위해 존재할 뿐이다. 김일성

202_ 서대숙, 서주석 옮김, 『북한의 지도자』(서울: 청계연구소, 1989), pp. 208-209.

은 주체사상이 인민대중을 중시하는 사상이라는 주장과는 달리 수령과 대중의 위계적 관계를 통한 수령론을 제기하여 개인숭배의 합리화 방향을 정립[203]시키는데 기여하였다.

또한 '주체사상'을 '당의 유일사상'으로 규정하고 1967년 12월 최고인민회의에서 김일성이 보고한 '공화국 10대 정강' 속에 '우리 당의 주체사상', '당의 유일사상 체계'라는 규정이 선포되기에 이른다. 1974년 4월에는 '당 유일사상 체계확립 10대원칙'이 발표되어 주체사상을 기반으로 하여 점차적으로 통치권의 당위와 원천을 김일성 개인의 권력으로 합리화시켜 나갔다.

이러한 과정들은 대다수 사람들이 집에 불이나면 불을 끄기보다 김일성의 초상화를 먼저 구해오는 것이 몸에 습득돼 있다는 북한이탈주민 설문조사 결과의 원인이 된다.[204] 북한 정권이 주민들의 이성을 계속해서 자극하면 이것이 체질화되고 세뇌되어 정권이 의도한 행동을 실천하게 된다는 것을 증명하고 있다.

둘째, 크레덴다 우상화는 합법적 독점의 수단으로 김일성은 현지지도와 철저한 사상교육을 강화하였다. 김일성은 정적 숙청이 완료된 1967년을 기점으로 자애로운 인민의 수령으로서 표상을 갖추고자 현지지도 활동에 본격적으로 나서게 된다. 김일성은 현지지도를 통해 자신의 관심 분야와 부족한 분야에 대한 지침을 하달하고 발

203_ 김난희, "북한 통치이데올로기의 형성·변화와 사상교육에 대한 연구," 강원대학교 박사학위논문(2008), pp. 76-77.
204_ 집에 화재 시 '김일성 초상화 구하기'에 대한 설문결과, 남자는 68.8%, 여자의 경우 71.8%가 구해온다고 답변하였는데, 이는 진심에서 우러나오는 것과 출세를 위한 가식적 행동의 결과로 표출되었다. 주민들은 유일사상 10대원칙에 '위대한 김일성 동지의 권위를 절대화하여야 한다' 지침에 의거해 한순간을 살아도 오직 수령님을 위하여 살고 청춘도 생명도 기꺼이 바치며 어떤 역경 속에서도 수령님에 대한 충성의 한마음을 변함없이 간직하여야 한다는 철저한 교육을 통해 몸에 숙달시켜온 측면과 초상화를 꺼내 왔을 때 당으로부터 받은 영웅칭호 부여 등 포상에 대한 기대심리의 결과이기도 하다.

전적 방향을 제시[205]함으로써 해당지역이나 공장, 현장의 사람들은 이를 보완하기 위해 수많은 회의와 연구를 통해 발전시켜 나갔다. 하지만 현지지도를 통해서도 사업이 풀리지 않을 때는 책임을 물어 조치하기 때문에 해당 책임자들은 완벽을 기하여 사업을 추진해야 하는 구조가 이뤄졌고, 현지지도는 이러한 과정을 시스템화한 것이다.

그렇기 때문에 표면적으로는 현지지도가 애민사상으로 비춰지고 있지만 김일성은 피지배자들이 얼마나 자신에게 충성하고 있는가를 평가하는 척도로 활용하였다. 김일성이 현지지도를 통해 강조했던 사항은 주민들에게 전파되고, 현지지도 사적비를 통해 수령의 직접적 이해와 감독, 비판뿐 아니라 수령의 무오류성과 비범함을 강화하고 현명함과 은덕을 상징화하고 있는 것이다. 종합해볼 때 김일성의 현지지도는 인민대중의 결합과 대중을 자신의 의도대로 끌고 가기 위해 주민들의 이성을 자극한 크레덴다 통치방식의 대표적인 수단인 것이다.

합법적 독점의 또 다른 형태는 사상교육에 있다. 앞에서 서술했듯이 김일성 우상화 교육은 학교의 경우 교과목에 편성되어 의무적으로 가르치도록 되어있으며, 기관별로 설치된 혁명사상 연구실에서 우상화 학습을 주기적으로 실시하고 있다. 김일성에 대한 우상화 교육은 소학교 및 중학교 교과서 중 국어 및 문학 과목에는 총 236개 단원 중 34개 단원이 이에 해당되며, 음악의 경우 169개 노래 중 26개가 우상화 내용이 포함된다. 또한 김일성 우상화 교육을 인민학교 4년간 152시간 이상 학습해야 하며, 고등중학교는 6년 동안

205_ 현지지도의 기능은 5가지로 요약되는데 첫째, 위가 아래를 도와주고, 둘째, 실정을 파악하여 대책을 세우고, 셋째, 정치사업을 앞세우고, 넷째, 격식과 틀을 벗어나 창조적이고, 다섯째, 사업을 크고 대담하게 해야 한다는 것이다. 이관세, "북한의 현지지도와 정치리더십에 관한 연구," 경남대학교 북한대학원 박사학위논문(2007), pp. 34-35.

220시간 이상을 배우도록 규정되어 있다.

북한은 경제난이 심화되면서 사회 전 분야에 걸친 사상적 이완을 정치사상교육의 강화를 통해 방지하고자 했다. 직장의 경우는 유일사상 체계 확립 10대원칙에 의거해 김일성의 혁명사상을 배우는 학습회, 강연회, 강습 등 집체학습을 매일 2시간 이상 학습하도록 하고 학습이 태만하거나 방해하는 현상이 없도록 감독을 실시하고 있다.

이처럼 김일성이 우상화 교육을 어린 시절부터 교육하고 확인하는 등 국가적으로 체계화한 이유는 김일성을 북한의 유일한 수령으로서 완벽히 인식시키고자 하는 것이며, 이는 국가 정치지도자의 합법적 독점에 해당한다.

셋째, 정치권력 강화시기 김일성의 우상화 정책 가운데 가장 큰 특징과 양상 중에 하나가 김일성 우상화를 위해 주민들의 희생과 노력을 강요하고 있다는 점이다. 대표적인 통치사례로 '숨은 영웅 따라 배우기 운동'을 들 수 있다. 숨은 영웅 따라 배우기 운동은 1979년 10월 과학원 식물학연구사 백설희 등 4명의 과학자에게 노력영웅 칭호를 수여하면서 모든 근로자들이 이들의 모범을 따라 배우도록 한데서 비롯된 대중노력동원운동이다. 1986년 2월 당중앙위 제6기 11차 전원회의 기간 중 5명의 숨은 공로자를 초청해 훈장을 수여한데 이어 숨은 영웅 따라 배우기를 위한 평양시 근로자궐기모임, 숨은공로자대회, 전국영웅대회, 숨은공로자경험토론회 등을 통해 운동 확산에 주력하였다. 그리고 숨은 공로자와 숨은 영웅은 당의 결사대, 근위대가 될 것과 전 주민의 영웅화를 강조하게 된다.[206]

———
206_ 『북한용어 250선집, 부록: 북한의 상용 특이용어』(서울: 내외통신, 1992), pp. 189-190.

이렇듯 김일성을 위해 충성을 다하면 영웅 칭호를 부여하기 때문에 북한이탈주민 설문결과와 같이 북한의 대다수 사람들은 집에 불이 나면 불을 끄기보다 김일성의 초상화를 먼저 구해오는 것이다. 이는 인간의 이성을 계속해서 자극하면 이것이 체질화되고 세뇌화되어 행동으로 실천하게 된다는 것을 증명하고 있다.

집권 중기 김일성 우상화 정책의 두 번째 특징은 미란다 우상화 정책도 병행한 것이다. 집권 초기 시작하였던 미란다 우상화 정책을 중단한 것이 아니라 지속적으로 시행하고 확대발전시켜왔다. 만수대 창작사에서 상징조작을 위한 우상화 선전물을 더욱 많이 생산하여 동상이나, 기념비가 1970년대 들어서는 각 시·도의 인민위원회 소재지나 김일성 사적지, 전적지까지 확산된다. 특히 1972년 김일성 60회 생일에서는 조선혁명박물관에 23m 높이의 김일성 동상을 설치하여 국가차원의 행사나 주요기념일에 주민들이 참배하도록 시스템화 하였다. 대표적 기념비는 만수대 기념비로 1972년 4월 김일성 60회 생일에 건립되어 높이 20m의 김일성 황금동상이 설치되고 "위대한 수령 김일성 동지께서 조국과 인민, 우리 혁명과 세계혁명 앞에 쌓아 올리신 불멸의 혁명업적을 후대만대에 길이 전하자"는 내용으로 글을 써놓았다. 그리고 총부지 24만㎡에 항일혁명투쟁탑, 사회주의 혁명과 건설탑, 백두산 천지벽화 등을 설치하여 참배하도록 하였다. 또한 김일성화는 김일성 생일 65주년인 1977년부터 본격적으로 주민들에게 소개된 이후 충성의 꽃, 혁명의 꽃으로 불리며 매년 주민들에게 김일성의 위대성을 선전하는 수단으로 활용하고 있다.

집권 중기 가장 대표적인 미란다 우상화 정책은 4·15 문학창작단에서 완성한 장편소설 총서인『불멸의 력사』다. 김일성의 빨치산 무장투쟁활동을 연대기별로 구성된『불멸의 력사』는 시리즈로 제작되어 학교와 문학서적, 직장 내 교육자료 등으로 활용되고 있다. 이는 김일성을 찬양하고 존경할 수 있도록 주민들의 감정을 자극한 미란다 측면의 우상화 정책의 대표적인 수단에 해당된다. 집권 중기 미란다 우상화를 지속한 것은 주민들의 수령에 대한 변절 방지와 위대성을 선전하기 위해 실시한 것으로 평가된다.

권력승계 시기

김일성은 집권 후기에는 미란다와 크레덴다 우상화 정책을 혼합하였다. 이 시기 미란다 우상화 정책은 1982년에 4월의 봄 친선행사, 주체사상탑과 개선문 설립, 김정일 혁명사적지 조성, 그리고 1987년 김정일 구호나무 발굴, 1988년 김정일화 보급 등이 있었다. 크레덴다 우상화 정책은 1984년 우상화교육 강화, 1986년 사회정치적생명체론 정립, 1986년 후계자론과 1987년 수령결사 옹위정신 보급 등이 있었다.

먼저, 북한의 국내적 정치적 상황을 보면 김일성의 제2차 7개년 계획(1978~1984)의 실패와 1980년대 외채위기 등으로 북한 경제는 더욱 침체기에 들어갔다. 제2차 7개년 계획의 목표는 인민경제의 주체화·현대화·과학화를 촉진하고 주민생활을 한 단계 높인다는 것이었다. 1984년에 종결하기로 했지만 중도에 10대 전망 목표라는 새로운 내용이 제시되어 2년간의 조정기를 거쳐 계획이 미달된 부분을 완결 짓는 방향으로 추진되었다.[207] 또한 이 시기는 김정일이 김일성의 공식 후계자로 지정되면서 후계체제가 구축되는 시기였다.

---

[207]_ 심지연, "북한연구에 대한 역사적 접근," 『북한연구방법론』(서울: 한울아카데미, 2003), p. 250.

국외적으로는 1987년 소련 공산당 고르바초프가 페레스토로이카 정책을 추진하여 경제 및 사회, 모든 영역에서 개혁을 선포하고 개인기업과 자유시장, 임금격차 등 기업책임제와 외국과 합작 유치 등 사회주의 틀을 완전히 벗어나 자본주의적 요소가 대거 도입되면서, 동구권의 민주화와 독일의 통일까지 촉진하게 되면서 공산권에서 냉전체제가 해체되는 시기였다. 이러한 국외적 상황에서 북한은 위기를 사전 차단하기 위해서 주민들을 외부 수정주의의 침습을 방지한다는 명목 하에 더욱 강한 사상교육을 시행했다. 동시에 개혁개방을 차단하기 위한 활동을 전개하면서 독자적인 노선을 걸어야 했다.

김일성은 정치권력 승계시기에 국내·외적 어려운 상황을 타개하기 위한 우상화 정책을 더욱 치밀하고 계획적으로 수립하여 운영하게 된다. 김일성은 미란다와 크레덴다 우상화 정책을 동시에 구사하여 국내외적 어려운 직면을 극복하였다.

먼저, 미란다 측면의 우상화 정책은 김기남 선전선동 부부장이 이 시기의 우상화를 전담했으며, 김일성 우상화 작업과 더불어 김일성 가계 우상화를 본격적으로 수행해 나간다. 노동당 역사연구소는 당중앙위원회 한 개 부서로 김일성의 혁명역사, 김일성 가계의 백두혈통을 모체로 세습을 이어가기 위한 우상화 작업을 주도하였다. 김일성과 김정일 생일과 창건일 중요 행사 등을 계획하고, 김일성 동상과 벽화, 사진 등 우상화의 대표적 상징물을 집중적으로 건립할 뿐만 아니라 김일성이 현지지도를 다녀오면 김일성 우상화 실태를 현지에서 지적하고, 우상화 자료를 수집하여 미비점을 보완하는 등 우상화 정책의 중심적 역할을 하였다. 특히 노동당 역사연구소는 구호나무 발굴 수집, 정일봉과 백두산 밀영 고향집을 비롯한 김일성·김정은 우상화 상징물도 제작과 내용을 수정함은 물론, 김일성의 혁명 활동 약력과 항일빨치산 참가 회상기 등 우상화 책자를 정기적으로 제작하여 주민들에게 배포하는 임무를 수행한다.

미란다 측면의 우상화 정책 중 또 다른 하나는 김일성이 아들 김정일을 후계자로 선정하고 우상화 작업에 직접 관여했다는 점이다. 김일성은 수령유일지배체계를 1972년 사회주의 헌법 채택 시 주석제 도입을 통해 재확인한 뒤, 강력한 체제의 영구화를 위해 대를 이은 후계체제를 도입한다. 이후 김일성은 후계자에 장자인 김정일을 내정하고 1973년 9월 당조직 및 선전선동담당 비서직을 맡긴 이후 1980년 개최된 제6차 당대회에서 공개적으로 김정일을 후계자로 지목하면서 본격적으로 아들 김정일의 우상화 정책이 전개된다.

김정일의 우상화는 인민적 정통성 부재를 극복하기 위해 김정일의 생래적 정통성을 강조하였다. 1980년대 중반을 넘어서면서 김정일이 항일유격대장 김일성과 유격대전사 김정숙을 부모로 둔 혁명적 가문이며 비범한 천재성을 갖고 있는 것을 부각시키기 위해 항일의 역사와 백두산의 이미지를 창출하고 김정일 출현에 대한 예언적 믿음을 확산시키는 방향으로 전개되었다. 김정일의 출생지를 백두산 밀영으로 조작하고 김정일이 지도자가 될 것이라는 항일 선열들의 예언적 담화를 주입함은 물론, 1988년 11월에는 백두산 산봉우리에 김정일 우상화를 위해 '정일봉'이라는 글자를 음각하고 혁명사적지 중 하나로 백두산 밀영을 답사하도록 함으로써 김정일이 정치권력을 승계 받을 수 있는 명분을 확보하였다.

다음은 크레덴다 측면에서 인간의 이성에 호소한 '후계자론'이다. 맑스 베버가 카리스마적 지배를 주장한대로 김일성은 카리스마를 자신의 아들인 김정일에게 전이시켜 정치권력을 세습시키기 위해 수령의 대를 이을 수 있는 후계자의 자격과 조건을 명시한 후계자론을 제시하여 후계체계에 대한 전통적 이론을 만들게 했다.

이는 김정일이 김일성의 아들이 아닌 후계자론에서 언급한 '수령의 대를 이어 그의 혁명위업을 계승 완성시키는 최고의 책임을 지며 최대한의 지휘권을 가지는 영도자'라는 점에서 그 자질과 능력을 갖추고 있다는 논리다. 이러한 전통적 지배를 강조하는 후계자 이론에 입각하여 정당성을 확보한 것이다. 그리고 북한의 후계자론은 김일성 개인숭배의 연장선에서 김정일이 "대를 이어 충성한다"는 명분을 활용한 구호를 내세우며 인민대중에 대한 사상 개조운동의 기반이 되었다.

나. 평가

김일성의 우상화 정책은 메리암의 미란다와 크레덴다와 거의 유사하면서 동시에 더욱 창의적이며 더욱 발전시킨 형태로 정치권력 유지, 강화, 승계에 활용됐다고 평가할 수 있다.

북한의 김일성 우상화는 공산주의 교양과 사상교육의 양대 산맥을 이루고, 1인지배체제의 확립과 통치자로서의 위상을 높이려는 데서부터 시작되었다. 그리고 김일성을 선조들의 위대한 혁명전통을 이어받은 것으로 조작한 다음 위대한 수령으로 등장시키는 논리를 폈다.

김일성의 우상화의 전개는 1958년 11월 공산주의에 관한 김일성의 교시에 따라 우상화를 겨냥한 사상교육이 제시되고, 1961년 9월 제4차 당대회를 계기로 당사상 체계를 확립한 뒤 사회적으로는 천리마운동을 전개했고, 학교에서는 김일성의 항일투쟁혁명사에 대한 학습을 시작했다. 북한은 1967년 6월 당의 유일사상 체계를 발표하였고, 1969년에는 각급기관 기업소 등에 김일성 혁명역사연구실을 설치하고 1974년에는 혁명역사연구실과 기존 김일성 교시연구실을 통합하여 김일성혁명사상 연구실로 개편했다.

김일성은 1956년 종파척결과 1967~1969년 군벌 척결을 통해 반대파들을 일망타진하고 당과 국가 기구를 수령 1인의 지도하에 움직이는 체제로 장악한 후 이러한 여세를 몰아 1970년에 제5차 당대회를 열고 수령유일지배체계를 확립하였다.

김일성의 우상화 정책의 큰 특징은 먼저, 미란다 차원의 우상화 정책을 펼쳤다는 점이다. 메리암이 통치유형으로 제시한 기념일과 기념행사, 기념관과 같이 김일성은 자신의 생일과 당창건일, 인민군창건일 등 국가기념일을 제정하고, 열병식과 군중대회, 중앙보고대회 등 다양한 형태의 기념행사를 통해 자신의 업적과 통치 정당성을 선전하는 체계를 구축하였다. 또한 금수산 기념궁전, 주체사상탑, 혁명열사릉, 4·25 문화회관 등 우상화 건축물을 건립하고 주민들을 참배하게 함으로써 김일성의 업적을 찬양하고 숭배하도록 세뇌할 수 있는 시스템을 구축하기도 하였다. 또한 김일성 찬양의 노래를 보급하여 학교나 사회단체 등에서 일과 시작 전과 종료 시 부르게 함으로써 자연스럽게 김일성을 신격화하였다. 노래와 춤의 결합 형태인 혁명가극의 경우, 각 지역별로 순회공연을 하면서 김일성의 항일무장투쟁 업적을 자연스럽게 홍보하면서 애국심을 갖고 김일성을 위해 절대 충성할 것을 강조하였다.

다음은 김일성이 집권 초기 가장 공을 들여 추진한 상징조작은 초상화와 배지이다. 김일성 초상화를 집에 걸고 배지는 복장에 착용하게 함으로써 일상생활에서 김일성 수령을 떠나서는 생활할 수 없다고 세뇌시켰다. 동상과 기념비를 지역 곳곳에 웅장하고 신성하게 설치하여 김일성 생일이나 국가 기념일, 심지어 결혼식을 할 때도 동상에 참배하게 하여 김일성은 일상에서 존경과 복종의 대상으로 독점하고 있는 것이다.

북한이 구호나무와 혁명사적지, 김일성화와 극존칭 등의 상징물을 김일성 신격화 수단으로 제작하여 교육하였기 때문에 우상화 교육과 선전은 지속해야만 하는 중요한 체제 유지 수단으로 작동했다.

김일성에 대한 역사와 일화 조작 역시 메리암이 언급한 것보다 훨씬 창의적이고 독창적으로 제작하였다. 선발된 전문가들은 김일성을 항일무장투쟁 공로자과 한국전쟁 영웅으로 역사를 조작하였다. 구체적으로 김일성의 항일무장투쟁 일대기를 그린『불멸의 총서』를 발간하여 학교나 단체에서 숙독하고 윤독회를 통해 김일성을 일제 지배로부터 조선을 해방시킨 민족의 영웅으로 세뇌시키는 등 김일성의 우상화 작업을 전개하였다.

김일성은 1967년에 수령유일지배체계를 확립하는 시기부터 크레덴다 측면의 우상화 정책을 펼쳐 권력 강화에 박차를 가하였다. 복종과 존경의 수단으로 수령론과 유일사상 10대원칙, 사회정치적 생명체론을 만들고, 이를 학교나 단체별로 완벽하게 암기하고 정치사상 교육시마다 발표하게 함으로써 수령의 존경심과 복종을 유도하였다. 또한 김일성은 1960년대 말부터 권력을 강화하면서 사회를 안정시키기 위한 논리를 본격적으로 개발하였다. 주체사상을 통해 김일성의 권력을 강화하기 위해 북한 주민에게 무조건적 충성을 요구하였다.

수령(뇌수)-당(몸통)-인민(팔다리)로 구성되는 혁명적 수령관, 수령(어버이)-당(어머니)-인민(자식)으로 구성되는 사회주의 대가정, 그리고 가장 핵심인 사회정치적 생명의 부여가 있어야만 생명체가 될 수 있다는 사회정치적 생명체론은 김일성에게 충성을 하도록 만든 통치이념이었으며, 김일성에게 무조건적 충성을 요구하는 담론으로 활용하였다.

합법적 독점은 국가가 정치권력 유지를 위해서는 다소 강압적이지만 피지배자들을 효과적으로 통치하기 위한 크레덴다 수단인데, 북한의 경우 김일성 현지지도를 통해 지도자의 의도대로 국가를 운용하도록 지침을 하달하고 지침 이행 여부를 분야별로 점검하면서 발전을 추구했다. 현지지도의 목적은 애민의 이미지를 구축하고 김일성의 주민들의 삶의 질을 높이기 위해 밤새워 고생하고 있다는 착각을 불러일으키게 하는 즉, 김일성을 존경하고 찬양할 수밖에 없도록 하는 것이다.

희생과 관련해서 김일성은 자신을 위해 주민들의 희생을 엄청나게 강요하며, 자신을 위해 희생한 사람은 죽어서라도 영웅칭호를 부여하고 평생 가족들이 먹고 살 수 있는 조치를 해준다. 대표적인 희생을 강요하는 통치형태는 영웅칭호 부여와 숨은 영웅 따라 배우기 운동이 해당된다.

북한의 해방 이후 역사는 김일성의 역사이다. 바로 인민대중의 최고 뇌수라고 하는 수령인 김일성의 우상화의 역사라고 해도 과언이 아니다. 북한의 우상화는 최초 소련군정에 의해 시작되어 김일성이 정치권력을 완전 장악한 이후부터는 김일성이 주도적으로 추진해왔다.

김일성의 우상화는 개인숭배를 넘어서 신격화 되었는데, 북한은 "수령을 높이 우러러 모시는 것은 곧 수령에 대한 숭배이다. 자기 수령에 대한 숭배는 수령을 믿고 따르며 수령을 위해 자기의 모든 것을 다 바쳐 투쟁하는 데서 표현된다. 수령에 대한 숭배는 자기의 운명을 지켜주고 참다운 삶을 안겨주는 수령에 대한 혁명 전사들의 다함없는 감사의 마음이며, 혁명적 의지의 발현이다."[208]라며 혁명적 도덕관을 통해 수령을 숭배할 것을 직접 강조한다.

---

[208]_ 안만희, 『혁명적 도덕관이란 무엇인가』(평양: 금성청년출판사, 1991), pp. 33-42.

특히, 김일성의 우상화는 당의 유일사상체계 확립의 10대원칙을 통해 종교보다 더한 우상화를 강제하였다. 과거 왕조시대보다 지도 자의 우상화를 강제한 적은 없다. 북한은 스스로 "종교는 반동적이 며, 비과학적인 세계관, 모든 종교는 본질에서 일종의 미신이며, 종 교는 역사적으로 지배계급의 수중에 장악되어 인민을 기만하며 착 취 억압하는 사상적 도구로 이용"[209]된다고 비판하지만, 김일성주 의를 만들어 인민을 기만하고 착취하고 억압하는 도구로 이용하고 있다.

김일성의 우상화는 다른 사회주의 국가와 완전히 차별화 되었다. 사회주의나 전체주의 국가지도자인 레닌, 스탈린, 히틀러, 모택동, 차우체스크 등 우상화가 있었으나, 김일성의 우상화와는 비교가 되 지 못한다. 그들은 최고 권력의 절정기에 우상화를 진행하고 후계 세습도 성공하지 못했으며, 사망 이후 우상화가 중단되었다. 반면, 김일성은 권력획득 과정과 후계세습에 이르기까지 우상화 작업을 전개하였으며, 개인뿐만 아니라 후계자, 직계 가족까지 우상화를 폭넓게 진행하였다. 이러한 김일성의 우상화 정책이 북한사회에 뿌 리내릴 수 있었던 배경은 정치적, 문화적 여건을 잘 활용했기 때문 이다.

첫째, 정치적 측면에서 볼 때 북한사회가 봉건주의사회의 특성이 존재했다는 것이다. 봉건주의는 권력을 장악한 통치자를 신성불가 침 존재로 보고 무조건 숭배하고 절대복종하는 사상이다. 가장 능 력 있고, 우수한 사람이 국가의 독재자가 되어야 하며, 정치권력을 장악한 통치자를 무조건 숭배하고 무조건 따라야 한다는 봉건주의 사상은 수령을 무조건 숭배하고 수령의 개인독재를 무조건 받들어

209_ 사회과학원 철학연구소, 『철학사전』(평양: 사회과학출판사, 1985), pp. 135-147.

나가야 한다는 수령절대주의 사상이 나오게 된[210] 배경이 된다.

둘째, 북한 사회는 아시아적 권위주의가 내재되어 있다는 것이다. 커밍스가 주장한 아시아적 권위주의 문화는 북한의 우상화 지배구조 설명에 많은 도움이 되고 있으며, 북한정치체제의 특징에 대해 다음과 같이 설명하였다. 첫째, 대중들은 가장 훌륭한 민족의 이상을 지도자에게 투영시키기를 원하며 그를 중심으로 단결하고자 한다. 다시 말해 지도자를 중심으로 하는 동심원적 조직원칙을 중시한다. 둘째, 지도자는 대개 핵심으로 표현되지만 때로는 골간이라는 아주 보기 드문 용어로도 표현되는 중심부로 자신을 둘러싼다. 셋째, 중요한 핵심그룹은 지도자의 가족이다. 왜냐하면 가족들이야 말로 혈연관계의 토대 위에서 혁명적이고 모범적이며 과거와 현재를 연결시키는 연결고리이기 때문이다. 넷째, 핵심그룹은 모든 실질적인 권한을 장악한다. 다섯째, 지도자는 전통유교의 미덕과 같이 사랑과 자애를 베풀며, 모든 인민들은 충성과 헌신, 그리고 지도자의 정신적 자질을 드높이기 위해 고안된 칭호를 사용함으로써 보답한다.[211]

북한의 이러한 두 가지 정치 문화적 특성은 수령론, 사회정치적 생명체론, 유일사상 10대원칙, 김일성과 가계의 우상화, 후계자론 등의 설명을 가능하게 한다. 한편 김일성의 우상화 정책이 북한 정치체제를 작동하는 통치이데올로기로 정착되었다는 것이 분명해진다. 이렇듯 북한의 우상화 작업은 전일적으로 이루어지고 있다.

북한에서 수령유일주의, 수령절대주의 등 수령 독재를 내세워 우상화를 적극 추진하였으며, 김일성은 김정일을 후계자로 내정한 이

210_ 황장엽, 『나는 역사의 진리를 보았다』(서울: 한울, 1999), p. 372.
211_ 스즈키 마시유키, 유영구 역, 『김정일과 수령제 사회주의』(서울: 중앙일보사, 1994), p. 77.

후 지속적인 우상화 작업을 전개하여 권력을 승계에 성공한 것이
다. 김일성은 우상화 시스템을 이미 국가적 제도화·법제화하였기
때문에 대를 이어 지속될 수밖에 없는 상태가 된 것이다.

　미국의 정치학자 메리암은 지도자가 정치권력을 유지하기 위해
서는 인간의 감정과 이성을 자극하여 자신의 통치 의도대로 이끌어
가야 한다고 주장하였는데, 역설적이게도 독재자 김일성은 정치권
력 유지를 위해 미란다와 크레덴다 우상화 정책을 시대, 상황별로
잘 적용시켰다는 사실을 확인할 수 있었다.

2. 김정일의 우상화 정책

가. 전개방식과 특징

권력획득 시기

　김정일은 집권 초기에는 미란다와 크레덴다 우상화 정책을 혼합
하였다. 미란다 우상화 정책으로 1991년『백두광명성』전설집 발간,
1992년『건축예술론』,『음악예술론』,『무용예술론』, 김정일 창작시
저술, 1995년 김정일 생일 행사, 금수산 기념궁전 건립 등에 주력하
였다.

　같은 시기 크레덴다 우상화는 1992년 우리식 사회주의 제정, 1994년
김정일 현지지도, 1994년 인덕·광폭정치 시행, 1995년 붉은기 사상
을 통한 김정일에 존경과 복종, 합법적 독점을 통한 희생 강요였다.

　1994년 7월 김일성이 사망한 뒤 김정일은 3년간 유훈통치를 한
다. 김정일은 국내적으로는 지속되는 경제난과 식량난의 가속화로
인해 약 300여만 명의 아사자가 발생하는 고난의 행군이 시작되는
악조건 하에서 정치권력을 세습한 것이다. 물론, 김정일은 아버지

로부터 후계자로 지목된 후 조직지도부장과 선전선동부장 등 주요 직을 거치고 김일성 사망 전인 1991년 조선인민군 최고사령관으로, 1992년 원수로 취임하고 군권을 장악하였다. 특히 1992년에 개정된 헌법은 국방위원장직을 국가 주석직에서 분리하여 김정일이 주석직을 승계 받지 않더라도 국방위원장을 승계 받을 수 있는 조치를 취했고, 1993년에 국방위원장에 선출된다.

이렇듯 김정일은 직책상으로 북한의 군권을 포함한 정치권력을 모두 장악한 것처럼 보인다. 하지만 혈통 후계를 통해 정권의 후계자가 되고 주요 보직을 거쳐 쉽게 정치지도자로 등극한 김정일은 항일무장투쟁을 통한 일제점령으로부터 해방과 한국전쟁의 승리 과업을 달성한 전쟁영웅으로 추대된 아버지 김일성에 비해 생래적으로 정치권력의 정당성이 미약한 상황이었다.

특히 1990년대 초반 북한은 독일통일이후 사회주의 국가와의 국교단절은 물론, 중국과 러시아의 지원 약화 등 국제적인 지원이나 관계 면에서도 좋지 않은 상황이었다. 한편 김일성은 지미 카터 미국 대통령과 대화를 통해 대미관계를 개선하려고 했지만 이런 정치적 상황도 갑자기 김일성이 사망함에 따라 경색국면으로 되돌아가게 되었다.

김정일은 1990년대 사회주의권 붕괴가 군사동맹의 약화를 초래하였고, 소연방의 해체와 더불어 러시아와의 군사동맹은 유명무실해졌으며, 중국 측의 식량원조도 제한되는 상황에 직면했다. 이에 대외 협상력을 높이고 내부체제 유지를 위해서는 강성대국이라는 명목 하에 핵개발과 핵무기의 운반수단인 탄도유도탄(스커드, 노동 1호 등)을 생산하고, 민간인의 대량살상이라는 심리적 효과를 노리는 공포무기[212]등 개발에 주력하였다.

이러한 대외적 상황에서 김정일은 사망한 '위대한 수령' 김일성에 대한 주민들의 애도와 이에 대한 자신의 배려를 이유로 공식적인 승계를 지연시키며, '유훈통치'를 한다. 김정일은 유훈통치기간 중 아버지로부터 위대성과 존경심을 물려받기 위한 우상화 정책에 혼신의 노력을 기울인다. 아버지 김일성의 수령의 지위를 물려받는 것이 수령제 국가인 북한에서 당 총비서나 국가주석에 취임하는 것보다 훨씬 효과 높은 작업이었던 것이다.

김정일은 "어버이 수령은 곧 친애하는 동지이고, 지도자 동지는 곧 위대한 수령이다."는 구호를 내세우며 김일성과 김정일을 동일시하는 작업과 김정일의 천재성을 부각시키는 다양한 선전물과 홍보자료를 제작하여 배포하고 김정일의 생일을 1995년부터는 민족 최대의 명절로 격상시키면서 아버지 수령의 지위를 획득하고자 한다. 이러한 측면에서 김정일은 보다 다양하고 체계적인 우상화 정책을 구사한다.

집권 초기 김정일은 아버지 김일성에 비하여 역사적 사실이나 업적 등이 부족해 통치 정당성이 미흡하였으며, 아버지로부터 물려받은 2세대 권력자라는 주민들의 부정적 이미지를 최대한 빨리 탈피해야만 했다. 이러한 정치적 상황을 고려한 김정일은 집권 초기 주민들의 이성을 장악할 수 있는 체계적이고 논리적인 이론정치를 펼치게 된다.

첫째, 김정일이 집권 초기 우상화 정책은 통치 정당성과 권위가 미약하였기 때문에 피지배자들의 감성과 이성 모든 측면에 호소했을 때 나타나는 시너지 효과가 필요했다. 그래서 김정일은 미란다와 크레덴다 측면의 우상화 정책을 함께 사용하는 방법을 채택하였다. 집권 초기 김정일의 우상화 정책 중 대표적인 크레덴다 정책은

212_ 함택영, "북한군사연구 서설: 국가안보와 조선인민군," 『북한군사문제의 재조명』(서울: 한울아카데미, 2006), pp. 49-50.

'우리식 사회주의'와 '붉은기사상', '인덕 및 광폭정치' 등이 있다. 우리식 사회주의는 소련 및 동구권의 사회주의 체제가 붕괴되자, 김정일은 사회주의 완전승리라는 목표 대신 '우리식 사회주의'의 총진군을 강조한다.[213] 북한은 우리식 사회주의를 소련과 동구의 사회주의와의 차별성을 부각시키고자 하였으며, 이를 "우리당과 인민이 자신이 선택한 길을 따라 우리나라 실정에 맞게 자체의 힘으로 일떠세운 사회주의"라고 정의하면서 보편성보다는 특수성을 강조하였다.

김일성 사망한 해인 1994년 11월 『사회주의는 과학이다』에서 김정일은 우리식 사회주의에 대한 의미를 강조한데 이어서 "혁명의 배신자들에 의하여 사회주의가 좌절된 나라들의 교훈은 혁명무력을 건설하는데서 우리당이 견지한 길이 가장 옳았다는 것을 보여주고 있다."[214]면서 우리식 사회주의 건설의 과학성을 강조함으로서 김정일 자신이 위대하다고 선전하고 있다.

특히, 김정일은 정당성의 근거를 확보하고 주민들로부터 위대한 지도자 이미지를 형성하기 위한 인덕정치·광폭정치를 구사하였는데, 김정일은 『사회주의는 과학이다』을 통해 "사회주의 정치는 사랑과 믿음의 정치, 인민대중 중심의 사회주의는 단결과 협조, 사랑과 믿음의 정치로 전환시킨다."면서 이 정치가 바로 인덕정치라고 강조하였다. 또한 광폭정치란 "기본군중 뿐만 아니라 가정주위 환경과 사회정치생활 경위가 복잡한 군중도 혁명의 영원한 동행자로 보고 따뜻이 손잡아 이끌어 주는 정치"[215]라고 정의하면서 인민계

213_ 심지연, "북한연구에 대한 역사적 접근," p. 251.
214_ 안용철·한기창, 『조선로동당의 사회주의 건설령도사』(평양: 과학백과사전종합출판사, 1995), p. 150.
215_ 『로동신문』, 1994년 1월 28일.

급을 따지지 않고 차별하지 않으며 폭넓은 정치를 해야 한다고 주장하였다.

김정일은 통치정당성 확보를 위해 구전이나 홍보가 아닌 주민들의 이성을 자극하여 자신의 지도자로서의 이미지를 각인시키기 위해 노동신문이나 근로자 등 당 기관지 등에 자신의 통치이념에 해당하는 정책들을 선전하고 교육하는 등의 방법을 체계적으로 동원하였다.

둘째, 미란다 측면의 많은 우상화 정책을 이론화·체계화하여 국가적 시스템 안에서 우상화 정책을 구사하였다. 김정일은 노래와 춤을 이론화하고 국가적 동원을 유도하기 위해 음악예술론이라는 이론을 개발해 전 국민에게 교육시킴으로써 국가적 행사에 활용하였다.

음악예술론에서는 수령에 대한 음악의 역할에 대해 잘 표현하라고 강조하는데, 구체적으로 "수령에 대한 끝없는 흠모와 당에 대한 확고부동한 신뢰, 수령과 당의 령도를 받는 혁명적 긍지와 자부심을 모든 생활적 감정정서의 바탕으로 하고 대중적 영웅성, 희생성과 같은 감정과 정서가 흘러넘칠 때 그 음악은 인민대중의 자주적인 지향적 요구를 훌륭히 구현할 수 있으며, 주체음악의 혁명적 내용에서 근본문제는 수령에 대한 문제이며, 수령, 당, 대중의 혈연적 연계에 관한 문제이다."라면서 수령에 대한 끝없는 충실성을 체계화 하였다.

그리고 김일성과 김정일의 혁명사상을 춤으로 표현하기 위해 무용예술론을 개발하고, 건축물도 사용목적을 위해 짓는 것이 아닌 수령형상화와 존경심을 창출할 수 있는 의도로 건축해야 한다는 건축예술론을 창시하게 된다. 즉, 김정일은 아버지의 미란다 우상화 정책의 단점과 미흡점을 찾아 음악·무용 등 예술분야 전문가와 건축기술자들을 총동원하여 아버지와 2세대 지도자인 자신의 업적

을 선전하고 위대성을 선전할 수 있는 시스템을 치밀하게 만들었다
는 점이다.

김정일은 아버지 김일성의 수령지위 확보를 위한 김일성 우상화
정책과 동일시하였다. 이를 위해 상징조작 등 미란다 우상화 정책
을 구사하게 되는데, 김정일 동상을 제작하여 설치하고, 김정일 배
지를 만들어 착용토록 하고, 초상화 아버지와 나란하게 걸기 운동
을 전개함은 물론, 김정일 관련 구호나무 발굴사업과 전설집 제작
등의 우상화 정책을 전개하였다. 김일성 사망 직후인 애도기간으로
유훈통치를 실시하였음에도 불구하고 우상화 관련 조직과 기구를
개편하는 등 체계적인 우상화 정책을 통해 정치권력을 안정적으로
확보하였다.

권력 강화 시기

김정일은 집권 중기에는 미란다와 크레덴다 우상화를 병행하였다.
미란다 우상화 정책은 2000년 김정일 초상화 설치, 2002년 집단체
조 아리랑 시행, 2003년 김정일 선거구 지정 활용 등을 통해 김정일
에 대한 충성을 강요였으며, 크레덴다 우상화 정책은 1998년 사회주
의 헌법 개정과 2005년 총폭탄 정신 등의 우상화 정책으로 나타났다.

이 시기 북한의 국내적 상황은 김일성이 사망한 뒤 유훈통치 명
목아래 3년 동안 북한을 통치하고, 심각한 경제난과 식량난 등에
의한 계획경제 시스템이 붕괴되고, 사회적 집단성과 질서가 무너지
게 되었고, 고난의 행군을 통해 300여만 명 아사자가 발생한 이후
사회주의 경제체제를 지지하던 주민들의 노동의식도 많이 사라지
게 됨에 따라 엄청난 난관에 부딪히게 된 시기이다.

국외적으로는 한국의 김대중 정권 출범 후 햇볕정책으로 대화와
교류를 제의받아 2000년 6월에는 남북정상회담을 개최하였고, 동

구사회 붕괴이후 세계 각국들이 화해와 협력의 새로운 변화된 국제 정세 속에서 생존에 대한 외교역량을 강화하는 가운데, 국제적 고립을 탈피하고 경제적 실리획득을 위한 외교를 중국과 미국과의 관계개선을 요구하는 시기였다. 김정일은 정치·경제·외교 등 국내·외적 많은 이러한 많은 악조건하서도 난관을 극복하고, 유훈통치를 이상 없이 마무리하고 본격적인 정치권력을 확보한 상태에서 국내 경제적 고립을 탈피하고, 국제적으로도 경제적 실리획득을 위한 정책을 구사하게 된다.

김정일은 많은 악조건 하에서도 북한의 2세대 정치지도자로 등극한 이후 가장 중요하게 생각하고 추진한 분야가 정치권력의 정당성을 토대로 한 완벽한 권력 장악이었다. 김정일은 집권 초기 미란다와 크레덴다 우상화 정책을 강력하게 구사하여 주민들의 감성과 이성을 장악하며 정치권력자의 이미지를 구사하였다면, 정치권력 강화시기에서는 자신의 수령 형상화를 위해 문학작품 발간, 상징물 조작, 다채로운 기념행사 등 김일성의 우상화보다 자신의 우상화 정책에 많은 노력과 자원을 투자하게 된다.

김정일은 우상화 정책을 통해 주민들의 자발적 동원과 존경심을 확보하고자 하였다. 이 시기 김정일의 우상화 정책의 특징과 양상은 다음과 같다.

첫째, 김일성보다 자신의 우상화 정책에 많은 노력을 기울인 점이다. 김정일의 구호나무 발굴사업이나 김정일 수령형상화 문학작품 발간 사업, 모자이크 벽화, 집단체조 아리랑 등을 보면 아버지보다 자신의 우상화 정책에 노력을 하였다. 특히 아버지의 영향력을 상쇄시키기 위해 본인의 생일 휴무를 연장시켜 국가 최대명절로 진행하고, 주민선물도 확대 지급함은 물론, 김정일 생모의 혁명사적지까지 조성하게 된다. 이러한 작업이 가능한 이유는 김정일은 아버지로부터 후계자로 지정된 후 선전선동부와 조직지도부장이라는 핵심보직을 거치면서 아버지의 우상화 정책을 직접 관장한 경험이 풍부하기 때문이다. 이러한 좋은 경험을 토대로 김성일은 아버지의 우상화 정책보다 자신의 우상화 정책에 힘을 쓰도록 장려하였다.

둘째, 헌법 개정과 현지지도, 총폭탄 정신 등 복종과 존경, 희생을 강요한 크레덴다 측면 우상화 정책도 중단하지 않고 지속 전개하였다. 김정일은 자신의 정치권력 강화를 위해 1998년 사회주의 헌법을 개정한다. 개정의 핵심은 김일성 유훈통치 명목아래 국방위원장 권한을 강화한 것이 특징인데, 국방위원회의 위상이 국방관리기관으로서 위상을 강화하고 일체의 무력을 지휘통솔하고 주민들로부터 국방위원장인 자신이 군사 최고지도기관의 수장인 동시에 전반적인 무력을 통제하는 권한을 인식토록 하기위한 국가형태의 독점에 해당된다.

다음으로 주민들의 희생정신을 고양시킨 총폭탄 정신사례이다. 김정일은 2005년 신년공동사설 발표를 통해 혁명의 수뇌부를 결사옹위하고 천만 군인이 일심단결하여 선군혁명을 총진군하자고 독려하면서 총폭탄 정신[216]을 강조하였다. 이러한 총폭탄 정신은 유독 군대에서 강요되고 있는데, 김정일은 청춘도 가정도 모두 수령을 위해 바쳐야 하며 혁명적 군인정신은 수령결사 옹위정신, 결사관철정신, 영웅적 희생정신으로 구성된다면서, 수령 결사옹위정신을 김정일을 정신적·육체적으로 보위하기 위한 사상이라고 교육하고 있다. 북한군은 장병 입대시 김정일을 보위하는 총폭탄이 될 것을 약속하는 선서를 하고 자신의 소대를 자폭소대라고 소개하는 것이 가장 영광스럽다고 선전하고 있다. 1990년대 말 서해상 표류하다

216_ 2005년 신년공동사설 보도문 "전당 전군 전인민이 일심단결하여 선군의 위력을 더 높이 떨치자," 『조선중앙TV』, 2005년 1월 1일.

구조된 20대 북한군 병사들은 모두 "김정일 은덕으로 어려움 없이 살아왔기 때문에 북한으로 돌아가기를 희망한다."고 주장한 것을 보면, 총폭탄 정신이 북한 군인들에게 얼마나 희생을 강요하고 출세를 위해 세뇌되었는지 잘 알 수 있는 사례가 된다.

권력승계 시기

김정일은 2008년 9월 9일 조선민주주의 인민공화국 창건 60주년 기념행사에 참가하지 않으면서 건강이상설이 기정사실화 되었다. 김정일은 2008년 8월경에 뇌졸중과 뇌출혈 증세로 수술을 하고 은둔 80일 만에 공식 활동을 전개하였다. 2009년에는 중국의 왕자루이 대외연락부장을 만나 한반도 정세의 긴장을 원하지 않는다며 대화의 여지를 남기기도 하였다. 그러나 2011년 12월 17일 희천발전소 현지지도 방문을 위해 탑승한 열차에서 과로로 인한 급성 심근경색과 심장쇼크로 사망한다.

국외적으로는 남북정상회담과 개성공단, 금강산 관광 등을 통해 대화와 협력이 이루어지던 중 한국은 정권이 이명박 정부로 바뀌고 2008년 7월 금강산 관광객 박왕자 씨가 피살되는 사건을 계기로 남북관계는 다시 냉각관계로 변하게 된다. 특히 북한이 2009년 4월 광명성 2호를 발사하고 얼마 지나지 않은 5월 25일 2차 핵실험을 실시하면서 핵 위기로 한반도를 긴장상태로 몰아넣었고 국제사회는 이를 강력히 규탄하는 한편, 강력한 제재를 담은 안보리 결의 제1874호를 채택하면서 기존의 대북제재를 더욱 강화하고 동시에 북한에 핵문제의 전문가 패널을 구성하기 이르렀다.

즉, 김정일은 건강의 이상으로 정치권력을 3남인 김정은에게 물려주기 위한 세습작업이 필요했으며, 문제없이 정치권력을 물려준 상태에서 국제사회로부터 북한의 고립을 탈피시키고 정치권력이

유지될 수 있는 정책구사가 필요한 시기였다.

이 시기 김정일의 우상화 정책은 정치권력의 안정적인 계승을 위한 미란다와 크레덴다를 복합적으로 구사한다. 먼저, 미란다 측면의 우상화에서는 김정은의 후계자 선정을 위한 우상화가 전개된다. 2009년 4월부터 '친애하는 김대장 동지', '영명하신 김정은 대장 동지'라는 호칭을 사용하였으며, 이 시기 김정은 찬양 노래인 발걸음이 보급되었다.[217] 2010년 11월부터는 김정은의 초상화가 간부들에게 배포되었고, 검열조를 편성하여 김정일 초상화 보관상태를 검열하면서 김정은의 초상화 배치 상태도 점검하였다.

북한은 2008년부터 김정은 후계선전을 본격화하기 시작하였는데, 그 배경은 김정일이 건강악화 후 공식 활동을 재개하면서 김정은을 후계자로 선전하였기 때문이다. 김정일의 관람공연에서 김정은의 찬양 노래가 공연되고, 양강도 백두산 지구 혁명사적지에 2009년 8월부터 김정은의 사적관이 본격적으로 설립되었다.[218]

김정일은 김정은을 후계자로 선정한 뒤 노동신문 등을 통해 이를 대대적으로 보도하기 시작한다. 그 예로 『로동신문』에는 "강선의 현대화를 위해 붉은기발을 들고 나선 력사의 주인공들, 그들의 평균나이는 25살이다. 평균나이 25살 얼마나 가슴을 찡하게 울려주는 현실인가"[219]라는 보도가 있었고, 이어 "백두혈통의 빛나는 계승 속에 주체혁명의 양양한 전도가 있다."[220]면서 후계자 계승에 대해 지속적으로 강조하고 있다. 또한 『조선중앙TV』에서 보도된 어린이

217- 이수석, "김정일 후계체제 구축과 수령우상화에 주력," 『북한』, 2009년 12월호(2009), pp. 26-27.
218- 이윤규, "북한 김정은 독재체제에서의 우상화: 김정일·김정은 우상화 비교분석을 중심으로," 『전략연구』, 제21권 3호(2014), p. 186.
219- 『로동신문』, 2008년 11월 6일.
220- "부강조국 찬란한 래일을," 『로동신문』, 2009년 2월 9일.

영화 "셋째의 착한 마음씨" 방영은 한 가족 내에서 사회주의 원리를 가장 성실히 이행하는 셋째 아들의 모습을 묘사하였는데, 이는 장남이 항상 도덕적이지는 아니라는 메시지와 함께 김정남의 승계를 불식시키고 셋째 아들에 대한 도덕적 상징성을 부여한 우상화 작업에 해당한다.

김정일은 아버지 김일성이 자신을 후계자로 선정하고 대대적인 선전과 우상화 작업을 추진하였듯이 자신의 후계자를 선정하고 3대 세습을 철저히 준비해왔다는 사실을 알 수 있다. 김정은에 대한 우상화가 2008년 이후부터는 본격적으로 이뤄졌는데, 그 이전인 2000년 초반부터 북한 언론을 통해 '아버지-아들-손자' 혈통을 북한정권의 승계로 공식화하고 반복 보도하기 시작하였다. 김일성 주석은 '조선혁명을 내가 하다가 못하면 아들이 하고 아들이 못하면 손자가 해서라도 최후승리를 이룩해야할 의지'를 표명하였다.[221]

이후 북한은 '젊은 지도자'의 등장을 합리화하는 선전활동을 시작하여 주로 김정일이 유년시절 지도자로 성장하는 과정을 미화하는 방식을 활용하였다. 그 예로 북한은『로동신문』을 통해 "인생의 선택은 20대에 주어진다. 자랑 높은 선군 꽃들인 20대 청년들은 위대한 장군님 품속에서 세상에 태어나 고난의 행군의 폭풍 속에서 성장한 혁명의 주력군이다."[222]라고 보도하였다. 또한 2002년에는『계승자』라는 소설을 발간하여 김정일은 아버지를 따라 30대 초반까지 북한의 공동지도자로 성장하고 아버지를 도와 정권의 많은 과업을 관리하는 자로 묘사되었다.

2008년 이후부터는 김정은을 후계자로 선정하고, 김정은의 공식

221_ "빨치산의 아들,"『로동신문』, 2002년 10월 6일.
222_ "총대청춘에 살자,"『로동신문』, 2004년 5월 6일.

활동을 시작한 2008년 11월부터는 앞서 언급한 바와 같이 노동신문, 조선중앙 TV 등을 통해 후계자 선전을 본격화하였다.

김정은에 대한 업적과 선전이 본격화하면서 김정은의 권력구축과 체제유지 과정에서 통치전략으로 우상화 정책을 활용하였다. 김정일은 김정은의 지도력을 부각시키기 위해 현지 지도시 대동하였다. 김정은은 2009년 당중앙군사위원회 부위원장으로 임명된 이후 1년간 김정일을 100회 수행하였다. 또한 김정은의 호칭을 '존경하는 김정은 동지', '청년대장', '포병술의 대가' 등 미사여구를 사용하여 지도자로서 신격화하였다. 김정은에 대한 교육과 학습을 통한 우상화를 전개하였다. 김정일은 후계자론을 통해 김일성이 자신에게 권력을 승계한 것보다 치밀한 방법으로 김정은에게 후계체계를 이양하였다.

둘째, 크레덴다 측면의 우상화 정책은 합법적 독점의 통치형태인 2009년 헌법 개정과 희생을 강요하는 통치형태인 충성 유도사업을 전개한 것이다.

먼저, 합법적 독점의 통치형태인 2009년 헌법개정은 김일성의 주체사상과 김정일의 선군사상을 새로운 통치이념으로 명문화하여 선군노선을 법제화하고 군의 체제 수호기능을 강화한 것으로 주체사상과 선군혁명 사상 용어를 짝을 이루어 함께 사용하고, 주권자에 군인을 포함하고 군 임무에 혁명의 수뇌부 보위를 명시한 것이다. 북한은 사회주의 계획경제 등 기본노선은 유지하되 공산주의 용어를 삭제하면서 주체 및 선군사상에 입각한 사회주의 강성대국으로 체제 목표를 전환하였다. 또한 국방위원회 중심의 국정운영과 체제 위기관리시스템을 구축하였다.

결론적으로 김정일의 헌법개정은 제도적 완성을 통해 김정일의 건재를 과시하고 후계자의 권력장악을 용이하기 위한 기반을 마련하려는 의도가 내포된 크레덴다 측면의 합법적 독점에 해당된다고 볼 수 있다.

다음으로 김정일은 김일성과 김정일 부자의 초상화를 구하다가 사망하거나 전투에서 사망하는 등 희생된 인민들을 영웅칭호를 부여하고, 그들의 이름을 학교명으로 개정하여 북한 주민들이 충성심을 본받을 수 있도록 선전하고 있다. 특히, 2009년 김정은을 후계자로 지정한 뒤 경제난과 국제적 대북제제 등 어려운 현실을 타개해 나기기 위해서는 체제를 결속하고 주민들을 단합시키기 위한 활동이 지속되어왔다. 김정일과 후계자 김정은을 위해 충성과 헌신을 다하는 주민들을 찾아 영웅으로 호칭하고 선전하는 '숨은 영웅 찾기 운동'을 전개하였다. 이러한 영웅의 이름을 딴 학교나 시설물의 명칭을 부여함은 물론, 각종 문학서적 등에 이런 영웅의 이야기가 실리고 영웅칭호를 부여하는 등 크게 포상을 하였다.

또한 김정은 후계체제 구축을 위해 '사회주의 지키세', '어머님은 붉은기와 함께 계시네', '고난의 행군' 등과 같은 노래나 문학소설 등을 통해 북한주민들을 사상적으로 결속시키고 사회주의 정당성을 확보하기 위한 노력을 많이 하였다.

나. 평가

김정일은 아버지 김일성과 달리 후계수업을 통해 정권을 잡은 2세대 권력자이었기 때문에 우선적 통치기반을 잡는 것이 급선무였다. 따라서 김정일은 정권초기 크레덴다 측면의 우상화 정책을 통해 권력의 정당성 확보에 중점을 두었다.

크레덴다 측면의 복종과 존경의 수단으로 후계자론, 붉은기 사상, 우리식 사회주의, 인덕정치 등을 치밀하게 전개하여 주민들의 이성에 호소하여 정치지도자로 명분을 확보하게 된다. 이어서 합법적 독점은 국가가 정치권력 유지를 위해서는 다소 강압적이지만 피지배자들을 효과적으로 통치하기 위한 수단인데, 현지지도를 통해 김정일의 의도대로 국가를 운용하도록 지침을 하달하고 지침을 이행하는지 점검을 통해 분야별 발전사항을 체크하였다. 하지만 현지지도의 목적이 애민의 이미지를 구축하고 김정일은 주민들의 삶의 질을 높이기 위해 밤새워 고생하고 있다는 착각을 불러일으키게 하는 즉, 김일성을 존경하고 찬양할 수밖에 없도록 선전하고 있다.

끝으로 희생과 관련해서 김정일은 1992년, 1998년, 2009년 3번의 사회주의 헌법 개정을 통해 국방위원장직을 통해 아버지의 주석직을 대신할 수 있도록 제도를 개선하였고, 선군정치를 주체사상과 유사한 개념을 헌법에 명시함으로써 군을 보다 강하게 장악할 수 있는 명분을 확보하였다. 대표적인 희생을 강요하는 통치형태는 총폭탄 정신과 충성 일꾼 만들기를 통한 주민영웅화 사업을 전개한 것이다.

김정일은 정치권력이 강화된 이후에 미란다 차원의 우상화 정책을 펼친다. 메리암이 통치유형으로 제시한 기념일과 기념행사, 기념관의 경우, 자신의 생일과 각종 기념행사에 열병식과 군중대회, 중앙보고대회 등 다채로운 기념행사를 통해 자신의 업적과 통치정당성을 선전하는 체계를 구축하였고, 기념관의 우상화 정책 반영을 위해 전문건축가들을 모아 건축 예술론을 창시하여 교육하고 온 국민이 효과적으로 사용할 수 있도록 지침을 하달하였다.

노래와 춤의 경우, 김일성보다 더욱 심혈을 기울여 음악예술론과 무용예술론을 창시하고 이를 공연하기 위해 국가적 행사인 집단체조 아리랑을 매년 공연하여 충성심을 함양함은 물론, 외화벌이 수단으로도 적극 활용하였다.

다음은 상징조작으로 김정일화와 우표, 모자이크 벽화, 혁명사적지와 중요지역에 각자를 새기고, 호칭변화 등을 통한 우상화를 본격화 하였다.

역사와 일화 조작을 통해 백두산을 김정일의 출생지로 만들면서 정권의 정통성을 확보하고, 백두혈통을 창시하여 김정은에게까지 후계세습을 하였다. 이처럼 김정일은 메리암이 정치권력을 유지하기 위해서는 인간의 감정과 이성을 자극해 자신의 통치 의도대로 이끌어 나아간다고 한 것처럼 우상화 작업을 진행했고, 오히려 아버지 김일성보다 치밀하게 단점을 보완하는 형태로 우상화 정책을 전개하였다.

김일성과 달리 김정일은 정당성이 확보되기 전에는 이성에 호소하는 크레덴다 정책에 집중하다가 정치권력이 확보되고 안정화되자 감정에 호소하는 미란다 정책을 구사하게 된다. 김정일은 아버지 김일성과 마찬가지로 상황에 부합된 우상화 정책을 시기적절하게 구사함으로써 국내외적 힘든 상황 하에서도 정치권력을 유지했음은 물론, 세계유일의 3대 세습국가를 창건하였다.

이렇듯이 김정일은 김일성과 다른 정치적 상황과 권력정도, 정당성 등 요인에 의해 우상화 정책을 정치권력 유지, 강화, 승계에 활용하는 방식을 밝힐 수 있었다.

김정일의 우상화 정책은 1990년대 북한의 위기극복의 내부 동력과 힘으로 전환시키는데 크게 작용하였다. 1990년대 국내외적으로 이슈가 되던 '북한붕괴론'과 '북한 변화론'의 오류는 북한사회의 역사적·조직적 근원을 이해하지 못한데서 기인한 현상이다. 김정일은 1990년대 위기를 수습하고자 미란다와 크레덴다 차원의 우상화 정책에 엄청난 재원과 노력을 투자하였다. 이러한 결과는 북한은 1998년을 기점으로 공세적인 자세로 전환하고 있다.

즉, 북한의 공세적 전환의 기점은 1998년 신년사에 표명한 고난의 행군의 종식과 사회주의 강행군의 선언, 강성대국론에 의해서며,

그 해 8월 대포동 미사일의 발사로 구체화 되었다. 대포동 발사는 1995년부터 1997년까지 3년간의 고난의 행군에 뒤이은 대반격의 신호로 해석하고 있다.

이 시기 김정일은 정치권력의 정당성을 확보하고, 주민들이 이탈하지 않도록 다양한 우상화정책을 구사하여 사상적·권력적 측면에서 기반을 마련하게 된다.

3. 공통점과 차이점

가. 공통점

김일성과 김정일의 우상화 정책의 가장 큰 공통점은 다섯 가지로 요약할 수 있다. 첫째, 시대적 상황과 정치권력의 정당성 여부, 권위의 정도 등을 감안하여 미란다와 크레덴다 우상화 정책을 상호 보완적으로 사용하였다. 김일성과 김정일은 미란다나 크레덴다 어느 한 가지 정책만을 사용하는 것이 아닌 국내외적 상황과 지배자의 정치권력 수준 내지 지도력을 감안하여 미란다와 크레덴다 우상화 정책을 같이 사용하여 시너지 효과를 달성하였다.

김일성은 정치권력 획득 시기에는 소련의 적극적인 지원과 항일투쟁 경험 등을 통해 주민들의 감성을 자극하는 상징조작, 역사와 일화 조작 등을 통한 미란다 측면의 우상화 정책을 구사하였으나, 이 시기 희생을 강요한 영웅칭호 부여와 합법적 독점을 위한 현지지도 본격화 등 크레덴다 우상화 정책도 함께 전개하였다.

정치권력 유지 및 강화 시기에는 중·소 갈등과 사회주의국가가 멸망하면서 주민들의 사상 이완과 통치 연속성이 결여되는 시기로 사상적 통제와 정치지도자에 대한 복종, 희생, 합법적 독점 등을 위해 수령론, 사회정치적생명체론, 유일사상 10대원칙 제정 등 크레덴다 측면의 우상화 정책에 무게를 두었다. 이 시기 5대혁명가극, 주석궁, 혁명열사릉, 김일성화 재정 등 미란다 측면의 우상화 정책도 전개하였다. 김정일을 후계자로 선정한 1981년부터 사망 전까지는 미란다와 크레덴다 혼합하여 사용하여 김정일 우상화에 주력하는 특징을 보였다.

김정일은 집권전반에 걸쳐 미란다와 크레덴다 우상화를 병행하여 사용하였다. 권력획득 시기에는 집권 초기로 정당성과 권위가 미약했기 때문에 크레덴다 측면의 우상화 정책에 무게를 두었다. 권력유지 및 강화 시기에는 집권 중기로 통치업적과 정당성을 확보하면서 선군 및 사상 강조, 체제안정 등을 위한 미란다 측면의 우상화 정책을 강화하였으며, 2008년 권력승계이후 사망 전까지는 미란다와 크레덴다 혼합하는 동시에 김정은의 후계 세습을 위한 우상화 정책을 활용하였다.

둘째, 국내외 위기나 권위 및 지배의 정당성이 떨어지는 상황에서는 최고 지도자의 지배 정당성 논리를 개발하기 위해 새로운 정치이념을 만들어 냈으며, 주민들의 이성에 호소하는 크레덴다 위주의 우상화 정책에 주력하였다.

김일성의 경우, 집권 중기 스탈린 사망이후 격하운동의 국내 유입 차단과 중·소간의 갈등, 7개년 계획 실패 등 국내외 상황이 악화되자 수령론, 사회정치적 생명체론 등 크레덴다 차원의 정치이념을 제도화하는 우상화 정책을 구사하여 주민들의 복종과 존경을 이끌어냈다.

김정일은 아버지로부터 정권을 물려받아 지배의 정당성이 미약했고, 집권 초기 김일성이 사망했기 때문에 빠른 시간 내에 후계자라는 신분과 아버지의 그늘에서 벗어나기 위해 주민들의 이성에 호소하기 위해 우리식 사회주의, 붉은기 사상, 인덕 및 광폭정치 등 새로운 정치이념을 만들어 냈다.

셋째, 정치권력을 계승하는 시기에는 후계자 우상화 사업을 적극 추진하였다. 김일성은 김정일에게 정치권력을 계승하는 1980～1994년에는 공개석상에서 김정일의 위대함을 선전함은 물론, 공식 문헌과 소설 등에 김정일 극존칭 사용, 현지지도 대동 등을 통해 후계자로서 여건을 배려해주었다. 한편 김정일은 김정은에게 권력을 물려주는 기간인 2008～2011년에 김정은 찬양노래 배급, 우상화 호칭 사용, 헌법개정을 통해 국방위원회 임무와 권한을 부여하고, 김정은을 국방위원회 제1비서, 제1위원장으로 추대함으로써 김정은의 후계체제를 위한 제도적 기반을 구축하는 등 미란다와 크레덴다 정책을 혼합하여 사용함으로써 권력세습의 시너지 효과를 달성하고자 하였다.

넷째, 김일성과 김정일은 우상화 정책을 제도화하였다. 당 선전선동부와 군의 총정치국을 우상화 선도기관으로 만들어 조직과 예산을 반영하고, 우상화 상징물을 제작하였으며, 김부자의 우상화 교과목을 선정, 체계적인 교육을 실시하였다. 특히, 혁명사적지, 기념행사, 각종 충성모임 행사 등을 통해 김일성과 김정일을 찬양할 수 있도록 우상화 사업을 국가적으로 시스템화 하였다.

다섯째, 김일성과 김정일은 우상화 정책의 효과를 높이기 위해 북한을 폐쇄적인 국가로 운영하였다. 대외교류를 폐쇄적으로 함으로써 외국의 문물이 북한으로 들어오지 못하게 하였으며, 그로 인한 사회적 동요를 차단했다. 개인숭배체제가 지속되기 위해서는 사회의 폐쇄가 필수적이다. 외부정보 유입이 되면 지도자에 대한 믿음과 신념이 변하게 되며, 주민들의 행동패턴에 변화가 오기 때문이다. 또한 북한의 반미성향과 미국의 대북 고립정책은 수령체제의 지속성을 크게 기여한 측면이 있다. 즉 외부의 압력이 거셀수록 지도자의 구심적 역할은 증대했다.

나. 차이점

김일성과 김정일의 우상화 정책의 가장 큰 차이점은 김일성의 경우, 집권 초기에는 미란다 위주 우상화 정책에 무게를 두었으며, 집권 중반 이후에는 크레덴다 위주로 전환한 반면에 김정일은 집권 초기부터 크레덴다에 무게를 두었다가 집권 중기 이후 미란다 위주로 정책을 전환하였다.

김일성은 북한의 1세대 정치지도자로서 항일무장투쟁의 성과와 한국전쟁의 업적 등에 의해 정치적 정당성이 확보한 상태에서 정치 권력을 확보하였기 때문에 주민들의 자발적 동원과 통치가 원활한 시대적 배경이 있어 집권 초기에는 주민들의 감성을 자극하는 미란다 측면의 우상화 정책을 전개하였다.

반면, 집권 중반기에는 소련과 중국의 갈등과 오일쇼크, 소련의 개혁개방 등 사회주의 국가의 체제변환과 북한의 경제난이 가속화 되자, 주민들의 이성적 통제가 필요했기 때문에 수령론, 유일사상 10대원칙, 사회정치적 생명체론 등 크레덴다 측면의 우상화 정책에 무게를 두었다.

김정일은 집권 초기에는 아버지로부터 정권을 물려받은 후계자의 이미지가 강했고, 내세울만한 업적이나 역사적 사실 등 정치권력의 정당성과 권위가 미약하였기 때문에 후계자라는 이미지를 벗고 새로운 2세대 지도자라는 인식을 심어주기 위해 주민들의 이성을 자극하는 우리식 사회주의, 붉은기 사상, 인덕 및 광폭정치 등 크레덴다 측면의 우상화 정책에 무게를 두었다. 김정일의 통치기간이 중반기에 접어들자 핵무기 개발 및 미사일 발사 등 선군정치 업적을 내세우면서 정치적 정당성과 정치권력이 확보된 이후에는 김정일의 업적을 본격적으로 찬양하는 즉, 주민들의 감성에 호소하는 미란다 측면의 우상화 정책에 노력을 기울여왔다.

김일성과 김정일의 우상화 정책에 대해 북한이탈주민의 경험을 살펴보면, 김일성과 김정일에 대한 진정한 수령과 존경하는 인물에 대한 설문 결과는 김일성이 75.1%, 김정일이 18.8%로 나타났으며, 가장 존경하는 인물에 대해서는 김일성이 47.1%, 김정일이 5.9%로 존경심에 대한 차이도 김일성이 월등하게 나타났다.

김일성과 김정일에 대한 우상화 체계에 대한 인식 부분에서 먼저 우상화 전개시기에 대한 답변은 1950년대 이전이 12.5%, 1950~60년대가 56.3%로 모두 김일성 시대부터 시작된 것으로 인식하고 있었다. 우상화에 투자되는 국가예산에 대한 설문에 대해는 국가예산의 50% 이상이 47.1%이고, 국가예산의 10% 미만이 17.6%, 국가예산의 10~30%가 30~50%라고 답변하였다.

김일성과 김정일의 체제 유지방법에 대해서는 우상화 정책과 주체사상, 외부정보차단이 23.6%로 동일하였고, 그 다음이 철저한 감시와 처벌, 기타 순이었다.

두 번째 차이점은 김일성은 김정일의 우상화를 적극 지원하였으나, 김정일은 집권 이후 아버지의 존재감을 낮추기 위한 우상화를 사용하였다. 김일성이 사망한 이후 북한의 주체사상은 퇴조되었으며, 주체사상이 동원되는 빈도가 급격이 줄고 주민들의 주체사상에 대한 인식변화가 있었기 때문에 김정일은 붉은기 사상, 우리식 사회주의, 인덕정치 등 새로운 정치구호를 모색하였다.[223]

김정일은 아버지의 그늘에서 벗어나기 위해 자신의 초상화와 동상 건립, 2월 생일행사 진행, 사회주의 헌법 3회 수정 등 다양한 수단들을 활용하여 우상화 정책을 전개하였다. 김정일은 김일성 시대 아버지의 도움으로 혁명적 수령관과 수령의 계승론을 통해 권력을 승계

---

[223]_ 서재진, 『주체사상의 형성과 변화에 대한 새로운 분석』(서울: 통일연구원, 2001), p. 109.

받았음에도 불구하고, 최고사령관에 보직된 이후에는 3번의 헌법 개정을 통해 김일성의 그림자에서 벗어나고자 노력을 많이 하였다.

1992년은 권력승계의 포석으로 1998년 헌법 개정은 주석의 일인 지도제를 집단지도제의 형식으로 국가기관 체계의 개편을 이루고, 국가주석이 갖는 일체 무력의 지휘통솔권을 국방위원장에게 이관함으로서 주석은 상징적 국가원수로서 의례적 권한만 국한[224]하여 김정일 체제의 공식출범을 하게 되었다.

2009년 헌법 개정은 김정일의 일인지배체제와 헌법상 국방위원장의 지위를 헌법적 제도화를 통해 일치시키고, 선군사상을 혁명이념으로 바꾸고 김일성이 제정한 공산주의 이념을 헌법에서 삭제함으로써 김정일의 북한식 사회주의 실현을 목표로 내세우면서 아버지의 그늘에서 벗어나고 김정일의 일인지배체제의 공고화를 위한 합법적 독점이었다.

세 번째 차이점은 김정일은 김일성보다 우상화 정책을 보다 이론화, 체계화 하였다는 점이다. 김일성은 동상, 배지, 구호나무 발굴, 기념행사 등 감성을 자극하는 기초적 수준의 우상화 정책을 사용한 반면, 김정일은 1963년 김일성 종합대학을 마치고 당 선전선동부에 보직되면서 우상화 작업을 직접 실천하면서 쌓아놓은 실력과 노하우를 바탕으로 집권 이후 우상화 정책을 체계화하였다.

김정일은 우상화 정책의 이론화 및 체계화에 엄청난 투자를 기울인 결과, 아버지 김일성이 노래와 춤을 결합한 혁명가극이나 우상화 건축예술 등을 한층 발전시켜 건축예술론, 음악예술론, 무용예술론, 집단체조 아리랑 행사 등 미란다 측면의 우상화 정책을 체계화하였다.

---

[224]_ 윤대규, "북한사회의 변천과 헌법의 변화,"『2009년 북한헌법 개정과 북한체제 변화』(국가안보전략연구소 주최 국내 학술회의, 2009년 10월 20일), p. 17.

건축예술론을 예를 들어 보면, 동상을 설치할 때도 위치와 규모, 방향 등을 구체적으로 제시하였다. 건축물이나 혁명역사연구실을 설치할 때에도 초상화와 우상화 상징물을 어떻게 배치하고 구성되어야 하는지를 명시하였다. 무용예술론은 춤을 추는 단원은 어떤 마음과 자세로 충성을 표현해야 하는지를 명시하고 있으며, 국가예산의 40% 이상을 우상화 상징물 건축과 관리에 사용하고 있다.

〈표 5-1〉 김일성과 김정일 우상화 정책의 공통점과 차이점

공통점	차이점
○ 시대적 상황과 정치권력의 정당성 여부, 권위 정도 등을 감안하여 미란다와 크레덴다 우상화 정책을 상호 보완적으로 사용 ○ 국내·외 위기나 권위 및 지배의 정당성이 떨어지는 상황에서는 주민들의 이성에 호소하는 크레덴다 위주 우상화 정책에 주력 ○ 정치권력을 계승하는 시기에는 후계자 우상화 사업을 적극 추진 ○ 우상화 선도기관과 조직, 예산을 반영하는 등 우상화 정책을 제도화 ○ 우상화 정책의 효과를 높이기 위해 북한을 폐쇄적인 국가로 운영	○ 김일성은 집권 초 미란다 위주 우상화 정책을 구사, 김정일은 크레덴다 위주 우상화 정책 구사 ○ 김일성은 집권 시기 후계자인 김정일의 우상화를 적극 지원 하였으나, 김정일은 집권 이후 자신의 입지를 높이고 아버지의 존재감을 낮추기 위한 우상화를 사용 ○ 김정일이 김일성보다 우상화 정책을 보다 이론화하고, 체계화하여 체제유지에 사용

김정일 시대 우상화 선도기관에 대한 설문결과, 선전선동부가 58.8%, 조직지도부가 11.8%, 인민무력부가 23.5%로 조사되었다. 김일성 시대[225]보다 선전선동부의 역할이 줄어들고, 인민무력부(총정치국)의 비중이 증가한 점은 김정일이 핵과 미사일 개발 등 군에

---

[225]_ 김일성 시대 우상화 선도기관에 대한 설문결과는 선전선동부가 70.6%, 조직지도부가 17.6%, 인민무력부가 11.8%로 나왔다.

대한 우상화 정책을 전개했기 때문으로 평가된다.

김정일 시대 우상화 선전물에 대한 설문결과, 전사적지 혁명관-동상-초상화-배지-모자이크 벽화 순으로 나타났다. 김일성은 아버지 김일성 시대[226] 상징물에 모자이크 벽화, 동상 추가제작, 주석궁 설치 등 새로운 상징물을 제작하거나 추가 건조했다는 점은 보다 우상화 작업에 노력을 기울인 결과로 평가된다.

김정일 시대 충성심 함양방법으로 학교교육-사상통제 처벌-선물지급-현지지도와 생활총화 순이었다. 가장 효과적인 방법은 학교교육이었으나, 김일성 시대와 다른 점은 사상통제나 처벌에 보다 비중을 높였다는 것인데 이는 지배의 정당성이 부족한 지도자의 이미지를 탈피하고자 사상통제와 처벌을 통해 강압적인 충성과 존경, 복종을 유도하기 크레덴다 우상화 정책을 강화한 결과로 평가된다.

〈표 5-2〉 정치권력 유지와 우상화 정책의 상관관계

구분		정권 창출자(1세대)	정권 계승자(2세대)
권력 획득		미란다 위주	크레덴다 위주
권력 유지		크레덴다 ⇒ 미란다	미란다+크레덴다(혼합)
권력 승계		미란다+크레덴다(혼합)	미란다+크레덴다(혼합)
정치적 상황	초기	지배자 권위와 정당성 확보 ☞ 피지배자의 감성 호소	지배자 권위와 정당성 미확보 ☞ 피지배자의 이성 호소
	중기	지배자 정치권력 약화(누수) ☞ 피지배자의 이성 호소, 복종과 존경 유도	지배자 정치권력 안정(강화) ☞ 피지배자의 감성과 이성 호소
	후기	후계자 지정, 독재정권 유지 ☞ 피지배자의 감성과 이성 모두 호소(상호 복합적용, 시너지효과)	

226_ 김일성 시대 우상화 선전물에 대해 남자의 경우는 동상, 전사적지 혁명관, 초상화가 29.4%로 나왔고, 여성의 경우는 전사적지 혁명관이 43.6%로 가장 높았고, 초상화가 28.2%, 동상이 23.1%, 배지가 5.1%순으로 나타났다.

VI

김정은의 체제를
유지하는 힘

지금까지 북한체제 유지의 근거를 최고지도자에 대한 우상화정책으로 보고 김일성과 김정일의 집권시기별 미란다와 크레덴다의 우상화 정책 구사와 그 영향력을 규명해 보았다.

　북한 정권 수립 이후 지난 60년이 지난 동안 북한체제를 지탱해올 수 있었던 힘은 무엇인가. 북한의 우상화는 북한 사회를 이해하는 핵심 열쇠이다. 북한의 우상화 정책은 다른 사회주의 국가와 북한의 정치 경제 사회현상을 구별 짓는 북한 특수성의 요체이자 북한 사회의 위기를 내적으로 돌파해낼 수 있었던 힘의 원천이라고 할 수 있다.

　북한의 김일성과 김정일은 지배의 정당성 확보, 정치권력 유지, 권력 승계에 정당화를 위한 통치전략으로 우상화 정책을 사용하였다. 북한주민들이 정치권력을 합리적이든 비합리적이든 정당한 것으로 받아들도록 감성을 자극하고, 이성적으로 납득될 수 있도록 다양한 이념체계와 교육 등을 통해 지배자에게 존경과 복종하도록 미란다와 크레덴다 측면의 우상화 정책을 활용하였다. 즉, 주민들이 정치권력을 합리적이든, 비합리적이든지 정당한 것으로 받아들이고 복종하게 하는 가장 효과적인 수단으로 우상화를 선택하였으며, 이를 정권 생존을 위한 필수불가결한 요소라고 인식하였다. 그리고 인간의 존재가 이성적이고 감성적이라는 특성에 주지하여 자본과 재원을 우상화 정책에 많이 투자하였다.

　김일성과 김정일로 이어지는 북한체제가 반세기를 넘어 김정은에게까지 세습될 수 있었던 이유는 김일성 우상화 정책이 시작된 이후 북한은 본질적인 변동 없이 수령 중심의 우상화 신격화가 유지되고 있기 때문이다. 이 체제는 능동적이든 수동적이든 간에 인민의 동의 속에 작동하는 것임에는 틀림이 없다. 이 체제가 장기간 존속될 수 있었던 요인은 단순히 물리적 강제력이나 교육, 통제 등

지배체제의 일방적 메커니즘만으로 설명하기는 힘들다. 따라서 정치이데올로기, 사회문화 대외관계 등 모든 요인을 고려해야 한다.

첫째, 정치적 측면에서 볼 때 북한사회가 봉건주의사회 특성이 존재했다는 것이다. 봉건주의는 권력을 장악한 통치자는 신성불가침 존재로 보고 무조건 숭배하고 절대복종하는 사상이다. 가장 능력 있고, 우수한 사람이 국가의 독재자가 되어야 하며, 정치권력을 장악한 통치자를 무조건 숭배하고 무조건 따라야 한다는 봉건주의 사상은 수령을 무조건 숭배하고 수령의 개인독재를 무조건 받들어 나가야 한다는 수령절대주의 사상이 나오게 되었다.

둘째, 북한사회가 아시아적 권위주의가 내재되어 있다는 것이다. 커밍스가 주장한 아시아적 권위주의 문화는 북한의 우상화 지배구조 설명에 많은 도움이 되고 있다. 북한정치체제의 특징에 대해 대중들은 가장 훌륭한 민족의 이상을 지도자에게 투영시키기를 원하며 그를 중심으로 단결하고자 한다. 또한, 지도자는 전통유교의 미덕과 같이 사랑과 자애를 베풀며, 모든 인민들은 충성과 헌신, 그리고 지도자의 정신적 자질을 드높이기 위해 고안된 칭호를 사용함으로써 보답한다. 북한의 이러한 두 가지 정치 문화적 특성은 다양한 우상화 정책을 통해 설명이 가능하며, 김일성의 우상화 정책이 북한 정치체제를 작동하는 통치이데올로기로 정착되었다는 것은 분명해진다. 이렇듯 북한의 우상화 정책은 미란다와 크레덴다를 국가적 제도화·법제화하였기 때문에 대를 이어 지속될 수 있었던 것이다.

우상화 정책을 구사하기 위해서는 3가지 조건이 필요하였다. 첫째, 정치적 비용의 투자이다. 절대 권력을 구축하기 위해서는 자기세력 구축과 반대세력 제거에 정치적 자본을 투자해야 하며, 정치권력이 구축된 이후에도 추가비용을 지속적으로 지불해왔다. 둘째,

개인숭배 구축을 위해 많은 시간과 재원이 소요되었다. 셋째, 개인 숭배체제가 지속되기 위해서는 사회의 폐쇄가 필수적이다. 외부정보 유입이 되면 지도자에 대한 믿음과 신념이 변하게 되며, 주민들의 행동패턴에 변화가 오기 때문이다.

이러한 우상화 정책을 통한 통치에 대한 효과는 첫째, 충성심을 고양시킴으로써 권력유지에 크게 기여할 수 있으며 둘째, 적대세력 제거를 통한 내부위협을 제거함으로써 외부위협에 효과적으로 대처가 가능하며 셋째, 권력승계와 정치지도자를 보호에 기여할 수 있다.

결국 북한의 우상화 정책은 인간의 이성과 감성이라는 구조적 특성을 활용하여 북한 주민들이 진실을 정확히 파악하지 못하도록 우민화를 통해 수령의 지시에 맹목적으로 순종하는 신민형 인간으로 만들었었으며, 김일성과 김정일이 원하는 바대로 북한 주민들을 움직이게 하는 정치권력을 유지한 수단으로 정의할 수 있다. 김일성과 김정일의 우상화 정책의 시대별 특징은 다음과 같이 요약할 수 있다.

김일성의 우상화 정책은 집권 초기에는 북한주민의 감성에 의존한 미란다 위주의 우상화 정책을 전개하였다가, 집권 중기에는 이성에 의존한 크레덴다 측면의 우상화에서 미란다 측면의 우상화로 전환하는 형태로 진행되었고, 집권 말기에는 미란다와 크레덴다를 혼용한 우상화 정책을 구사하였다.

집권 초기 김일성은 군대와 보안계통을 장악한 지휘관이었고, 소련군의 강력한 지원 아래 자국세력과 무장투쟁을 대중에게 선전과 해설을 통한 대중 행동을 장악하였다. 특히, 일제시대 항일운동을 통해 일제의 지배로부터 북한을 해방시킨 영웅이며, 해방이후 인민들의 굶주림을 해결시켜준 지도자이기 때문에 피지배자들로부터 정치권력에 대한 정당성을 확보하여 지배의 정당성이 많았기 때문에 대중연설과 각종 선전물 상징조작, 그리고 항일운동 및 한국전쟁에서의 김일성의 활약에 대한 역사서 등을 통해 주민들을 자발적으로 동원시킬 수 있었다.

1960대 후반 이후부터는 중·소 갈등, 사회주의 국가의 붕괴 등 통치기반의 약화를 우려하여 더 확고하고 이해시킬 수 있는 제도화가 필요했다. 김일성은 정치권력의 장기화 및 세습체제를 위해 통치기반의 정당성에 대한 추가적인 수단으로 이론적 틀과 피지배자들을 설득할 수 있는 이성적 부분을 개발하였는데, 이것이 바로 수령론, 사회정치적 생명체론 등 통치이념이다. 북한 주민들의 말과 행동 등 모든 생활체계를 주체사상의 틀 속에서 생활하도록 국가적 시스템을 개선하였음은 물론, 이를 배반하거나 복종하지 않는 주민들은 강력하게 통제하였다.

김일성의 우상화 정책은 집권 초기 통치 정당성과 군사권 장악, 주민들의 자발적인 동원 등이 가능하였기 때문에 감성을 중시하는 미란다 측면의 우상화 정책을 구사한 것으로 확인되었고 집권 중반 이후부터 중·소 분쟁, 공산주의 국가 붕괴 등의 상황이 정치권력 약화에 영향을 차단하기 위해 인간의 이성에 호소하는 크레덴다 측면의 우상화 정책을 강화하였으며, 권력승계 시기에는 이 두 가지 정책을 혼용함으로써 시너지 효과를 내었던 것으로 분석되었다.

김정일은 자신이 직접 정권을 창출한 것이 아닌 아버지로부터 권력을 세습 받은 2세대 지도자로 통치 정당성이 부족하였기 때문에 이를 극복하기 위한 다양한 방법을 동원하였다. 김정일은 집권 초기 주민들로 하여금 자신이 북한의 최고 지도자이며 잘 지배해 나갈 수 있다는 신뢰감을 주는 것이 급선무였기에 김정일은 아버지 김일성보다 이성적인 이론과 통치방식이 주민들을 효율적으로 지배하는데 필수적 요소가 되었다.

　김정일은 주민들의 동원을 위한 다채로운 이론과 운동을 개발한다. 붉은기 운동, 강성대국론, 선군정치, 인덕정치, 광폭정치 등 주체사상이라는 이론적 사상이 있음에도 불구하고 자신의 통치기반과 존재감을 알리기 위해 보다 많은 통치수단이 필요했으며, 아버지 시대보다 더 많은 주민들의 동참이 필요했다.

　그리고 김정일은 자신의 위대성과 업적을 문학과 교육을 통해 보다 체계적으로 선전하는 이미지 정치를 펼쳤는데, 자신의 업적을 알리고자 많은 인력과 노력을 동원하여 기념행사와 건축물, 집단체조 아리랑, 모자이크 벽화 등 감성을 자극하는 우상화 정책도 구사하였다.

　본 연구가 정치권력이나 통치방식 측면에서 북한의 우상화 정책을 연구해 보았다는 점에서 의미가 있으며, 북한의 우상화 정책은 지배자를 숭배화·신격화하기 위해 피지배자의 이성과 감성을 자극시킴으로써 정치권력을 유지(확보, 강화, 승계를 포함)하는 통치하는 방식으로 북한의 정치지도자 김일성과 김정일은 정치권력 획득, 강화, 승계를 위해 미란다와 크레덴다를 가장 잘 적용·활용한 것으로 분석되었다.

　김정은은 체제 출범이후 김일성과 김정일 우상화에 5억 달러 (약 5,300억 원)을 지출한 것으로 알려졌다. 김정은 일가에 우상화를 위해 전국에 설치한 영생탑 3,200개, 모자이크 벽화 400개, 만수대에 세운 23m 높이의 김일성-김정일 대형동상에 약 2억 달러를 투자하였고, 주민생활업적으로 선전하기 위해 스키장 승마장 목장 등 대형 시설물에 3억 달러 정도가 투입되었다.[227]

227_『동아일보』(인터넷판); http://news.donga.com(검색일: 2013년 11월 28일).

김정은이 정권을 잡은 이후 3년 동안 전개한 우상화 정책은 5가지 정도 특징으로 정리할 수 있다. 첫째, 지도력을 부각시키기 위해 현지지도를 통한 우상화 정책을 전개하였다. 김정은은 2009년 9월 당대표자회에서 당중앙군사위원회 부위원장에 임명된 이후 1년간 아버지 김정일의 공개 활동 152회 중 100회를 수행하였다. 김정은은 2014년 2월에는 10년 만에 '사상일꾼대회'를 개최하여 김정은이 현지지도시 이용하는 1호 열차를 공개함으로써 서재나 책상이 아니라 불철주야 현지지도를 강행[228]하는 애민 이미지를 부각하였다.

　둘째, 김정은의 우상화 호칭사용과 일화조작이다. 2008년 '샛별대장'을 시작으로 '청년대장', '존경하는 김정은동지'로 우상화하였고, 김정일 사후에는 '인민의 어버이', '어버이 장군님' 등으로 신격화 되면서 미사여구도 길어졌다. 특히, 개인경력과 자질을 신격화하기 위해 일화를 조작하고 있다. 북한은 "김정은이 3세부터 총을 잡고 명중하였으며, 육해공 기술자도 못한 축포발사 자동프로그램을 완성시켰다."고 선전하는가 하면, 북한이 핵을 개발한 것도 김정은이 해외유학을 통해 "핵을 가진 자와는 핵으로 맞서야 한다는 결심을 굳혔기 때문"이라고 조작하였다. 이는 "김일성이 솔방울로 수류탄을 만들고 종이 한 장으로 강을 건넜다."고 신적인 존재로 묘사한 것과 흡사한 우상화 작업이다.

　셋째, 교육과 학습을 통한 우상화이다. 2013년 유일사상 10대원칙 개정과 김정은 기록영화 제작, 우표발행, 배지 제작 등을 통해 김정은의 백두혈통 정통성과 계승성을 부각시키는 작업을 했다. 특히, 2014년에는 북한 교육과정에 김정은 혁명역사 과목을 신설하였다. 이는 김정은 유일영도체계 확립과 불안한 내부정세를 다잡기

228_『채널A』(인터넷판); http://news.ichannel.com(검색일: 20014년 2월 28일).

위해 청소년에 대한 사상교양을 강화하기 위한 의도이다.[229]

넷째, 출판, 문화예술을 통한 우상화이다. 전문 소설가 집단인 4·15 문학창작단에서 2013년부터 김정은 우상화를 위해 위인적 풍모를 형상한 소설을 창작하였다. 북한은 작가신문인『문학신문』을 통해 "올해 처음으로 경애하는 김정은 동지의 위인적 풍모를 형상한 소설작품이 창작되어 경제 강국 건설에 떨쳐 나온 나라 군대와 인민의 투쟁을 힘 있게 고무추동하였다."는 내용을 발표한데 이어,『우리의 계승』,『불의 약속』,『감사』등의 단편소설을 발간하여 김정은을 우상화하였으며, 2013년 12월에는 노동신문을 통해 김정은 우상화 노래를 연달아 게재하였다. 12월 3일자『로동신문』에는 '우리 원수님'이란 제목의 노래를 게재하였고, 12월 4일에는 '내 조국 강산에 넘치는 노래'를 통해 "충성맹세의 노래가 강산에 넘친다."며 김정은에게 주민들이 충성해야 한다고 선전하고 있다. 이외에도 '조선의 청년대장 김정은 동지', '그이 없인 못 살아' 등의 김정은 칭송가를 제작하여 주민들이 부르게 하였다.

다섯째, 할아버지, 아버지 관련한 상징물을 제작하여 우상화 작업을 진행하였다. 김정은은 김일성 동상을 새로 만들어 우상화 작업을 하였다. 조국해방전쟁승리기념관에 김일성 동상을 설치하였는데, 현재 김정은의 모습과 거의 흡사한 형태로 자신의 닮은 젊은 시절 김일성의 모습을 부각시켜 주민들로부터 충성심을 끌어내기 위한 의도이다. 또한 김정은은 평양 문수 물놀이장에 김정일 칼라 석고상을 설치하였다. 이 칼라 석고상은 밀랍인형 수준의 채색과 정교함이 두드러지는데, 최고 미술가들인 만수대창작사에서 전담 제작하였다. 김일성과 김정일 동상 중에 가장 비싼 동상은 제작비

---

[229]_『문화일보』(인터넷판); http://munhwa.com(검색일: 2014년 1월 17일).

가 100억 원 이상 소요되었는데, 이러한 동상이 북한 전역에 70개 이상 된다.

김정은은 김정일의 권력구축과 체제유지 과정에서 통치전략으로서 우상화를 활용하였다. 김정은도 아버지 김정일보다 훨씬 카리스마나 합법적 권위 확보를 위한 여건이 어려운 상황이었고, 후계자로 정해진지 얼마 지나지 않아 권력을 잡았기 때문에 체계적인 우상화 정책을 개발하여 구사하기보다는 선대의 우상화정책을 계승하는데 집중한 것으로 분석된다.

김정은의 우상화 정책은 할아버지와 아버지가 활용한 우상화 정책을 재현하는 수준에서 진행되었다. 특히, 할아버지가 미란다 형태의 우상화 정책을 구사하기 위해 외모나 말투, 복장, 현지지도 등을 흉내 내는 이미지 정치를 구사하였다.

현지지도와 교육과 학습을 제외하고 우상화 호칭, 일화조작, 우상화 상징물 활용 등 대부분 미란다 형태의 우상화 정책에 무게를 두었으나, 향후 김정은은 강성대국이라는 목표달성을 위해 핵개발, 중·러 정상회담 등을 통한 대외관계 개선이 되고, 정권이 안정화되면 주민들의 이성적 통제를 강화하기 위해 하위 통치이념을 만들 것이다.

이를 통해 김정은은 후계자의 이미지를 탈피하고 자신만의 통치이념을 제작 선전함으로써 지도자의 이미지를 구축할 것으로 판단된다. 일례로 40년 만인 2013년 유일사상 10대원칙을 개정하였는데, 헌법개정, 새로운 정치이념 제작, 사상통제 강화를 위한 일탈자 처벌 등 공포정치 등을 도입함으로써 정치권력 유지에 힘쓸 것으로 평가된다. 또한 김정은은 아버지와 할아버지 우상화에 투자한 노력과 자원을 점차 자신의 우상화 작업에 혼신을 다할 것이다.

즉, 집권 초기인 정치권력 확보시기에는 아버지와 할아버지의 우상화 정책을 계승하여 사용하는 형태의 우상화정책을 전개하다가, 집권 중기인 정치권력을 강화하는 시기에는 김정은의 통치방식인 하위정치 이념을 개발하여 주민들의 이성을 자극하는 크레덴다 우상화 정책에 중점을 둘 것으로 예상되며, 집권후기에는 선대 지도 자들과 마찬가지로 권력승계의 효과를 높이고자 미란다와 크레덴다 우상화정책을 혼합하여 사용할 것으로 예상된다.

결론적으로 메리암의 미란다와 크레덴다는 민주주의 사회의 정치에서 적용한 정치권력 유지이론인데, 대표적인 사회주의 국가인 북한의 김일성과 김정일에게도 동일하게 적용되어 우상화 정책 연구와 분석에 유효한 이론이라 할 수 있다.

참고문헌

1. 북한문헌

가. 김일성·김정일 문헌

김일성. 『세기와 더불어 8권』. 평양: 조선로동당출판사, 1998.

_____. "위대한 수령 김일성 동지께서 경애하는 김정일 동지의 위대성에 대하여 하신 교시(발췌): 뜻 깊은 2월의 명절을 맞으며." 『근로자』. 2011년 2월호, 2011.

_____. "사회주의 위업의 계승발전을 위하여: 항일혁명투사들, 혁명가 유자녀들과 한 담화(1992년 3월 13일, 1993년 3월 3일)." 『김일성 전집 92권』. 평양: 조선로동당출판사, 2010.

_____. "조선로동당 건설의 력사적 경험: 김일성고급당학교 창립 40 돐에 즈음하여 집필한 강의록(1986년 5월 31일)." 『김일성 저작집 40권』. 평양: 조선로동당출판사, 1994.

_____. "청년들은 대를 이어 혁명을 계속해야한다: 조선사회주의로동 청년동맹 제6차대회에서 한 연설(1971년 6월 24일)." 『김일성 저작집 26권』. 평양: 조선로동당출판사, 1984.

김정일. 『건축예술론』. 평양: 조선로동당출판사, 1992.

_____. 『무용예술론』. 평양: 조선로동당출판사, 1992.

_____. 『음악예술론』. 평양: 조선로동당출판사, 1992.

_____. 『주체사상교양에서 제기되는 몇 가지 문제에 대하여: 조선로동당 중앙위원회 책임일군들과 한 담화(1986년 7월 15일)』. 평양: 조선 로동당출판사, 1987.

_____. "김일성 동지혁명사상연구실 도록편찬에서 나서는 몇 가지 문제에 대하여: 새로 편찬한 김일성 동지혁명사상 연구실 도록을 보면서 일군들과 한 담화(1988년 5월 30일)." 『김정일 선집 12권』. 평양: 조선로동당출판사, 2011.

_____. "위대한 수령님의 영상형상과 미술작품 창작에서 나서는 몇

가지 문제에 대하여: 만수대 창작사를 돌아보면서 일군들과 한 담화(1978년 6월 5일, 6월 10일)."『김정일 선집 8권』. 평양: 조선로동당출판사, 2011.

_____. "교육사업을 더욱 발전시킬데 대하여: 전국 교육일군열성자회의 참가자들에게 보낸 서한(1984년 7월 22일)."『김정일 선집 8권』. 평양: 조선로동당출판사, 2006.

_____. "당 선전부의 역할을 높일데 대하여: 조선로동당중앙위원회 선전부 책임일군들과 한 담화(1985년 10월 23일)."『김정일 선집 8권』. 평양: 조선로동당출판사, 2006.

_____. "인민군대는 자기의 수령과 당, 자기의 제도와 조국을 위해 목숨을 바쳐야 한다: 조선인민군 창건 52돐 경축대회에서 한 연설(1984년 4월 25일)."『김정일 선집 8권』. 평양: 조선로동당출판사, 2006.

_____. "주체사상 교양에서 제기되는 몇 가지 문제에 대하여: 조선로동당중앙위원회 책임일군들과 한 담화(1986년 7월 15일)."『김정일 선집 8권』. 평양: 조선로동당출판사, 2006.

_____. "우리시대 영웅은 당과 수령에게 끝없이 충실한 참된 인간의 전형이다: 조선로동당중앙위원회 책임일군과 한 담화(1985년 6월 15일)."『김정일 선집 8권』. 평양: 조선로동당출판사, 1998.

_____. "3대혁명을 힘 있게 벌려 생산에서 새로운 앙양을 일으키자: 함경남도 및 검덕광산 지도일군들과 한 담화(1975년 7월 1일)."『김정일 선집 5권』. 평양: 조선로동당출판사, 1995.

_____. "사회주의건설의 력사적 교훈과 우리당의 총로선(1992년 1월 3일)."『사회주의를 위하여』. 평양: 조선로동당출판사, 1993.

_____. "인민대중중심의 우리식 사회주의는 필승 불패이다(1993년 3월)."『친애하는 지도자 김정일 동지의 문헌집』. 평양: 조선로동당출판사, 1993.

_____. "인민대중 중심의 사회주의는 필승불패이다: 조선로동당중앙위 책임일군들과 한 담화(1991년 5월 5일)."『김정일 선집 11권』.

평양: 조선로동당출판사, 1991.

_____. "인민대중 중심의 우리식 사회주의는 필승불패이다." 『로동신문』. 1991년 5월 27일.

_____. "당 사상 사업을 개선 강화할데 대하여." 『주체혁명위업의 완성을 위하여 2』. 평양: 조선로동당출판사, 1987.

_____. "전당과 온 사회에 유일사상 체계를 더욱 튼튼히 세우자: 중앙당 및 국가, 경제기관, 근로단체, 과학, 교육, 문화예술 일군에게 한 연설(1974년 4월 14일)," 『주체혁명 위업의 완성을 위하여 3』. 평양: 조선로동당출판사, 1987.

_____. "주체사항 교양에서 제기되는 몇 가지 문제에 대하여: 조선로동당 중앙위원회 책임일군들과 한 담화(1986년 7월 15일)." 『근로자』. 1987년 7월호, 1987.

나. 단행본

교육도서출판사. 『공산주의 도덕과 법 중3』. 평양: 교육도서출판사, 2005.

_____. 『조선력사』. 평양: 교육도서출판사, 1999.

김일성종합대학. 『조선민족해방투쟁사』. 평양: 조선역사연구소, 1949.

김재천. 『후계자문제의 이론과 실천』. 평양: 조선로동당출판사, 1989.

박일범. 『위대한 주체사상 총서 2: 주체사상의 사회역사적 원리』. 평양: 사회과학출판사, 1985.

사회과학원·김일성종합대학 편. 『주체혁명위업의 위대한 령도자 김정일 동지 제2권: 위대한 정치가』. 평양: 조선로동당출판사, 2001.

사회과학원 력사연구소 편. 『조선전사 31: 현대편 사회주의 건설사 4』. 평양: 과학백과출판사, 1982.

사회과학출판사 편. 『주체사상의 사회역사원리』. 평양: 조선로동당 출판사, 1985.

안만희. 『혁명적 도덕관이란 무엇인가』. 평양: 금성청년출판사, 1991.

안용철·한기창. 『조선로동당의 사회주의 건설령도사』. 평양: 과학백과사전종합출판사, 1995.

오대형.『당의 령도밑에 창작건립된 대기념비들의 사상예술성』. 평양:
　　조선미술출판사, 1989.

윤기덕.『수령형상문학』. 평양: 문예출판사, 1991.

장철 외.『20세기 문예부흥과 김정일: 음악예술 5』. 평양: 2.16예술교육
　　출판사, 2002.

재일본조선인총련합회 중앙상임위원회.『위인실록 김정일 장군 2』.
　　동경: 조선신보사, 1999.

조선사회주의로동청년동맹 중앙위원회.『위대한 수령을 따라 배우자 5』.
　　평양: 조선사회주의로동청년동맹 중앙위원회, 1971.

_____.『위대한 수령을 따라 배우자 1』.
　　평양: 근로단체출판사, 1968.

최 석.『5대혁명가극 노래집』. 평양: 문학예술출판사, 2008.

다. 논문

고학천. "우리식대로 살아나가는 것은 우리당이 일관하게 견지하고 있는
　　전략적 방침."『근로자』. 1989년 10월호, 1989.

김선원. "혁명사적지를 통한 교양사업은 당원들과 근로자들을 위한
　　우리당의 혁명사업으로 무장시키기 위한 중요한 사업."『근로자』.
　　2010년 1월호, 2010.

박두경. "하나로 뭉친 힘."『항일 빨치산 참가자들의 회상기 3』. 평양:
　　조선로동당출판사, 1998.

박승일. "일심단결의 혁명철학을 구현하여 혁명의 강력한 주체를 마련한
　　불멸의 혁명업적."『근로자』. 1996년 2월호, 1996.

양형섭. "당과 수령에 대한 절대적인 신뢰는 우리 사회의 위대한 혁명적
　　풍모."『근로자』. 1987년 9월호, 1987.

최용현. "당의 정치 사상적 통일과 단결을 대를 이어 고수하고 강화하는
　　것은 혁명위업의 완성을 위한 확고한 담보."『근로자』. 1991년
　　10월호, 1991.

편집국. "어버이 수령님께서 보여주신 정력적인 현지지도의 위대한
       모범."『근로자』. 1974년 4월호, 1974.

_____. "김일성 동지의 위대한 현지지도방법을 따라 배우자."『근로자』.
       제11호, 1969.

황지철 외. "피바다식 가극의 새시대."『20세기 문예부흥과 김정일』.
       평양: 2.16 예술교육출판사, 2002.

허종호. "위대한 수령 김일성 동지께서 전쟁승리를 위한 전략적 방침
       제시."『조선인민의 정의의 조국해방전쟁사 1』. 평양: 사회과학
       출판사, 1983.

라. 신문, 사전류, 정기간행물 및 기타

"부강조국 찬란한 래일을."『로동신문』. 2009년 2월 9일.

"빨치산의 아들."『로동신문』. 2002년 10월 6일.

"위대한 당의 기치 따라 주체혁명위업을 끝까지 나가자."『로동신문』.
       1995년 10월 10일.

"총대청춘에 살자."『로동신문』. 2004년 5월 6일.

2005년 신년공동사설 보도문 "전당 전군 전인민이 일심단결하여 선군의
       위력을 더 높이 떨치자."『조선중앙TV』. 2005년 1월 1일.

『로동신문』. 2008년 11월 6일.

『로동신문』. 2003년 4월 21일.

『로동신문』. 1994년 1월 28일.

『로동신문』. 1952년 4월 15일

『문학신문』. 2013년 11월 16일.

『민주조선』. 2003년 7월 2일.

『조선중앙통신』. 2001년 6월 7일.

『조선중앙통신』. 1995년 7월 6일.

『조선중앙TV』. 2009년 2월 21일.

백과사전출판사.『조선대백과사전 4권』. 평양: 백과사전출판사, 2000.

_____.『조선대백과사전 13권』. 평양: 백과사전출판사, 2000.

_____.『조선대백과사전 14권』. 평양: 백과사전출판사, 2000.

_____.『조선대백과사전 17권』. 평양: 백과사전출판사, 2000.

_____.『조선대백과사전 24권』. 평양: 백과사전출판사, 2000.

사회과학원 철학연구소,『철학사전』. 평양: 사회과학출판사, 1985.

사회과학출판사 편.『조선말대사전』. 평양: 사회과학출판사, 1992.

2. 국내문헌

가. 단행본

김봉기 외.『수령 우상화의 실상: 영원히 우리와 함께 계신다』. 서울:
　　판문점트레블, 2008.

_____.『북한 학교 교육의 실상: 붉은넥타이』. 서울: 판문점트레블
　　센타, 2006.

김성보·기광서 등 지음.『북한 현대사』. 서울: 웅진지식하우스, 2004.

김일평.『북한정치경제입문』. 서울: 한울, 1990.

맑스 베버. 박성환 옮김.『경제와 사회 1』. 서울: 문학과 지성사, 1997.

박영정.『21세기 북한 공연예술 대집단체조와 예술공연 아리랑』. 서울:
　　월인, 2007.

서대숙. 서주석 옮김.『북한의 지도자』. 서울: 청계연구소, 1989.

서재진.『김일성 항일무장투쟁의 신화화 연구』. 서울: 통일연구원, 2006.

_____.『주체사상의 형성과 변화에 대한 새로운 분석』. 서울: 통일
　　연구원, 2001.

_____.『또 하나의 북한사회』. 서울: 나남출판사, 1995.

소치형 외.『북한의 이해』. 서울: 건국대학교 출판부, 1999.

스즈키 마사유키. 유영구 역.『김정일과 수령제 사회주의』. 서울: 중앙
　　일보사, 1994.

심지연.『북한연구방법론』, 서울: 한울아카데미, 2003.

와다 하루끼 지음. 이종석 옮김.『김일성과 만주항일전쟁』. 서울: 창작과

비평사, 1992.

이관세.『현지지도를 통해 본 김정일의 리더십』. 서울: 전략과 문화, 2009.

이교덕.『북한의 후계자론』. 서울: 통일연구원, 2003.

_____.『김정일 현지지도의 특성』. 서울: 통일연구원, 2002.

_____.『김정일 선집분석』. 서울: 통일연구원, 2001.

이극찬.『정치학』. 서울: 법문사, 1999.

이수석. "마키아벨리의 정치사상에 나타난 리더십." 홍성민 엮음.『정치사상, 정치리더십, 한국정치』. 서울: 한울, 2004.

이승현. "갑산파의 숙청과 수령제의 형성." 북한연구학회 편.『북한의 정치 1』. 서울: 경인문화사. 2006.

이종석.『새로 쓴 현대북한의 이해』. 서울: 역사비평사, 2013.

_____.『조선로동당연구: 지도사상과 구조변화를 중심으로』. 서울: 역사비평사, 1995.

이찬행.『인간 김정일 수령 김정일』. 서울: 열린세상, 1994.

임순희.『북한문학의 김정일 형상화 연구』. 서울: 통일연구원, 2001.

진영재.『정치학 총론』. 서울: 연세대학교출판부, 2010.

필립스. 김계동 등 옮김.『정치학 개론』. 서울: 명인문화사, 2013.

한국정치연구회.『북한정치론』. 서울: 백산서당, 1990.

황민호.『재만 한인사회와 민족운동』. 서울: 국학자료원, 1998.

황장엽.『북한의 진실과 허위』. 서울: 통일정책연구소, 1999.

_____.『나는 역사의 진리를 보았다』. 서울: 한울, 1999.

『북한용어 250선집, 부록: 북한의 상용 특이용어』. 서울: 내외통신, 1992.

Charles E. Merriam. Political Power. 신복룡 역.『정치권력론』. 서울: 선인, 2006.

Robert C. Tucker. Politics as Leadership. 안성시·손봉숙 공역.『리더십과 정치』. 서울: 까치, 1983.

나. 논문

김근식. "1990년대 북한의 체제 정당화 담론: 우리식 사회주의와 붉은기 철학을 중심으로." 『통일정책연구』. 제8권 제2호, 1999.

김난희. "북한 통치이데올로기의 형성·변화와 사상교육에 대한 연구." 강원대학교 박사학위 논문, 2008.

김정민. "북한 노동당창건 50돌과 우상화 기념비들." 『북한』. 1995년 10월호, 1995.

박정원. "2009년 헌법개정의 의미와 주요특징." 『2009년 북한헌법 개정과 북한체제 변화』. 국가안보전략연구소 주최 국내 학술회의, 2009년 10월 20일.

박태상. "북한 문학상의 김정일 묘사 특징연구." 『북한연구학회보』. 제6권 제2호, 2002.

서성우. "2월과 김정일, 김정일 우상화의 중간점검." 『북한』. 1994년 2월호, 1994.

윤대규. "북한사회의 변천과 헌법의 변화." 『2009년 북한헌법 개정과 북한체제 변화』. 국가안보전략연구소 주최 국내 학술회의, 2009년 10월 20일.

이관세. "북한의 현지지도와 정치리더십에 관한 연구." 북한대학원대학교 박사학위논문, 2007.

이상민. "북한의 정치과정에서의 개인우상화 정책: 노동신문 등의 내용분석을 중심으로." 『한국과 국제정치』. 제9호, 1989.6.

이수석. "김정일 후계체제 구축과 수령우상화에 주력." 『북한』. 2009년 12월호, 2009.

이승현. "김일성·김정일의 상징정치: 구호와 상징조형물을 중심으로." 『한국과 국제정치』. 제28권 제2호, 2012.

이윤규. "북한 김정은 독재체제에서의 우상화: 김정일·김정은 우상화 비교분석을 중심으로." 『전략연구』. 제21권 제3호, 2014.

이종헌. "북한의 정책선택 패턴: 생존성과의 상관관계." 『통일정책연구』. 제16권 제1호, 2007.

이헌경. "김일성과 김정일 부자 우상화를 위한 유교적 사회정치화."
『세계지역 연구논총』. 제18집, 2002.

정성장. "주체사상의 이론체계와 성격."『북한연구학회보』. 제3권 제2호,
1999.

정영철. "김일성과 김정일의 리더십 비교: 수령체계의 구조적 분석과
전망."『경제와 사회』. 제55호, 2002.

정우곤. "북한 '수령제' 정치체제의 제도화와 특성."『통일문제연구』.
제9권 제1호, 1997.

조용관. "북한체제 특이성의 역사 문화적 가능조건에 관한 연구."『북한
연구학회』. 제6권 제2호, 2002.

킨가 드굴스카. "북한문학에 나타난 김정일 우상화 현상 연구:『불멸의
력사』와『불멸의 향도』를 중심으로." 경희대학교 문학박사학위
논문, 2006.

함택영. "북한군사연구 서설: 국가안보와 조선인민군."『북한군사문제의
재조명』. 서울: 한울아카데미, 2006.

황동화. "소비에트 정치포스터에 나타난 스탈린 개인숭배의 정치문화사."
『이화역학연구』. 제32호, 2005.

다. 기타

"北, 김일성-김정일 우상화 기금 확보에 안간힘."『동아일보』. 2014년 2월
14일.

『동아일보』(인터넷판); http://news.donga.com.

『문화일보』(인터넷판); http://munhwa.com.

『채널A』(인터넷판); http://news.ichannel.com.

황장엽.『북한의 인권문제』. 2005. 10; http://hwangsamo.org/.

3. 외국문헌

가. 단행본

Elder, Charles D. and Cobb, Roger W. The Political Uses Symbol. New York: Longman. Inc., 1983.

Folkertsma, Jr. Marvin J. Ideology Leadership. Englewood Cliff, N.J: Prentice Hall, 1988.

Mitchell, William. The American Policy. New York: Free Press, 1962.

Scalapino, Robert A. and Lee, Chong-SiK. Communism in Korea-Part: The Movement. Berkeley and Los Angeles: University of California Press, 1972.

Suh, Dae Sook. Kim Il Sung: The North Korean Leader. Columbia University, 1995.

나. 논문

Meyer, Alfed. "The Comparative Study of Communist Political System." Cornell, Richard. ed. The Soviet Political System. New Jerrsey: Prentice Halll, 1970.